맨 땅에 헤딩하기
멕시코선교사이야기

개정판

개정판

맨 땅 에 헤 딩 하 기
멕 시 코 선 교 사 이 야 기

| 최 창 운 지음 |

베드로서원

| 추천사 |

제목부터가 심상치 않네요. 《맨 땅에 헤딩하기》라니.
이토록 싱싱한 그의 과격함은 어디에서 오는 걸까?
얼떨결에 받아든 초고를 단숨에 읽었지만, 한동안 추천사를 쓰지 못했습니다.
맨 땅에 헤딩하느라 흘려야 했던 그의 눈물과 땀과 피가 내 가슴을 적셔왔기 때문일 테지요.
한 순간도 부자로 살지 못했지만 그는 부요한 사람입니다.
빽도 없고 연줄도 없는 처지이지만 그는 담대한 사람입니다.
잘 나가는 '사업가'는 아니지만 그는 신실한 '사역자'입니다.
사람을 만족시키는 '선교-엔터테이너'는 아니지만 그는 하나님 기뻐하시는 선교사입니다.
그러기에 그가 맨 땅에 헤딩할 때마다 의지했던 그 말씀이 참 은혜롭습니다.

"두려워 말라. 내가 너와 함께 함이니라.
놀라지 말라. 나는 네 하나님이 됨이니라.

내가 너를 굳세게 하리라. 참으로 너를 도와주리라.
참으로 나의 의로운 오른손으로 너를 붙들리라."

(이사야 41:10)

콜롬비아와 멕시코 땅에 하나님 사랑을 새긴 23년.
하나님밖에는 의지할 것도 없고 기댈 사람도 없었기에
그의 사역은 '하나님의 선교'였습니다.
진솔하고 투박한 문체에 담긴 그의 마음이 아름답습니다.
290쪽 가량 되는 이 책을 한 문장으로 줄이면 이렇지 않을까요?
"나는 선교사다!"
최창운 선교사님...
고맙습니다. 존경합니다. 축복합니다.

주현신
과천교회 담임목사

| 추천사 |

　타 문화권에 대한 그리스도의 복음의 사역을 선교라고 한다면 이 책은 선교적 관점에서 타 문화권을 바라보는 저자의 신앙적 안목과 삶의 깊이를 느끼게 하는 책이다. 정치, 경제, 사회, 예술에 이르기까지 다양한 분야의 문화적 차이에서 오는 선교사들의 신앙적 갈등과 삶의 고뇌가 녹아 있다. 보내는 선교의 출발점이 될 타 문화의 이해 방식을 고취하고 선교사들의 시각을 일견하는 데 좋은 지침이 될 것이다. 또한, 저자가 지난 20여 년간 척박한 선교토양에서 복음의 씨앗을 뿌리며 실패까지도 통찰과 교훈으로 승화시킨 선교열매의 결과물이며 그 보고서로서 선교적 삶을 살아가는 신앙인이라면 반드시 읽어야 할 책이다.

최갑홍
과천교회 선교위원회 위원장

| 추천사 |

    평소 존경하고 사랑하는 최창운 선교사님의 귀한 책을 추천 드리게 되어 참 기쁘고 영광스럽습니다.
    《맨땅에 헤딩하기》라는 책 제목처럼 선교사님은 순수하고 순결한 열정으로 지금까지 20여 년간 낯설고 위험하기까지 한(?) 머나먼 이방 땅에서 묵묵히 선교 사역을 감당하고 계십니다. 아마 하나님의 사랑에 대한 확신과 복음에 대한 열정이 없었다면 외롭고, 고단하고, 두려운 그 복음의 볼모지에서 한결같은 마음으로 사역하시기 어려웠을 것입니다.
    이 책에는 무엇보다도 선교현장에서 선교사님이 흘린 땀방울이 한 올 한 올 묻어 있습니다. 이방인으로, 순례자로, 선교사로 사시면서 그 척박하고 메마른 이방 땅에서 손수 길어 올린, 때로는 잔잔하고 때로는 뜨거운, 복음의 생명력이 이 책에 담겨 있습니다.
    한 페이지 한 페이지 책장을 넘길 때마다 무디어져 가던 삶과 사역과 사랑의 감각이 시원한 얼음물을 마신 것 같은 청량감으로 되살아남을 느낍니다. 이 책을 읽는 모든 분들께 선교사님이 지닌 순결한 영혼, 뜨거운 열정, 따뜻한 사랑, 그리고 복음에 대한 헌신의 정수가 영혼 깊숙이 전달되기를 간절히 바랍니다.

금교성
과천교회 부목사

| 글을 시작하며 |

멀고도 험한 불가능의 시작

    1994년 9월에 콜롬비아로 선교사로 출발하고, 다시 2001년 2월에 멕시코로 선교지를 옮겨 선교 한지 이제 만 23년이 되었다. 처음에 선교사로 파송예배를 드릴 때가 엊그제 같이 생생한데 벌써 시간이 많이 흘렀다. 한창 젊었을 때 선교사로 나왔는데 이제는 50대 중반이 되어 얼굴의 주름과 흰머리가 나이가 많이 들었음을 실감한다.

    나는 처음 선교사역을 한 후 3년 만에 처음으로 한국에 들어왔을 때 과천교회 어느 권사님이 내 손을 잡으면서 하셨던 말을 아직도 기억하고 있다. "선교사님 얼마나 고생이 많으십니까? 나는 못가지만 가셔서 선교하시는 선교사님을 위해서 매일 새벽마다 기도하고 있습니다." 그 권사님의 이 말에 얼마나 큰 위로를 받았는지 모른다.

    2017년도의 한국 사회, 국력, 그리고 교회는 90년대의 한국에 비해서 많은 발전을 이루었다. 그리고 교회는 당시에는 감히 생각할 수도 없었던, 단기선교로 해마다 선교지로 나가고, 또한 각종 선교 훈련 등으로 선교에 대한 지식이 넘쳐난다. 그러나 선교에 대한 관심과 열정, 뜨거운 마음은 과거보다 한참 덜하고, 더 나가서 "선교"에 대한 관심이 없어졌다고 생각하는 것은 과연 나만의 생각일까?

    과거의 한국교회는 체계적이고 훌륭한 선교훈련이나 교육, 그리고 선교지 방문 등이 없었지만 "가든지 보내든지"라는 단순하고도, 확실한 선교 사명을 가지고 열심히 선교사를 파송하였고, 그 선교사들을 위해서 기도했다. 그러한 열정과 관심이 이제 유럽의 교회들처럼 한국교회도 선교에 대해서 쇠퇴하는 것을 당연시 생각해야한다는 것이 슬프기도 하다.

그러나 다시한번 이 작은 책을 통해서라도 선교의 불씨가 타오르는데, 선교에 대한 관심이 조금이라도 앞으로 나아가는데 도움이 되기를 바라는 마음으로 개정판을 내면서 소망해 본다.

2011년에 "맨땅에 헤딩하기"가 처음 나왔을 때 그동안의 선교를 정리한 느낌으로 썼는데 책을 쓴 이후, 이번에 추가할 내용들을 첨가하여 이번에 개정판을 내게 되어 기쁜 마음이다.

책이 나오기까지 수고하신 방주석 장로님께 죄송한 마음과 감사한 마음이 교차한다. 처음에 《맨땅에 헤딩하기》 책을 내고자 원고를 정리하며 말씀을 드렸을 때 장로님께서 하셨던 말이 떠오른다. "선교사님 이젠 "선교"에 대한 책은 잘 팔리지 않습니다." 그것을 아시고도 기꺼이 책을 내주셨고, 이번에 다시 개정판을 내주시는데 주저하지 않으셨다. 진심으로 장로님께 감사한 마음이다.

나는 선교에 대해서 말할 때마다, 하나님께 감사의 말씀을 하지 않고는 어떻게 지난날들을 설명할 수가 없다. 모든 것이 하나님의 은혜이다. 하나님께서 하셨고, 앞으로도 하나님께서 부족한 저를 통해서 하나님의 선교를 하실 것을 믿는다.

두 번째 안식년에 과천에서

멕시코 선교사 최창운

C·O·N·T·E·N·T·S

글을 시작하며 /9

Part 01. 멀고도 험한 불가능한 땅에 헤딩하다

1. "아버지는 미국에 계신다" /18
2. 맨땅에 헤딩하는 선교의 출발 /20
3. 페루로 가기까지 /22
4. 페루에서 언어공부 /24
5. 벼룩과의 사투 /26
6. 네덜란드 장로교 선교사와의 교제 /28
7. 페루를 떠나게 되다 /31

Part 02. 불가능해 보였던 것이 현실로

8. 선교사 준비 마지막 과정 시작 /36
9. 드디어 선교사로 파송 /38
10. 아내의 반대 /39
11. 과천교회 선교사 청빙에 대한 뒷이야기 /40

Part 03. 콜롬비아 선교

12. 빈민가에 교회 개척 /44
13. 개척한 교회들의 이름은 모두 라 빠스(La Paz) /45
14. 현지인 교회를 개척할 때 정한 원칙과 선교 방침 /47
15. 마약 중독자의 살해 위협 /52
16. 한센씨 병을 가진 교인 /53

17. 교인이 주는 바나나와 띤또(Tinto)에 감사하다 /54
18. 소금산 안의 성당의 영광과 인디오들의 피눈물 /55
19. 콜롬비아 귀신이야기 /57
20. 배낭 속의 아이 /58
21. 거룩한 장미의 살해 위협 /59
22. 아마존 선교의 아쉬움 /60
23. 미국인 선교사의 순교 /62
24. 선배 선교사의 죽음 /64

Part 04. **멕시코 몬떼레이(Monterrey)시 선교**

25. 총회 세계선교부의 선교사 파송 거절 /68
26. 멕시코 재파송 /69
27. 몬떼레이 말 안장산(Zero de Silla)에 대한 이야기 /71
28. 한글학교 설립과 Tec de Monterrey(몬떼레이 공과대학교) 대학교 한국어강좌 개설 /72
29. 말꼬리 폭포(Cola de caballo) /74
30. 북한 대사관과의 통화 및 북한 사람과의 만남 /75
31. 교도소 교도관에게 전도 /77
32. 멕시코 장로교 노회 지도자들의 한국 방문 /80
33. 보신탕 먹은 멕시코인의 감동 /82
34. 집에 도둑이 들다 /83
35. 멕시코 TV Azteca 방송 출연 /84
36. 멕시코 장로교단 총회에서의 한국교회와 한국 문화 소개 /88
37. 멕시코에서 만난 미국인 선교사 노부부 /90
38. 라 마르차 데 헤수스(La marcha de Jesus, 예수님의 행진) /91
39. 과천교회로 선교사 복직 /93
40. 몬떼레이 한인교회의 개척과 성장 그리고 사임까지 /94

41. 외할머니와 동생의 하나님나라로 부르심 /100
42. "멕시코 선교여행을 마치고" /101

Part 05. 멕시코 국경도시(Reynosa) 선교

43. 국경도시 사역 시작 /106
44. 멕시코 국경도시의 특징 /107
45. 국경지역의 한인 납치 사건 /108
46. 꿈같이 지나간 한국에서의 일 년 안식년 /109
47. 「좋은 목사」(과천교회 회보에 실린 글) /110

Part 06. 멕시코 뿌에블라(Puebla) 시 선교

48. 뿌에블라(Puebla) 선교 시작(가방 분실 사건) /114
49. 뿌에블라 시의 전설 /117
50. 뿌에블라 시의 기독교인 /118
51. 도마뱀 이야기 /120
52. 뿌에블라와 붙어 있는 위성도시인
    촐룰라(Cholula) 시의 가톨릭 교회 /120
53. 구덩이 공화국 /121
54. "한국은 멕시코보다 발전된 국가이기에" /123
55. 아찔했던 순간들 /124
56. 선교지에서 만난 고마운 분들 /126
57. 타자기에서 노트북으로-신문에서 인터넷으로 /130
58. 겉모습보다는 내실 /131
59. 쉬운 운전 면허시험, 그러나 적은 교통사고 /133
60. 큰 도로에 웬 또뻬?(Tope, 속도방지용 턱) /134
61. 한인 선교사들간의 갈등 /135

62. 한인선교사들의 선교 유형 /137
63. 가장 중요한 선교지 선택 /141
64. LG, SAMSUNG은 어느 나라 기업? /143
65. 에르마노(Hermano, 형제)보다 빠스또르?(Pastor, 목사) /146
66. 뼈 속까지 깊은 한국인, 뼈 속까지 깊은 그리스도인 /148
67. 납치 공화국 /149
68. 고산지대에서 살아가기 /152
69. 교수 소원 이룸 /155
70. 한국과 멕시코 학생들의 차이점 /158
71. 한식을 대신한 중국음식(음식으로 피로 풀기) /161
72. 현지인들과 현지인 음식을 같이 먹는 것이 기적 /163
73. 하나님이 인도하신 자녀 교육 /164
74. 고치고 또 고쳐도 자주 고장 나는 자동차 /167
75. 선교지에 방문하신 많은 분들 중 기억에 남는 분들 /169
76. '자부심'과 '교만' /172
77. '목사'와 '선교사' /173
78. 선교사의 기쁨과 고통 /178
79. 낯가림이 심한 내성적인 사람이 선교사로 /182
80. 멕시코 교회 문화 /184
81. 같지만 다르고, 다르지만 같은 중·남미 국가 /186
82. "총각입니까?" /190
83. 목적이 달랐던 출발 그리고 상반된 결과 /192
84. "에니깽"의 한인들 /193
85. 빠스또르(Pastor, 목사)…? /195
86. "수십 번도 더 이사해서 더 이상 세는 것을 중단했다" /197
87. 양심 시험 /200
88. 축구에 목숨을 거는 나라 /202
89. '사역'과 '사업' /205

90. '선교사'와 '손님 접대' /209
91. 한 번 생각해 본, 더 나은 선교사가 되려면… /213
92. 기다림의 문화 /216
93. 인구의 80% 이상이 가톨릭 신자면
그 나라는 천국이 되어야 하지 않을까? /218
94. 선교강국이라는 한국교회를 향한 하나님의 시험 /219
95. 선교 보고 /221
96. 멕시코의 두 얼굴 /225
97. "멕시코 교회는 선교사를 보낼 힘이 없습니다" /227

Part 07. **존경하는 어머니**

98. "가방 끈이 짧다" /234
99. '멘토'가 되어 주신 어머니 /28
100. 선교사 파송을 하신 어머니 /242
101. 자식으로부터 존경받는 어머니 /246
102. 아버지 같은 이모 /248

Part 08. **첫 번째 안식년 이후부터**

1. 2004.04.16. 멕알렌 제일교회 담임목사 서광종 단기선교
여행 후 남긴 글 /252
2. 항상 늦는 시간약속과 주말마다 시끄러운 음악과
노는 소리 /253
3. 엔진 뚜껑이 사라지다 /255
4. 지진을 경험하다 /256
5. 한류 열풍을 멕시코에서 느끼다 /256
6. 세계 1위 부자 까를로스 슬림 한국 방문 /257

7. 교회 개척준비에서 실패한 일 /260
8. 해도 해도 너무하고 끝없는 범죄에 빠진 멕시코 /262
9. 선교사를 자원한 멕시코인 전도사 떼오(Teo) /264
10. 통역하며 난감했던 일들 /266
11. "선교사가 어떻게 하는 것이 멕시코 교회에
    도움이 되겠습니까?" /268
12. 화산 폭팔로 인한 화산재의 도시 덮임 /271
13. 멕시코와 축구 국가대표 경기 /272
14. 멕시코 선거와 정치 /273
15. 선교학 강의를 통해 현지인 학생들이 직접 보내는 선교에
    참여하게 하다 /275
16. 한국인 선교사와 미국인 선교사의
    신학교 운영 방법 차이점 /276
17. Doctor of Divinity (명예신학박사 학위)를 받다 /277
18. 선교사 자녀 학교에서 한글을 가르치다 /279
19. 세계적인 보이스 피싱 /280
20. 뿌에블라에서의 선교 사역 정리 /281

글을 마치며 /285

Missions in Mexico

MISSIONS IN MEXICO

Chapter **01** 아버지는 미국에 계십다

　어릴 적 친구들이 부모님 중 한 분이 안 계시면 그것을 가지고 놀리는 것은 옛날이나 지금이나 마찬가지인가 보다. 어렸을 때 "너는 아빠가 없지?"라고 하면서 친구들이 놀리며 괴롭힐 때면 나는 "우리 아버지는 미국 가셨다. 너는 미국 가 봤냐?"라고 하면서 대꾸하던 것이 기억난다. 그것은 어릴 때 아버지가 안 계셨지만 어른들이 그렇게 말씀하셔서 아버지는 진짜 미국에 계신 줄 알았기 때문이다. 아버지가 일찍 돌아가셨다는 것을 중학교에 들어가서야 알게 되었다.
　어머니는 나와 여동생을 혼자 키우시면서 갖은 고생을 다 하셨다. 어머니는 당시 화장품 판매원을 하셨는데 외상으로 뜯기기도 하고, 일을 하면서 없는 사람들을 돌보시다가 돈을 제대로 벌지도 못하셨다. 또 시장통에서 리어카를 끌고 다니며 짐을 운반하시는 등 힘겹게 생계를 이어가셨다.
　더군다나 어머니는 같은 교회 다니시는 어느 권사님의 간곡한 요청으로 없는 돈을 빚내서 빌려 주셨는데 그 권사님은 돈을 돌려주시지 않고 돌아가셨다. 결국 어머니는 우리가 살고 있던 전셋집 돈까지 빼서 그 빚을 갚아야 했다. 덕분에 우리는 천장이 뚫려서 비가 새는 월세 집으로 이사를 해야 했다.

이런 형편에서 나는 대학에 가는 것을 포기할 수밖에 없었다. 경기상고로 진학하여 고등학교 3학년 때부터 회사에 취직해 사회에 나가서 돈을 벌어야 했다. 이렇게 어려운 생활이 지속되니 삶이 고단했고, 인생에 대해 진지하게 생각하기도 했다.

*

나는 초등학교 6학년 때부터 어머니의 인도로 교회에 다녔지만 주님을 만나고 믿는 신앙생활은 아니었다. 그저 주일날만 교회에 가는 정도였다. 그러던 21살 때인 어느 토요일 저녁에 하나님께 마음이 옮겨지게 되었다. 청년예배에서 주님을 만나게 되었던 것이다. 예배 때 전도사님의 설교가 온통 나에게 하시는 말씀이었다. 지금까지의 나의 고단한 삶을 다 아시며 나를 사랑하신다는 주님의 음성을 듣게 된 것이다. 정말 감격스러웠고 지금까지 고생한 것들과 변하지 않던 힘든 환경들 등 모든 것이 다 주님께서 오늘 나를 만나시기 위한 계획임을 알게 되자 그때부터 나의 삶이 달라지기 시작했다.

그리고 나는 장로가 되어서 물질로 하나님께 봉사하고자 마음을 먹었다. 그러나 계속 마음속에 들리는 주님의 음성은 목사로의 부르심이었다. 결국 계속되는 주님의 말씀에 거부할 수 없어서 3일간의 금식 기도에 들어갔고, 주님의 뜻을 정확하게 확인한 다음에는 주님의 뜻에 순종하기로 했다.

*

"신학을 공부하겠습니다. 그리고 목사가 되겠습니다."

당시 내가 다녔던 교회(성화교회, 현 청파동교회) 담임목사님이셨던 K목사님께 내 결심을 말씀드렸다. 낮에는 돈을 벌어야 했고 학비도 감당해야 했기 때문에 서울장신 야간에 진학하게 되었다.

Chapter 02 맨 땅에 헤딩하는 선교의 출발

처음 "선교사가 되겠습니다."라고 기도한 것은 주님의 뜻을 확인하고 결심한 다음의 기도였는데 그것은 나 같이 부족하고 연약한 사람을 구원하시고 은혜를 주시는 하나님께 감사했기 때문이다. 나를 주의 종으로 부르심이 무척이나 감격스럽고 고마웠다. 그래서 주의 일 중 가장 어려운 일을 해서 하나님을 기쁘게 해 드리고 싶다고 기도했는데, 그 당시 생각했던 가장 어려운 주님의 일이 바로 선교사라고 생각하였다. 주님을 만나고 나서 신학교에 들어가기 전에는 주일학교 교사를 하였다. 그때 아이들을 가르치며 전도하기 위해서 어린이전도협회에서 주최하는 교사 세미나에 다니며 그 협회의 공과교재를 많이 참고하여 가르쳤다. 교재에는 주로 인도와 아프리카 등지에서 선교한 미국인, 영국인 선교사들의 이야기가 많이 나왔다. 이 책들을 보면서 '선교사가 하는 일은 참 힘들고 어려운 일이구나!'라는 생각을 하게 되었던 것이다. 그래서 기도할 때 가장 힘든 주의 일이 선뜻 '선교사'이었기에 그런 기도를 하였던 것이다.

그때는 선교사가 어떻게 될 수 있고 정확히 무슨 일을 하는지도 전혀 모르는 상태였지만, 단지 주의 은혜가 감사해서 그런 기도를 했던 것이다. 지금 생각하면 선교사가 이렇게 힘들고 외로운 길인 줄 알았더라면 선교사가 되겠다는 기도를 하지 말 것을 '잘못 기도(?)했다!'라고 불평 아닌 불평을 하기도 한다. 그러나 주님은 실수가 없으신 분이기에 선교사로 세우시고 지금까지 인도하신 하나님께 감사드린다. 하지만 신학교에 들어가서 점차 시간이 지나는 가운데 그렇게 기도하였던 것을 잊어 버렸다.

*

서울장신을 졸업한 후 장신대 신대원 목회연구과정에 진학했다. 당시에는 서울장신 총학생회가 주관해서 서울장신 졸업반 학생들에게 장신대 신대원 목연 입시를 위해서 〈목연 특강〉을 해마다 실시하였다. 그리고 강사는 그 해 장신대 신대원 목연에 합격한 사람들 가운데서 총학생회가 뽑아서 몇 사람이 강의를 하는 프로그램이 있었는데, 그때 나에게 요청이 와서 한 학기 동안 '신약신학'을 4학년 목연 입시반 학생들에게 강의하게 되었다. 그 강의를 하면서 나는 학업을 계속해서 교수가 되어야겠다는 생각을 하게 되었다. 그러던 중에 내가 가장 존경했던 서울장신 교무과장이셨던 고 황장옥 교수님이 남미 볼리비아에 자신의 동기 선교사가 세운 대학에 가서 학위를 받고 미국에서 공부할 것을 추천해 주셔서 장신대 신대원 졸업식을 하자마자 다음날 남미 볼리비아로 가게 되었다.

그러나 장차 교수가 될 과정의 학업을 계속하기 위해 미국에 갈 것을 생각하고 갔던 볼리비아에서 나의 생각이 잘못되었음을 깨닫게 되었다. 나는 거기서 공부를 위한 학위가 문제가 아님을 깨닫게 되었다. 여러 통로를 통해 하나님께서 나에게 원하는 것은 공부를 많이 해서 학위를 받아 교수가 되는 것이 아님을 깨닫게 되었던 것이다.

볼리비아에서 있었던 6개월의 기간 동안 내가 이전에 하나님께 기도해 왔던 선교와 선교사에 대해서 구체적으로 생각하게 되는 계기가 되었다. 그리하여 나를 여기로 인도하신 것이 하나님의 계획 속에 있었고, 나는 잊었지만 하나님은 잊지 않으시고 나를 선교사로 인도하시기 위한 것임을 깨닫게 되었던 것이다.

볼리비아를 다녀온 뒤 미국으로 가서 공부하겠다는 생각은 접고 선교사가 되기로 결심을 했다. 그리고 선교사가 되려면 어떻게 해야 하는지 기도하며 생각해 보았다. 그리고 나 나름대로 다음과 같은 결론을 내렸다.

첫째는 선교지를 정하고 가장 중요한 선교지의 언어를 배울 것.

둘째는 선교사로 파송해 줄 후원교회를 정하는 것.

셋째는 국내에서 교회를 개척하여 전도와 목회의 경험을 쌓을 것.(그래야 외국에서 외국인에게 전도하고 목회를 할 수 있기 때문이다. 한국인으로서 같은 민족인 한국인에게 전도하는 교회개척의 경험 없이는 선교지에서 외국인에게 전도할 수 없을 것이라고 나는 생각했다.)

이렇게 나는 선교사로 나가기 위해 가장 중요하다고 생각되는 세 가지를 정하고 준비를 하기 시작했다.

Chapter 03 페루로 가기까지

이미 경험한 볼리비아를 보면서 남미 선교의 중요성을 깨닫고 선교지를 남미로 정하고, 스페인어를 공부해야겠다고 마음을 먹게 되었다. 중미 멕시코부터 남미 아르헨티나까지 수많은 나라가 있지만 거의 모두가 같은 언어권인 스페인어권이기에(포르투갈어를 쓰는 브라질은 제외) 스페인어를 배우는 것이 무엇보다 중요했다. 스페인어를 배우기 위해서는 한국에서 배우기보다 현지에 가서 직접 부딪치며 배우기로 작정했다.

그리고 가야 할 나라를 정해야 했다. 선교지도 구체적으로, 한국 선교사가 없는 나라들 중에서, 그리고 나를 초청해 주는 곳이 없기에 한국과 무비자 협정을 맺은 나라 가운데서 관광비자로 쉽게 들어가 비자를 해결할 수 있는 나라를 찾았다. 찾던 중 페루가 눈에 띄었다.

그 당시 페루는 한국과 무비자 협정을 맺은 나라 중에 하나였고, 또 페루에는 수도 리마에서 사역하는 H 선교사와 그곳에 간지 얼마 안 되는 K 선교사(1990년 당시 페루에서 온두라스로 가려고 준비 중이었고, 현재 온두라스 선교사로 있다.) 밖에 없었고, 페루의 다른 도시에는 한국인 선교사가 없었기에 나는 주저 없이 선교지로 페루를 정하고 출국을 하기 위해서 기도를 하게 되었다.

그렇게 선교지를 정한 후에 후원해 줄 교회를 찾기 시작했다. 당시 페루에는 H 선교사를 후원하는 페루 선교회가 있었다. 그래서 다른 선교사도 더 파송하고 후원을 할 수 있는지 알아보기 위하여 혹시나 하는 마음으로 먼저 페루선교회 후원회를 찾아가기로 했다. 페루선교회에서 허락을 하든 안 하든 먼저 그 단체에 가서 인사를 하는 것이 순서라고 생각했던 것이다. 그래서 당시 페루선교회 회장인 C 교회 L 목사님을 찾아갔다. 그리고 남미 페루에 선교사로 가고 싶은 사람임을 말씀드리고, 선교사 파송을 해줄 의향이 있는지를 여쭈었다. 그러나 단번에 거절을 당하였다.

사실 그 목사님의 단호한 거절에 낙심할 뻔도 했지만, 나는 당시에 전혀 서운하거나 낙심하지 않았다. 그때는 그렇게 선교의 열정에 불타 있었기 때문이다. 그리고 '하나님이 나를 선교사로 부르셨는데, 사람이 막을 수는 없다.'라고 생각하였기에 낙심하지 않았고 오히려 더욱더 선교를 위해서 열심히 기도하는 계기가 되었다.

결국 가까운 친구인 서울장신 동기생에게 선교의 사명에 대해 이야기하자, 뜻이 맞는 몇 명 동기생들이 나를 선교사로 파송하고 후원해 주겠다고 나섰다. 그들이 〈겨자씨선교회〉를 조직하고 후원하여 인천에서 목회하는 동기생의 교회(박기천 목사)에서 파송예배를 드리게 되었는데, 당시 서울장신 학장이셨던 박근용 목사님께서 설교해 주셨다. 이러한 과정을 거쳐 페루로 가게 되었다.

Chapter 04 페루에서 언어공부

페루는 나에게 연고지도 없고 아는 사람이 없는 가운데 무작정 간 것이라고 할 수 있다. 선교지를 페루로 정하고 파송 예배를 드린 후에 곧 바로 페루의 수도 리마로 떠났다. 그곳에 도착하여 같은 교단 선배이기에 H 선교사님께 인사를 드렸다. 그리고 바로 숙박료가 싼 조그마한 호텔에 짐을 풀고 그곳에 머물면서 현지인들을 사귀고 그들을 통해 선교사 비자를 해결한 뒤에 한국 선교사가 있는 수도 리마를 벗어나서 페루의 제3의 도시인 뜨루힐료(Trujillo)에 정착을 하여 언어를 공부하기 시작했다.

동기생들이 후원하였지만 얼마 되지 않기에 현지 대학에 가서 등록하여 언어 공부를 할 수가 없었기에 집에 현지 대학생을 불러 놓고 한 시간씩 언어 공부를 하기 시작했다. 또 얼마 후에는 그곳에 있는 현지인 침례교 신학교(Seminario Bautista)에 입학을 하여 언어 공부를 하게 되었는데, 그곳은 등록비가 저렴하여 큰 부담이 없었다.

특히 집에서 가르쳐준 현지인 대학생이었던 가비(Gavi, 가브리엘라 천사의 애칭)라는 여학생은 돈을 얼마 주지 않았는데도 열심히 잘 가르쳐 주었고 친절했다. 그래서 나중에 콜롬비아에서 사역할 때 아내의 한국이름이 현지인들에게는 발음하기에 어렵기 때문에 현지인 이름을 만들어 주어야 했는데, 그때 페루의 가비(Gavi)가 제일 먼저 떠올라서 아내의 이름을 그것으로 정할 정도로 좋은 인상을 준 좋은 페루인이었다.

그리고 서반아어 문법책, 회화책을 계속해서 읽고 공부한 뒤에는 (서반아어 문법책을 달달 외우듯 읽었으며 선교사로 파송된 이후에도 틈만 나면 문법책을 읽고 또 읽어서 지금은 그 책이 다 너덜너덜해진 상태이다.) 나가서 배운 것을 복습하고 현지인들과 대화를 하며 교제하면서 스페인어를 습득하기에 힘썼다. 그렇게 10개월이 지나자 어느 정도 언어가 되었다는 생각이 들게 되었다. 그래서 그곳에서 선교하고 있던 네덜란드 장로교 선교사인 '빔' 선교사와 그동안 교제를 나누며 관계 맺어 왔는데 그분에게 그 교회에서 설교할 기회를 부탁했다.

빔 선교사는 흔쾌히 자신의 교회에서 주일 낮 예배에 설교를 할 수 있도록 배려해 주었다. 그렇게 해서 현지인 교회에서 스페인어로 첫 설교를 하게 되었다. 나로서는 참으로 감격적인 순간이었다. 짧고 부족한 언어의 연속이었지만 나름대로 열심히 노트에 적고, 또 읽고 외우기를 반복하며 정성스럽게 만든 설교를 가지고 페루 현지인들 앞에서 첫 설교를 했던 것이다. 그때의 설교 제목이 "오직 주님, 오직 그리스도(Solamente Señor, Solamente Cristo)"였다. 15분의 짧은 설교였지만 정말 열심히 했다. 설교 후에 빔 선교사가 내게 다가와서 정말 수고했다는 말이 아직까지도 기억에 생생하다.

Chapter 05 벼룩과의 사투

나는 페루 리마에 혼자 와서 비자를 얻고 선교지인 도시를 결정한 다음에 가족을 천천히 부르려고 계획했었다. 그러나 그때 나에게 감기 몸살이 찾아왔다. 열이 나고 기침이 끊이지 않았고 온 몸이 아파왔다. 한국에서 가져온 우황청심환을 먹었는데, 온 몸의 기운이 빠지면서 혈압이 낮아지는 것을 느꼈다. 아무것도 할 수 없을 정도로 아파오는데 병원이 어딘지도 모르겠고 현지 말도 잘 못하는 상황이기에 혼자서 괴로워하고 있는데, 마침 비자 문제로 이민국에서 알게 된 한국 사람이 그때 찾아 와서 내가 몸이 몹시 아픈 것을 보고는 급히 병원에 데려다 주었다. 그 한국 사람의 페루 여자 친구가 간호사여서 그녀의 도움으로 가까스로 몸이 회복할 수 있었다.

얼마 후 이런 형편을 알게 된 아내는 급히 아이를 데리고 페루로 오게 되었다. 처음에 아내는 선교사니, 선교니 하는 이런 것은 아무것도 모르고 그저 남편이 있으니 온 것이었다. 그러나 그때부터 사실 선교사의 아내로서 고생이 시작되었다고 할 수 있겠다.

이렇게 시작된 외국 생활의 어려움은 제일 먼저 아이에게 찾아 왔다. 자고 나면 온 몸이 물려서 도무지 가려워서 견딜 수가 없었다. 그 원인은 모기도 아니었고 온 집안을 샅샅이 뒤진 끝에 그것이 바로 톡 톡 튀는 벼룩임을 알게 되었다. 그것을 잡기는 보통 어려운 것이 아니었고 한번 잡았다고 해도 밖에만 나갔다가 오면 어디에선가 바지에 붙어 집 안에 들어와서는 온 몸을 물기 시작하는 것이 반복되었다.

나와 아내는 물려도 두세 번 긁으면 요령이 생겨서 물린 자국이 아닌 그 옆을 긁는 것으로 그나마 참을 수 있었지만, 당시 4살 정도 된 아이는 너무나 가려우니까 참을 수가 없어 물린 자리를 계속 긁고 또 긁으니 그 자리에 염증이 생기고 말았다. 그것도 한두 군데가 아니라 온 몸 전체에 염증이 생기고 피가 나기도 했던 것이다. 계속 그렇게 고통당하는 아이를 대책 없이 볼 수밖에 없었다.

이 아이와 고통을 함께 나누면서 정말 벼룩과 사투를 벌였다. 슈퍼마켓에서 간단하게 구할 수 있는 살충제를 사다가 연기가 자욱할 정도로 뿌리기도 하였지만 허사였다. 집안이 문제가 아니었다. 밖에 나갔다가 집으로 돌아오면 벼룩이 길가의 잔디나 풀에 있다가 옷에 달라붙어 함께 들어오기도 하고 버스의 의자에 있던 것이 옷에 옮겨 붙어서 오는 등, 집안에 들어오는 벼룩을 도무지 막을 수 없었다.

집에만 들어오면 바지와 옷을 털고, 또 침대와 이불을 털고 또 털어서 벼룩이 집안에 들어오지 못하도록 애썼지만 모든 것이 허사였다. 말 그대로 온 몸에 벼룩이 물고 간 상처만 남았을 뿐이었다. 벼룩과의 사투는 시간이 지나면서 포기하는 쪽이 더 현명해 보였다.

그런데 그렇게 시간이 마냥 흘러 6개월이 지나서부터는 그 징그럽던 벼룩에도 면역이 생겨서 물려도 그렇게 가렵지 않았다. 아마 그 나라 벼룩도 외국인의 피가 생소해서 호기심(?)으로 물었지만 시간이 지나면서 역시 토종 페루인의 피(?)가 맞있다고 생각했는지 나중에는 물지 않았고, 물어도 견딜 수 있을 정도가 되었다. 이러한 어려움에서도 참 사람을 이렇게 적응하게 만드신 하나님을 찬양했다.

Chapter 06 네덜란드 장로교 선교사와의 교제

페루 뜨루힐료(Trujillo)에서 만난 네덜란드 장로교 선교사와는 참 좋은 교제를 가질 수 있었고 또 많을 것을 배울 수 있었다. 그는 페루에서 처음 만난 유럽의 백인 선교사였다. 네덜란드는 인구가 적은 나라이기 때문인지 자녀들을 많이 낳았고 국가에서도 많이 낳도록 장려하고 자녀들을 위한 다양한 교육지원도 많았다. 눈도 파랗고 머리색도 금발이고 피부색도 완전 백인인 그도 역시 5명의 자녀가 있었는데, 당시(1990년) 40대 중반이었는데도 다섯째 아이를 막 출산했던 것이다.

네덜란드 사람들의 자녀 교육은 우리와 많이 달랐다. 현지 학교에 보내지 않고, 고국에서 가져온 책으로 부모가 홈 스쿨로 가르치다가, 일 년에 한 번 외국에 나가 있는 자국민 자녀들을 위해서 방학 동안에 정부에서 정규교사를 파견하여 교육을 시켰다. 네덜란드 정부에서 파송한 교사가 자국의 교육 수준과 맞추어서 아이들의 수준을 끌어올리기 위해서 교육과 시험을 동시에 맡아서 체계적으로 가르치는 모습에서 선진국의 실상을 보게 되었고, 더불어 우리나라의 국력과 비교해 보며 초라함을 느끼기도 하였다.

그 선교사 이름이 '빔'이었는데 여러 교회를 개척하여 목회를 하고 지방마다 순회하면서 개척 교회들을 돌보는 것을 볼 수 있었다. 그리고 나에게도 선교에 대한 조언을 아끼지 않았고, 많은 대화를 가졌다.

특별히 기억에 남는 대화는 '한국교회성장'에 대한 것이었다. 한국이 급속하게 교회가 성장한 이유에 대해서 자신도 연구를 해보았다는 것이다. 그 결과 자기가 얻은 결론은 '한국인의 순종'이라는 것이다. 유럽인들 특히 네덜란드인들은 목사의 가르침일지라도 무엇이든지 일단 의심하고 반드시 "왜 그렇습니까?"를 반문하여 의문을 가진 다음에, 그 의문에 대해 논리적이고 이성적으로 이해가 되었을 때에만 받아들이는 신앙의 자세를 가진 사람을 좋은 신앙인이라고 인정한다는 것이다.

그런데 한국인들은 일단 어르신이나 선생, 목사의 가르침에 무조건 "예"하고 순종하는 사람을 좋은 그리스도인이라고 생각을 했다는 것이다. 그는 결국 교회의 성장은 하나님의 말씀에 순종하는 교인들이 있기에 가능할 수밖에 없다고 결론을 내렸는데, 나 역시 그 말에 절대 공감을 했다. 그러면서 지금 유럽의 교계가 이성적인 자유주의로 인해서 많이 혼탁해져 있어서 바른 신앙을 갖기 어렵고 문을 닫는 교회도 많다는 안타까움도 전해주었다.

그는 몇 년 전 네덜란드의 신문에 난 기사가 오늘날 네덜란드를 비롯한 유럽의 신앙을 대변한다고 하며 그 신문을 보여주었다. 더운 날에 팬티만 입고 일광욕을 즐기는 한 백인여자에게 넥타이를 매고 정장을 한 흑인이 성경을 들고 전도하는 모습의 사진과 함께 실린 것이었다. 옛날에는 백인들이 정장을 하고 옷을 벗고 있는 흑인들에게 성경을 들고 복음을 전했는데 지금은 반대가 되어 있다는 것이다.

오늘날 유럽의 기독교인은 점차 교회를 떠나고 있고 신앙을 가진 교인들이 적다는 것이다. 그 영향으로 교회가 교인을 잃어 가면서 점차 선교의 열의도 식어져 가고 있다는 것이다. 자신도 이제 아이의 교육문제 때문에 아이가 15세가 되는 올해를 마지막으로 선교지를 떠날 것이라고 했다. 이제 중·남미에서는 유럽인 선교사를 거의 볼 수가 없는 지경이다. 오늘날 유럽의 기독교인의 수가 줄어드니 선교사도 없어져 가는 것이다.

선교사 훈련을 같이 받았던 동기가 독일에 가 있는데, 그를 통해서 오늘날 유럽의 교회의 실상을 알 수 있었다. 수백 년 된 아름다운 교회도 교인이 없어서 팔리고 팔려서 오늘날에는 술집이나, 힌두교 아니면 이슬람교 사원으로 바뀌고 있으며, 교회가 있다면 소수의 노인들만이 그 자리를 지키고 있는 형편이라는 것이다.

유럽의 기독교는 교회들이 선교에 관심과 열정이 없기에 계속 쇠퇴할 수밖에 없다고 단정적으로 말할 수 있다. 이는 교회가 '말씀에 순종'하였던 그들의 신앙의 조상들의 아름다운 전통을 버리고, 이성주의와 자유주의로 그 자리를 채워 결국 세상과 같이 물들게 된 안타까운 현실이라고 말할 수 있을 것이다.

그러므로 유럽의 기독교의 부흥은 바로 선교사를 열심히 파송하는 것에서 시작된다고 할 수 있다. "땅 끝까지 이르러 내 증인이 되라"는 주님의 말씀에 순종할 때 교회의 존재 가치가 있다고 감히 말하고 싶다.

그곳에서 나 나름대로는 네덜란드 빔 선교사와의 교제를 통해서 많은 것을 배울 수 있었다. 특히 그 교회에서는 네덜란드 장로교회의 전통에 따라서 시편으로 된 시편 찬송가만을 불렀는데, 그 교회를 통해 시편 찬송을 배우는 좋은 기회를 가질 수 있었다.

Chapter 07 페루를 떠나게 되다

이렇게 선교사 비자와 언어를 습득하며 선교를 시작할 때에, 수도 리마에 있는 H 선교사님이 제안을 해왔다. 당시 H 선교사님은 페루 선교는 자신이 만든 선교회로만 선교사 비자를 받을 수 있다고 했는데, 내가 H 선교사님의 도움을 받지 않고도 선교사 비자를 받고, 또 언어 훈련을 하며 선교를 하려고 하자 당황하여 나에게 자신이 만든 선교회로 들어 올 것을 제안한 것이었다. 그래서 나는 당시 목사 안수도 받지 않았기에(목사 고시는 합격했지만 안수는 안 받은 상태였다.) 한국에 들어가서 바로 선교사(선교목사)로 목사 안수를 받고, H 선교사님의 페루선교회의 파송을 받고 오라는 그 제안을 받아들이기로 하였다. 이 제안을 받아들일 수밖에 없었던 이유는 그 당시에 내게 오는 선교 후원금이 개척교회 수준의 목회를 하고 있는 동기생들의 작은 금액의 후원금이 전부였기에 내 뜻을 펼치면서 선교할 수가 없었기 때문이었다.

그래서 금방 다시 올 것이기에 모든 짐을 그대로 놔두고 H 선교사님이 비행기 삯을 빌려 주어서(사실 그 당시 나는 돈이 없어서 한국에 들어가는 것에 대해 망설이자, H 선교사는 돈을 빌려 주면서 돈을 빌렸다는 것과 갚겠다는 각서를 쓰라고 해서 내가 종이에 각서를 쓰고 빌렸다.) 페루를 떠나 한국에 와서 H 선교사님의 말대로 페루선교회 후원회장인 L 목사님을 다시 찾아 만나 뵈었다. 이제 목사 안수를 받고 정식 총회 선교사로 파송될 것이라는 기대감을 가지고 한국에 들어왔는데 L 목사님은 내게 너무 상처를 주는 말을 했다. 한마디로 "선교사 파송을 못하겠다. 단지 나로서 도울 수 있는 것은 자신의 교회에서 전도사로 있도록 해주겠다. 선교사 파송은 몇 년이 지난 뒤에 그때 가 보아서 결정하겠다. 그때도 선교사 파송을 장담할 수는 없다."는 것이었다.

나는 페루의 H 선교사님이 L 목사님과 사전에 나에 대한 입장을 정리하고 다 결정한 것으로 알고 내게 한국에 들어가라고 한 줄로 생각하여 모든 짐을 놔두고, 가족이 함께 한국으로 들어왔는데, 일이 엉뚱하게 꼬이게 된 것이다. L 목사님은 자신은 모르는 일이라고 발을 빼고, 또 페루로 H 선교사님께 전화를 해보니 자신은 이 일에 권한이 없다면서 또 발을 빼는 것이 아닌가. 결국 나는 선교사를 포기해야 되는 입장이 되고 만 것이다. 그것은 다시 그곳에 갈 수 있는 비행기 삯이 없었기 때문이었다.

페루선교회 L 목사님은 자신이 한번 거절했던 사람을 다시 파송하기 원하지 않았다. 또한 자신이 거절하면 선교를 포기하고 페루에 못 갈 줄 알았던 사람이 그곳에 가서 선교 비자를 얻고 언어를 습득하고 선교하는 것에 대해서 달갑게 생각하지 않았던 것이다.

그러나 나는 L 목사님의 선교사를 포기하고 자신의 교회 전도사로 있으라는 제안을 거절하였다. 나는 그분들이 약속을 깨고는 책임을 서로 안 지려고 하는 무책임한 행동에 대해 실망했기 때문이었다.

상황이 이렇게 막다른 길까지 이르게 되었지만 여기에도 하나님의 뜻이 있을 것이라고 스스로 위로하면서 결국 페루 선교를 접게 되었다. 나는 선천적으로 시끄럽고, 따지고, 문제를 만드는 것을 싫어해서 모든 것을 하나님께 맡기고 기도를 하게 되었다.

나보다도 나를 더 잘 아시며 나를 주의 종으로 삼기 위해 신학교에 보내 학업을 무사히 마치기까지 인도하셨고, 나의 과거와 현재와 미래를 너무나 잘 아시는 하나님께서 이제 졸업을 한 후에 주의 일과 주님이 기뻐하시는 선교를 하려고 하는 나를 좋은 길로 인도하시고, 보호하실 것을 확실히 믿었던 것이다. 그래서 그분들께 전혀 서운한 내색이나 항의를 하지 않고, 일단 페루로 다시 가는 것을 접고는 하나님의 다른 계획을 믿고 기도를 하기 시작했다. 만일 선교사로 하나님의 부르심이 있다면 하나님께서 인도하실 것을 믿었기에 일단 한국에서 선교사로서 사역할 것들을 준비하기로 했다. 그리고 빌린 돈은 페루선교회로 입금을 시켰다.

※

기도로 준비하는 중에 나를 향해 정말 전적으로 하나님의 놀라운 계획이 있었다. 그것은 내가 과천교회를 만난 것이다. 과천교회만큼 나를 이해하고 도와준 교회가 없다. 과천교회의 세계선교부 위원장을 비롯한 선교부원들은 "어떻게 하면 선교사를 잘 도울 수 있을까?"만을 고민하는 것 같다. 말로만 선교하는 교회가 아니라 구체적으로 선교사를 돕기 위해서 애쓰는 '선교의 사명'을 감당하는 좋은 교회이다. 선교사로서의 성패는 얼마나 좋은 교회를 만나는가에 달렸다고도 할 수 있다.

나는 지금까지 선교현장에서 어떤 선교사들의 후원교회가 어느 날 갑자기 "담임목사가 바뀌었다, 계약이 끝났다, 선교지를 가까운 곳으로 옮기겠으니 후원을 끊고 다른 선교사를 찾아보겠다."라고 하든지 아니면 선교사가 하는 선교에 대해서 문제를 삼고, 시시콜콜 컨트롤 하면서 간섭하든지, 이런 저런 이유로 해서 후원을 끊고 선교사역을 중단하는 교회를 수도 없이 많이 보아왔다.

이제 와서 돌이켜보면 당시에 L 목사님이 나의 파송을 거절하고 페루선교회가 나의 후원교회가 되지 않은 것에 너무나 감사하고 있다. 하나님은 내게 과천교회를 준비해 놓으시고 한국에서 선교사로서 사역할 것을 준비하게 하셨던 것이다.

그렇게 우리 하나님은 좋은 분이시다.

PART 02 불가능해 보였던 것이 현실로

MISSIONS IN MEXICO

Chapter 08 선교사 준비 마지막 과정 시작

내가 선교사로 나가는 데 있어서 준비하는 과정으로 삼은 것이 세 가지 있었다.

첫 번째는 선교지를 남미로 정하면서 브라질을 뺀 남미의 거의 모든 나라들이 스페인어를 쓰기에 스페인어를 공부하는 것이었는데, 이것은 어느 정도 수준이 되었다.

두 번째는 후원 교회를 정하는 것인데 이것은 일단 나중으로 미루어 놓았다.

세 번째는 자국민에게 전도해 보지 않고, 교회 개척해본 경험 없이 외국인에게 전도하고 교회를 세우겠다는 것은 잘못된 것이라고 생각되어, 기회가 되면 한국에서 꼭 교회를 개척하겠다는 소망이 있었는데 이번에 이것을 실천해보기로 했다.

그래서 경기도 부천에 교인 한 명도 없는 가운데 아내와 어머니와 함께 개척교회를 시작하게 되었다. 새화평교회라 이름 붙이고 조그만 상가 건물에 예배당을 꾸몄다. 그 옆에 조그만 방 하나를 만들어 놓고 거기에서 살림하면서 시작하였다. 교인이 가족 외에는 한 명도 없었기에 일주일에 2~3일은 나가서 아파트와 길에서 만나는 이마다 전도지를 나누어 주며 전도를 하였다. 그렇게 3개월이 지나서 한 명의 교인이 교회에 나와 같이 예배를 드릴 때의 감격은 지금도 잊을 수 없다. "천하보다 귀한 것이 한 영혼"이라는 주님의 말씀처럼 한 명이 얼마나 소중하고 귀중한지를 깨닫게 되었다. 그때 한 사람을 놓고 얼마나 열심히 설교했는지 지금도 그때의 감동이 생생하다.

한국에서 새화평교회를 개척하였던 것이 선교하는 데 두고두고 좋은 경험이 되었다. 그래서 현지에 나가서도 담대하게 현지인들에게 전도할 수 있었고, 교회 개척을 겁 없이 할 수 있었으며 현지인 목회자들과 신학생들에게는 '교회 개척과 교회 성장'에 대해서 단지 이론만이 아닌 실제적인 경험을 가지고 가르칠 수 있는 좋은 자산이 되었다.

천하보다 귀한 한 명의 영혼을 위해 주님께서 이 땅에 오셨음을 비록 짧은 기간 동안이었지만 새화평교회를 개척하여 섬김으로써 마음 깊숙이 깨닫게 되었다. 또한 외국인 선교사가 한국과 한국인을 사랑해서 낯선 이 땅에 처음 발을 디디며 전도했던 고마움도 느끼게 되었다. 이때 경험한 '한 영혼을 사랑하는 마음'은 지금까지 변함없이 지니고 있어서 멕시코 사람이든, 한국 사람이든 한 사람 한 사람을 귀중하게 정성으로 사랑으로 대하게 되었다.

Chapter 09 드디어 선교사로 파송

경기도 부천에서 새화평교회를 개척하고 10개월이 되어서는 어느 정도 활력이 생기기 시작했다. 주일에 30~40명이 예배를 드리게 되니 재정적으로도 안정이 되었고, 무엇보다도 매 주일마다 새 신자가 한 사람 이상씩 등록을 하게 되니 정말 목회하는 재미에 푹 빠지게 되었다.

이렇게 기쁜 마음으로 목회를 하고 있는데, 총회 기관지인 기독공보에 과천교회에서 선교사 청빙을 한다는 광고를 보게 되었다. 다른 선교사 청빙 광고는 전혀 마음이 안 갔었는데 이상하게도 과천교회에서 선교사를 청빙 한다는 광고에는 내 마음이 감동이 되어서 내 생애 처음으로 이력서를 제출하게 되었다. 얼마 후에 과천교회로부터 연락이 와서 과천교회를 방문하였는데 당시 나를 면접한 사람은 과천교회 선교위원회 위원장 김영종 장로님(그 당시 숭실대 교수였고, 후에 장신대 신대원에 입학하여 졸업 후 목사가 되셨고, 필리핀 선교사로 사역하신 후 은퇴하여 숭실대 영어예배 교목으로 계신다.)이셨다. 면접하는 자리에서 나에게 "왜 선교사가 되려고 하는지?, 왜 남미로 가려고 하는지?" 등등 선교에 많은 관심과 깊은 애정을 가지고 질문을 하신 것이 기억에 남는다.

결국 선교사 청빙이 결정되었고, 과천교회 담임목사이신 김찬종 목사님께서 콜롬비아로 정해 주심으로 그곳으로 첫 선교사의 길을 떠나게 되었다. 그리하여 콜롬비아에서 5년 동안 선교사로서 현지인 선교, 신학교 강의 사역, 지방 교회 전도 집회 사역, 사모 교육 사역, 아마존 사역, 빈민가에 교회 개척 사역 등을 감당하게 되었다.

Chapter 10 아내의 반대

페루에서 보낸 일 년이라는 기간이 나에게는 선교사의 준비 과정이었다면 아내에게는 오히려 그 기간이 절대로 다시는 선교사로 나가지 않겠다는 다짐을 하는 빌미를 제공해 준 기간이 되었다.

페루에 나 혼자 먼저 가서 비자를 해결한 다음에 아내와 큰 아이를 불러와서 일 년 동안 있었는데 그 기간 동안 아내는 첫 선교사로서의 좌절과 큰 아이가 유치원에 적응하지 못하고(외국인이라고 놀리며 따돌림 당하는 것 때문에), 벼룩 때문에 크게 고생한 것들과 외국에서 홀로 외로웠던 것들 등등 부정적인 것들만을 생각하면서 선교사로 가지 못하겠다고 하는 것이 아닌가. 이제 한국에서 개척한 교회가 교인들이 점점 늘어나면서 재미를 붙이고 있는 상태이므로 한국에서 목회사역을 잘 하자고 반대를 했던 것이다.

그때는 과천교회에서 나의 선교사 청빙이 확정되어서 김찬종 목사님께서는 이제부터 6개월 동안 교회에서 목사 안수를 받고 부목사로 있다가 선교사로 파송 받아 나가야 한다고 재촉하시며 빨리 이사해 올 것을 당부했다. 그러나 아내는 "선교사는 절대 안 나간다. 가려면 당신 혼자 가라."고 하며 막무가내로 버티기 시작했다. 처음에 아무것도 모르고 선교사로 떠났다면 따라 갔을 텐데 일 년 동안 페루에서 경험한 선교사의 사역 자체가 그렇게도 싫었던 것이다.

나는 사실 이 문제도 스스로 해결할 수 없어 하나님께 맡겼다. '하나님께서 원하시는 것이라면 그곳으로 인도하실 것이다.'라고 생각하고 기도만 할 뿐이었다.

*

그런데 결정적인 사건이 터졌다. 당시 개척하여 시무했던 교회와 사택은 상가 건물 2층에 있었다. 화장실과 세면하는 곳은 1층과 2층 계단 중간에 있었는데 겨울이므로 아내가 큰 아이를 씻긴다고 물을 데워서 옆에 잠시 놔두고 잠깐 어디를 갔다 온 사이에 그 아이가 끓는 물에 화상을 입었던 것이다. 한 쪽 팔 전체가 뜨거운 물에 데어서 빨갛게 완전히 익은 상태가 되었고, 아이는 아파서 자지러지게 울기 시작했다. 그때 아내는 아이를 업고 급히 병원에 가면서 하나님께 회개하기 시작했다. "제가 잘못했습니다. 선교사로 어디든 가겠습니다. 이 아이가 팔에 화상으로 인한 상처나 흔적이 남지 않도록 깨끗하게 낫게 해주세요." 하나님께서 이 기도를 들어주셔서 흉터가 날 수밖에 없는 깊은 상처였지만 흉터가 전혀 남지 않도록 역사해 주셨다. 하나님께서 이렇게 다 정리해 주시고 인도하셨던 것이다. 그렇게 반대하던 아내가 "어디든 가겠다."라고 돌이키게 되었다.

Chapter 11 과천교회 선교사 청빙에 대한 뒷이야기

과천교회에서 선교사 청빙을 한다는 광고를 기독공보에서 보았다. 그때 나는 서류를 제출하고는 하나님께서 나를 선교사로 보내시고자 하신다면 청빙이 되겠지만, 하나님의 뜻이 아니라 단지 나의 소원이라면 안 되기를 기도했다. 그래서 만일 청빙이 된다면 선교사로 가겠지만 안 된다면 선교사에 대한 생각은 이제 접고 개척한 교회에 온 정성을 쏟기로 마음을 먹었다. 그러나 하나님의 인도하심으로 선교사로 청빙이 결정되어 과천교회로 부임하게 되었다.

과천교회에서 선교사로 청빙이 되어 총회 선교부의 인선을 거쳐 총회선교부가 시행하는 총회 파송 선교사들의 훈련을 받게 되었다. 장신대 선교관에서 약 3개월간 선교사 후보생 부부 전원이 숙식을 하면서 훈련을 받았는데 그때 순서에 후보생들이 파송지와 후원교회를 소개하는 시간이 있었다. 그 순서 후에 어떤 분이 내가 과천교회 후원임을 알고 내게 말을 걸어왔다. 자신도 기독공보에서 과천교회의 선교사 청빙 광고를 보고 서류를 제출하려고 했는데 이상하게 마음이 안 끌려서 다른 교회로 돌렸다는 것이다. 그분은 고려대학교를 나오고 장신대 신대원을 나온 실력 있고 훌륭한 분이기에 만약 그분이 과천교회에 서류를 냈다면 그분이 되었을 것이다. 그러므로 하나님께서 그분은 다른 교회에서도 충분히 되실 분이기에 그분을 다른 교회로 인도하신 것으로 나는 믿고 있다. 또한 놀라운 사실은 당시 과천교회에 서류를 낸 사람이 나 밖에 없었다는 것이다. 과천교회 역사상 그런 일이 없었던 것이다. 과천교회에서는 공개 채용해서 선교사를 뽑은 적이 있지만 나와 같은 경우는 없었다고 한다.

이것은 바로 하나님께서 나를 선교사로 부르셨기에 선교사로 보내기 위해서 하나님께서 준비해 놓으시고, 또 과천교회로 연결시키기 위해서 하나님께서 이런 상황을 만드신 것이라고 생각한다. 나는 이 모든 과정 하나하나가 하나님의 작품임을 알게 되었다. 하나님께서 모든 서류를 막으시고 나의 서류만을 제출하게 하여 과천교회 선교사 청빙 위원으로 하여금 어쩔 수 없이 나를 청빙하게 했던 것이다.

정말 하나님께서 준비해 놓으신 과천교회를 통해서 선교사가 되었다는 사실을 하나님께 감사드리지 않을 수 없다. 좋은 교회, 좋은 목사님을 만나고, 좋은 선교부원들의 후원과 사랑으로 선교할 수 있음이 하나님의 놀라운 은혜가 아닐 수 없다.

PART 03 콜롬비아 선교

MISSIONS IN MEXICO

빈민가에서 설교

Chapter 12 빈민가에 교회 개척

어느 나라에나 빈민들이 있고 모여 사는 빈민가가 있다. 그러나 중·남미에서의 빈민가는 정말 우리 생각 이상으로 처참하다. 국가는 이미 그들을 포기하여 아무런 대책도 없고, 그들의 국가 종교이다시피 한 가톨릭도 마찬가지이다. 그래서 정말 어렵고 힘들게 사는 사람들이 많다. 기본적인 생활의 수단인 수도와 전기가 없으니 말로 표현하기 어려운 것이 한두 가지가 아니다. 물론 길가의 전기를 무단으로 연결하여 쓰는 곳은 그나마 다행이고 화장실 또한 우리 옛날 재래식과 같은 곳이거나 아니면 사방 천지에 그냥 실례하는 곳이 되어서 사는 곳곳이 악취로 진동한다. 콜롬비아는 안전하고 좋은 동네가 북쪽에 있고, 반대로 가난한 빈민들과 서민들이 사는 동네는 남쪽에 있어서 남과 북으로 나뉘어져 있다.

나는 빈민들이 몰려 있는 남쪽 지역에 3군데 교회를 개척하여 현지인들을 섬기기로 작정하고 그 사역을 시작하게 되었다. 한 군데는 경찰들도 들어가기를 꺼리는 우범지역이었다. 이 지역에 교회를 개척하게 되었는데 일단 그 지역에 들어가서 축호 전도를 하려고 교회 청년 엑또르(Hector, 나중에 신학공부를 하고 내가 개척한 교회에서 전도사가 됨)를 데리고 갔지만 그 역시 도저히 못 들어가겠다는 것이다. 이와 같은 우범지역에서 교회를 개척하고 심방하며 설교하러 다니다가 총에 맞아 죽은 사람들을 보기도 했다.

이런 곳에 교회를 개척하면서 콜롬비아 교인들을 섬길 수 있는 은혜가 있었다. 그들은 겉보기보다는 참 순수하고 마음이 깨끗한 사람들이었다. 이방인인 외국인을 자신에게 찾아온 귀한 손님으로 받아들여서 조그마한 것에도 감격해 하면서 감사하곤 했다. 그들은 나를 마음속으로 친구보다 더 친하게 자신들과 같은 형제자매로 받아주어서 나는 나름대로 기쁘게 선교할 수 있었다.

Chapter 13 개척한 교회들의 이름은 모두 '라 빠스(La Paz)'

콜롬비아 보사평강교회 전도사의 신학교 졸업식에서

내가 한국에 있을 때 개척한 교회 이름은 '새화평교회'였다. 그리고 선교지에서 개척한 교회는 모두 '화평교회'라는 이름을 붙였다. 나는 '화평, 평화'라는 단어를 너무 좋아한다. 교회도 늘 그렇게 평화롭게 목회하기를 원한다.

내가 경기도 부천에 교회를 개척하고 지역노회인 서울서남노회에 가입하게 되었는데 같은 지역(시찰회) 안에 같은 이름의 교회가 이미 있었다. 그래서 같은 이름인 '화평교회'로는 가입이 안 된다는 연락이 왔다. 그러나 나는 '화평'이라는 이름을 포기할 수 없어서 기도하는 중에 '새'자를 붙여 '새화평교회'라고 붙이게 되었다. 듣기에도 '새화평'이라는 단어가 더욱 좋게 느껴졌다. "우리 교회는 새로운 화평이 새롭게 넘쳐나는 교회입니다. 우리 교회에 오시면 여러분의 마음에, 가정에, 사업장에 새로운 평화가 있을 것입니다." 교회 이름에서부터 이런 좋은 느낌을 보여 주는 것 같았다. 그렇게 한국에서 개척한 교회 이름이 '화평'이었는데 과천교회 부교역자들이 나가서 개척한 교회들의 이름도 'ㅇㅇ평강교회'로 하는 경우가 많음을 보게 되었다. 결국 '화평'이나 '평강'이나 단어는 달라도 모두 같은 의미이다.

내가 콜롬비아에서와 멕시코 선교지에서 개척한 교회들의 이름을 붙일 때는 모두 '화평'과 '평강'의 의미가 있는 '라 빠스'(La Paz-평화, 평강, 화평)로 하였다. 고민할 필요 없이 내가 제일 좋아하는 교회 이름인 '라 빠스' 교회가 된 것이다.

콜롬비아에서는 그 동네의 이름을 따서 '싼따 까딸리나 평강교회'(Iglesia la paz de Santa Catalina), '보사 평강교회'(Iglesia la paz de Bosa), '에체베리 평강교회'(Iglesia la paz de Echevery)라고 했지만 멕시코 몬떼레이 지역에서는 한 군데만 개척을 하였기에 단지 '평강 장로교회'(Iglesia Presbiteriana la paz)라고 교회 이름을 붙였었다.

나는 목회할 때 교회가 평안한 것을 최우선으로 삼는다. 교회가 평안해야 성장하고 교인들의 가정도 평안하리라 믿기 때문이다. 어디서나 평화스러운 목회가 되도록 내가 먼저 본을 보여 열심히 희생하고 사랑도 쏟고 있다.

Chapter 14 현지인 교회 개척할 때에 정한 원칙들과 선교 방침

콜롬비아에서 첫 번째 개척한 까딸리나 평강교회에서(Catalina)

나는 교회를 개척할 때는 원칙들을 정하고 그 원칙에 따라 행하였다. 개척한 교회들에 대해서도 반드시 그 교회가 자립하여 선교사에게서 독립하게 하는데 초점을 두고 다음과 같은 원리를 적용했다.

*

첫째는, 교회가 없는 지역에 교회를 개척한다. 가톨릭이든, 개신교든 교회가 없는 지역이나 동네에 교회를 세웠다. 이미 기존 교회가 있는데 그 근처에 교회를 다시 세우는 것은 하나님 편에서 볼 때, 믿지 않는 영혼을 구원하여 성장시키는 것이 아니라 서로 경쟁하고 남의 것을 빼앗는 결과를 낳아 결국 하나님의 영광을 가리게 되는 것일 뿐이라는 생각이다. 교회가 없는 곳에 교회를 세워야 진정 그 지역의 영혼을 살리는 길일 것이다.

*

둘째는, 먼저 교인의 집에서 교회를 시작한다. 교회를 시작하기 위해서 먼저 건축한다든지 또는 건물을 세로 얻는다든지 하지 않고 먼저 전도해서 교인을 만든 다음에 그 교인의 집에서 교회를 시작하였다. 그 교인의 집에서 모일 수 있는 형편이 안 되면 그 교인이 스스로 장소를 얻을 때까지 기다리든지 아니면 다른 사람을 전도해서 교인 집에서 모이게 될 때까지 기다렸다. 그리고 점차 교인이 늘어나서 집에서 모임을 갖기 힘들어지면 그 근처에 교회 건물로 적당한 곳을 월세로 얻어서 교회를 시작하는 방법을 택했다.

이것은 교회가 단지 건물로서 유지할 수 있는 것이 아니라 먼저 교인을 확보하여 그들의 헌신과 정성이 있을 때 교회를 시작해야만 현지인들이 자기 교회에 대한 애착을 가지게 되고 성장할 수 있는 발판이 되리라는 내 나름대로의 확신 때문이다.

*

셋째는, 교회 개척할 때는 반드시 현지인 사역자를 데리고 같이 사역하면서 그에게 내가 목회하는 것을 보고 배우도록 한 후에 그 교회를 그 현지인 사역자에게 넘겨주는 방법을 택한다.

나의 관심은 개척한 교회를 내가 평생 목회하는 것이 아니라 그 교회가 현지인들 스스로 자립하는 데 있다. 그래서 현지인 전도사를 데리고 들어가고, 또 구할 수 없으면 나중에라도 구해서 교인이 어느 정도 모이고 자립하게 되면 교회를 현지인 전도사에게 넘겨주었던 것이다.

*

넷째는, 개척한 교회가 건물을 얻어 세를 내는 경우에는 교인들의 헌금으로 내도록 하고 전도사의 사례비는 내가 도와주되 2년 동안만 돕는다는 원칙을 정했다. 그것은 현지인 전도사가 열심히 목회를 하여 교회가 자립할 수 있도록 힘쓰기 위함이었다. 전도사가 선교사만 의지하게 되면 교회는 결코 자립할 수가 없다. 선교사의 교회가 아닌 현지인 자신들만의 교회로 만들려는 의도였다.

*

다섯째는, 교회가 성장하여 건축을 하려고 할 때는 교인들이 먼저 헌금하여 땅을 구입하게 한 뒤에 내가 건축비를 도와주는 원칙을 세웠다. 이 경우는 딱 한 번 있었다. 멕시코 몬떼레이에서 사역할 때 좁은 세든 건물에 교인들이 넘쳐 나자 더 넓은 장소가 필요하게 되었다. 그래서 교인들이 스스로 헌금을 하여(사실 그들은 빈민가의 어려운 사람들이기에 헌금을 해도 많이 하지 못했다. 그러나 나는 그들에게 십일조와 헌금하는 것을 가르쳤다. 그들의 교회이기에 스스로 헌금하고 교회를 섬길 수 있도록 지도하였다.) 그 근처에 땅을 구입할 수 있었다. 그 후에 내가 한인교회를 통하여 모아진 선교비 미화 10,000달러를 지원하여 건축하도록 도와주었다. 그때에도 가능한 대로 교인들 스스로 단순노동은 봉사하도록 하여 인건비를 절약하여 최소한의 건축비로 교회를 건축하도록 유도하였다.

만일 땅을 구입하는 것이나 건축비 등 모든 것을 선교사가 도와주면 그 교회의 교인은 단지 손님일 뿐이고, 항상 선교사에게 종속될 수밖에 없을 것이다. 현지인들이 자신들의 힘으로 교회가 든든히 세워지면 자기 교회에 대한 자부심을 가지고 교회를 섬기게 되므로 이런 방법을 채택했던 것이다.

*

여섯째는, 교회를 자립하게 해서 독립시키는 것이다. 현지인 교회를 선교사가 계속 목회하기보다는 자리 잡을 때까지 목회를 하다가 성장하면 점차 현지인들에게 넘겨주어 현지인 스스로의 교회가 되게 했던 것이다. 선교사에 의존도를 점차 줄이려는 의도였다.

그러나 교회를 독립시키려는 이 여섯 번째의 방법은 성공 반, 실패 반이 되었다. 콜롬비아에서 내가 처음 개척한 '싼따 까딸리나'(Santa Catalina) 평강교회는 100명 정도의 교인이 출석하였다. 교회 재정도 자립이 될 정도였기에 3년 정도 직접 목회를 한 후에 평신도 지도자(장로 3명)를 세우고 현지인 전도사에게 넘겨주었다. 그리고 그곳의 다른 두 교회도 2년 목회한 후에 점차 현지인 전도사에게 독립을 시켜 주었다. 그러나 내가 3년 동안 직접 목회를 한 '싼따 까딸리나' 평강교회는 현지인 목회자가 목회하기 시작하면서 점차 교인들이 줄어들었고, '에체베리' 평강교회도 내가 콜롬비아를 떠난 다음에는 교인들이 떨어져 나가서 일부교인들이 '싼따 까딸리나' 지역으로 가서 함께 예배를 드리고 있다는 소식을 들었다.

결국 교인들은 선교사를 보고 교회에 온 것이었다. 선교사는 그들에게 늘 주었기 때문에, 그렇게 하지 않는 현지인 목회자가 목회를 할 때는 점점 줄어든 것이라고 생각된다.

그렇지만 '보사' 평강교회는 독립시켜 준 다음에도 현지인 목회자가 계속 목회를 잘하여 지금까지 존속되고 있다. 물론 그 교회는 나중에 내가 콜롬비아를 떠난 다음에는 다른 한국인 선교사에게 도움을 요청하여 도움을 받고 있다는 이야기도 들었지만 어찌 되었든 그 교회는 지금까지 계속 존속되었다.

멕시코 몬떼레이에 개척한 교회는 처음에 몇 명이 모여서 예배를 드렸는데 그들이 다른 곳으로 이주를 하면서 그곳에서 나와 함께 개척하기를 원해서 함께 시작한 곳이다. 그러다가 점차 교인들이 늘어나면서 자립이 되어 내가 그 도시를 떠난 다음에도 계속해서 성장하고 있다는 기쁜 소식을 듣고 있다.

*

물론, 내가 세운 이러한 선교 방법이 꼭 좋은 것만은 아니라고 생각한다. 실패도 있었지만 나는 현지인 교회들이 선교사의 교회가 아닌, 현지인들 스스로의 교회로 만들고 현지인 스스로 헌금하고 전도하여 숫자적으로나 재정적으로 자립하여 독립할 수 있는 방법을 모색하고자 이런 원칙들을 정하고 교회 개척선교를 하였던 것이다. 한마디로 선교할 때 나의 주 관심사는 현지인들을 맹목적으로 선교사로부터 받아들이는 피동적인 사람들이 아닌 능동적이고 적극적으로 목회에 동참하여 그들의 교회로 만들려고 하는 데 있었다.

Chapter 15 마약 중독자의 살해 위협

인디오 복장을 한 콜롬비아 경찰관과 함께

　세 군데 개척한 교회 중에 첫 번째 개척한 교회에서 있었던 일이다. 한 교인의 남편이 마약 중독자인데 이 사람이 자기 동네에 교회가 들어 온 것을 못 마땅히 여겨서 교회 다니는 교인들을 폭행하기 시작했다. 그리고 저녁 예배드리고 나오는 콜롬비아인 전도사를 칼로 위협하며 죽이려고 했다. 더 나아가서는 선교사인 나를 죽이겠다고 총으로 위협하는 말을 하여 그 소리가 내 귀에 들어오기까지 했다.
　그래도 감사한 것은 그 마약 중독자가 내게 위협을 가하려고 올 때마다 교인들이 그것을 막아 주고 나를 숨겨 주고 알려줘 위기를 모면한 적이 많았다는 것이다.
　그러나 내 입장에서는 더 이상 피해 다닐 수가 없어서 기도하고 모든 것을 하나님께 맡기고 그를 만나서 전도하기로 작정하고 그 집을 찾아갔다. 문을 열기 전까지는 마음이 두근거렸지만 그의 얼굴을 보는 순간 나의 마음이 평안해지고 담대해 졌다. 그에게 인사를 하고 앉아서 기도를 한 후에 눈을 뜨고 그의 얼굴을 쳐다보니 그렇게 살기 등등하게 위협했던 마약에 중독된 자가 하나님의 은혜로 온순하게 변해 있는 것이 아닌가. 권면하는 나의 말에 "시 세뇨르(Si Señor, 예 알겠습니다)." 하면서 귀담아 듣고는 헤어지게 되었다. 나를 만난 다음부터는 그 어떤 문제도 일으키지 않았고 오히려 교회에 협조적인 사람으로 바뀌게 되었다. 정말 하나님의 능력을 다시 한 번 깨닫게 되었다.

Chapter 16 한센씨 병을 가진 교인

교인 가운데 한센씨 병(나병)을 가진 분이 있었다. 물론 치료가 되고 음성이었다. 그러나 얼굴 모습은 정말 보기 싫을 정도로 끔찍했다. 코는 완전히 없어져 버렸고 손은 양손 다 뭉그러져서 손가락이 아예 없었다. 처음엔 악수하기조차도 꺼려졌다. 더구나 그의 집에 심방 가서 그와 함께 음식을 먹을 때는 정말 온몸에 소름이 돋기도 했다.

그러나 잃은 양을 찾아 헤매는 주님의 마음과 천하보다 귀한 한 영혼을 위해 십자가에 달려 죽으신 주님의 심정으로 그를 보니 그렇게 흉하고 무서운 것이 아니라 아름답고 순수하고 순진한 정말 착한 사람으로 보였다. 그렇게 외모에 대해 선입견을 가졌던 나의 마음이 부끄럽기만 했다. 오히려 그는 모든 면에서 나를 도와주려고 했고, 모든 면에서 솔선수범하여 신앙생활을 하는 모습을 통해 정말 기억에 오래 남는 잊을 수 없는 좋은 교인이다.

Chapter 17 교인이 주는 바나나와 띤또(Tinto)에 감사하다

세 군데의 교회를 개척한 후에는 주일날이 되면 먼저 한 군데에서 예배를 드린 다음, 다시 더 깊은 안쪽 우범지역에 개척한 두 군데 교회를 돌아보게 되었다. 그래서 주일에는 점심을 거르고 다녀 시장할 때가 많았다. 더군다나 나는 폐결핵을 앓은 뒤로 위가 안 좋아서 조금만 속이 비면 속이 뒤틀리고 쓰리고 아파왔다.

그러나 교회를 돌보려면 시간적인 여유가 없었다. 그곳은 해가 지고 어두워지면 더더욱 위험하므로 해가 지기 전에 나와야 했다. 이러저런 이유로 어쩔 수 없이 속이 아프지만 끼니를 거르는 날이 많았던 것이다.

언젠가 시장기가 몰려와서 온몸이 힘이 쭉 빠져 있는데 한 교인이 그런 내 모습을 보고는 굳이 자기 집으로 데리고 들어가서 바나나 하나와 한 잔의 띤또(Tinto, 콜롬비아 사람들은 원두로 내려 먹는 커피를 그렇게 부른다)를 정성스럽게 내놓았다. 그것을 허겁지겁 먹고 마시니 눈이 밝아지는 것을 느낄 수 있었다.

사실은 그가 내게 준 것은 가난한 사람의 전부의 식량과 같은 귀한 음식이었던 것이다. 마치 열왕기상 1장 8절 이하에 나오는 사르밧 과부의 모습이었다. 자신과 아들이 마지막으로 먹고 죽을 밀가루 한 움큼과 조금 남은 기름을 가지고 엘리야에게 대접을 한 그 사르밧 과부와 같은 심정으로 나에게 대접한 콜롬비아 교인들의 마음과 정성에 정말 감격했다.

먹고 난 후에 엘리야가 그 가정을 축복한 심정의 기도로 교인의 가정에 그 통의 가루와 그 기름이 없어지지 않도록, 또 일용할 양식 때문에 어려움을 당하지 않도록 간절히 기도했다.

Chapter 18 소금 산 안의 성당의 영광과 인디오들의 피 눈물

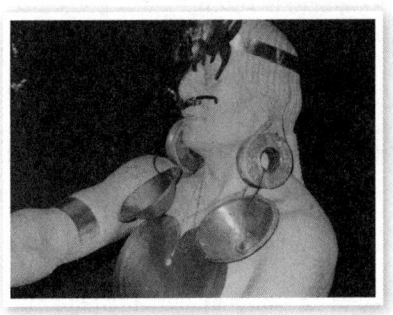

콜롬비아 금 박물관에 있는 옛 인디오들의 금으로 만든 옷과 장신구 모습을 재현한 밀랍인형

콜롬비아 수도 보고타에서 조금만 가면 산 전체가 소금으로 되어 있는 소금 산을 볼 수 있다. 옛날 스페인이 콜롬비아를 무력으로 점령하고 지배할 때 수많은 원주민들을 데려다가 이 산을 파서 큰 동굴을 만들고 그 안에 아주 웅장한 성당을 지었다. 그곳에 들어가서 벽을 손으로 만져보고 맛을 보면 짠데, 보통 소금보다 엄청나게 짠 소금으로 산 전체가 진짜 소금 산임을 알 수 있다. 그러고 보니 이 거대한 산을 파서 성당을 만들려 했던 스페인 사람들과 가톨릭 사람들이 무섭기도 했다.

지금은 그 웅장함과 멋있는 성당의 제단을 자랑하며 관광지로 소개하고 있다. 하지만 그 화려함 뒤에는 당시 수많은 원주민들을 데려다 먹을 것도 제대로 주지 않고 제대로 된 연장도 없이, 순전히 사람의 노동력으로만 그 산을 파고 또 팠던 그들의 희생이 있었던 것이다. 또 지배자들의 폭력과 폭행으로 수많은 사람들이 죽어가면서 이 성당을 세운 것을 생각하면 그것을 이루기 위해서 희생하고 죽어간 수많은 원주민들이 생각이 나서 마음이 착잡하기만 했다.

단지 그 소금 산 속의 성당뿐이겠는가? 중·남미 도시, 도시 중앙마다 좋은 곳에 차지한 오래되고 찬란한 성당도 마찬가지이다. 또한 스페인의 톨레도에 금으로 칠갑을 한 화려한 성당, 마드리드의 화려한 궁전(스페인을 여행하고 온 사람들을 통해 그렇게 화려하고 멋있다고 하는 말을 들었다) 등, 그들이 자랑하는 유적들이 모두 중·남미에서 약탈하고 죽이고 빼앗은 것들로 이룬 것들이기에 과연 그런 것들이 자랑이 될 수 있을까를 생각해본다. 화려함 속에서 인디오들의 피 눈물도 함께 보아야 하지 않겠는가?

오늘날 과거에 찬란한 유적들이나 건축물들을 가리켜서 '10대 불가사의' 등등 하면서 화려함과 웅장함에 감탄을 금하지 못하며 당시의 문화를 극찬하곤 한다. 그렇게 오늘날의 시각으로 보면 과거의 웅장한 건축물들은 불가사의한 것들이다. 왜냐하면 어떻게 기계의 도움 없이 사람들의 노동력만으로 그렇게 하였는지 이해하기 어렵기 때문이다. 그러나 당시의 시각으로는 불가사의가 아닌 지배자의 탐욕에 놀아난 엄청난 사람들의 희생과 죽음이 만든 부산물인 것이다.

전쟁을 통해서 끌려온 노예들에게 제대로 된 식사나 제대로 된 숙소가 있을 수 있고, 인권이 있었겠는가? 그 화려함이나 웅장함은 총, 칼의 무력으로 말을 듣지 않으면 죽이고, 다치면 버리고, 아프면 죽이고, 먹을 것도 제대로 주지 않는 가운데 수많은 사람들의 노동력으로 이룬 것들이기에 사실 우리는 과거의 화려한 그 유명한 건축물들과 유적을 볼 때마다 그 속에 상상할 수 없는 많은 사람들의 눈물과 희생과 고난과 죽음을 반드시 기억해야 할 것이다.

Chapter 19 콜롬비아 귀신 이야기

콜롬비아 교인들이 내게 이런 말을 해 주었다. 미국인 선교사가 귀신 들린 사람을 위해서 간절히 "나사렛 예수의 이름으로 명하노니 귀신아 나가라!"라고 기도했는데도 귀신이 나가지 않았다. 왜 그랬을까? 그 이유는 콜롬비아 귀신이 영어를 못 알아들었기 때문이라는 것이다. 이것은 내가 그들의 말인 스페인어로 기도하고 설교하는 것을 좋게 보고 격려해주는 말이었지만 사실은 그들이 미국에 대한 반감을 가지고 있어서 한 말이기도 하다. 중요한 것은 그들의 언어로 그들과 함께 교제를 나누고 그들과 친구나 형제자매가 되어 복음을 전하는 것이 '선교'라는 것이다. 그래서 선교사에게는 현지인의 언어를 습득하는 것이 가장 중요하다고 말하고 싶다.

나는 선교가 '일'이 아니고 '삶'이라고 생각한다. 그러므로 선교는 교회당 건물 몇 개를 지었고, 멋진 선교 센터를 짓는가에 있는 것이 아니라 그곳 사람들에게 친구로서, 형제자매로서 살아가는 것이 더 중요한 것이다. 그렇게 함께 더불어 현지인들과 살아가는 '삶'이 바로 선교라고 생각한다.

Chapter 20 배낭 속의 아이!

콜롬비아 한글학교에서 한글을 배우는 학생들과 (외국인반 교사시절)

콜롬비아는 남미에서 유일하게 1950년 6·25 전쟁으로 한국이 어려움을 당했을 때 참전하여 군인을 보내준 고마운 나라이다. 그래서 나는 콜롬비아에서 선교하는 것이 어느 정도 그런 고마움을 갚을 수 있는 길이라고 생각했다.

콜롬비아 보고타에 교민들의 자녀들을 위한 한글학교가 있었다. 토요일마다 현지 학교를 빌려서 한인 자녀들에게 한글을 가르쳤는데, 나는 이곳에서 한글학교 교장선생님의 요청으로 외국인들 특히 콜롬비아 사람들에게 한글을 가르쳤다.

어느 날 한글학교에 키가 작고 몸이 왜소한 사람이 찾아왔다. 얼굴은 한국 사람과 비슷했지만 모습은 콜롬비아 원주민과 같아 보였다. 이 사람이 나에게 한글을 배우겠다고 왔다. 그 사람의 내력을 알아보니 바로 6·25 때 참전한 콜롬비아 군인들이 고아인 한국 아이를 귀여워하여 귀국할 때 몰래 군함 속 배낭에 실어서 콜롬비아로 데리고 갔던 것이었다. 그리고 콜롬비아인 양아버지를 통해서 장성한 다음에 자신이 한국 사람임을 알게 되어 한글학교를 찾아와서 자신이 태어난 나라의 한글을 배우러 온 것이었다. 그 사람은 전혀 한글을 모르고 콜롬비아의 시골에서 스페인어를 쓰면서 콜롬비아 사람으로 살아온 것이었다.

이 사실을 알게 된 한글학교 측에서 한국 방송국에 연결시켜 주었고, 방송국에서 기자가 와서 이 사람을 취재하였다. 그래서 1999년에 6·25 한국전쟁 기념일에 다큐멘터리로 KBS 방송국에서 "배낭 속의 아이"라는 제목으로 제작되어 방송되었다. 그리고 방송국의 주선으로 이 사람을 한국으로 방문케 하여 한국을 소개해 주고 한국을 알게 해 준 적이 있었다. 이 사람은 한국 방문 후에 자신의 나라에 대해 자세히 알게 되었고 엄청난 자부심을 가지고 다시 콜롬비아로 돌아갔다.

나로서는 참으로 한국으로서는 다시 있어서는 안 될 전쟁의 비극의 역사를 다시 한번 콜롬비아에서 한 부분 겪게 되었다.

Chapter 21 거룩한 장미의 살해 위협

빈민가에서만 사역을 하다가 좀 더 나은 환경인 중산층이 사는 지역에서 선교를 하려고 작정했다. 그래서 1997년 안식년 때 약 두 달 정도 한국에 들어가서 교인들의 후원금과 헌금해준 것을 한 푼도 쓰지 않고 모아 가지고 중산층이 사는 지역에서 조그만 집을 하나 샀다. 그 동네 이름이 '싼따 로사'(Santa Rosa, 거룩한 장미)인데 그 지역에 집을 사고 계약을 하고 중도금까지 치른 상태에서 그 동네 사람들이 교회가 들어온다는 것을 알고 반대하며 위협하기 시작했다.

여기는 가톨릭 신자만이 있는 곳이기에 개신교 교회는 절대 들어 올 수 없다는 것이었다. 그러나 나는 변호사를 대동하고 법적으로 아무런 문제가 없기에 이곳에 교회를 세우겠다고 했다. 그러나 그들은 "그래 그러면 알아서 하라"고 하면서 위협하는데 변호사가 오히려 무서워서 발을 빼서 다시는 가려 하지 않았다. 결국 나 혼자서 이 문제를 해결해야 할 곤경에 빠지게 되었다. "죽이겠다"는 계속된 위협 속에서 점차 그들이 무서워지기 시작했다.

실제로 콜롬비아는 미화 100달러만 주면 총잡이를 구해서 쉽게 사람을 죽일 수 있었다. 장사하던 한국 교민들도 같은 장사하는 콜롬비아 사람들에게 죽임을 당했다. 그런 사실을 잘 알기에 무서움이 몰려오기 시작했다. 그렇게 계속된 위협 속에 결국 그 집을 현지인 목사에게 넘기고 나는 뒤로 빠질 수밖에 없었다.

거룩한 장미의 위협은 그렇게 시작되고 끝나서 오랫동안 내 마음 속에 아픔과 안타까움으로 자리를 잡게 되었다.

Chapter 22 아마존 선교의 아쉬움

아마존에서 예배 후 아이들과

콜롬비아에 브라질, 페루와 큰 강을 두고 국경이 있는데, 그 강이 아마존이다. 콜롬비아 쪽 아마존 도시 이름이 레띠씨아(Reticia)이다. 이곳에 이원경 선교사님이 아마존 선교를 하면서 신학교와 교회들을 건축하며 사역하시다가 몇 년 후에 은퇴하고 한국으로 가신 후에 김철기 선교사님이 왔지만 곧 다른 브라질 쪽 아마존으로 사역지를 옮겼다. 그러다가 나의 선교훈련 동기생인 노요섭 선교사가 이곳에 와서 이원경 선교사님 후임으로 아마존 선교를 하게 되엇다.

노 선교사가 아마존 선교를 시작할 때 그쪽에 지도자 양육 등이 필요하여 나와 함께 사역을 하게 되었다. 그러나 노 선교사가 몇 년 후에 개인 사정으로 선교사 사임을 하고 철수함에 따라서 아마존 사역에 어려움을 겪었다. 그 후 처음에는 계속 아마존 선교를 위해서 콜롬비아 지도자 한 사람을 도우면서 현지인 지도자들의 양육을 해왔는데 나 혼자서 보고타에서 왔다 갔다 하면서 이 사역을 감당하기엔 너무 힘들었다. 노요섭 선교사는 스페인어, 포르투갈어, 영어를 정말 잘 하는 실력 있고 좋은 선교사였는데 그의 사임이 무척 아쉬웠다.

아마존 지역은 지도자 양육이 절대 필요한 지역이다. 제대로 된 신학교육 기관이 없기에 자기 나름대로 설교하고, 목회하여 자기 말이 법이고 말씀인 까닭에 교회가 무척 시끄러운 것을 자주 보았다.

이 국경의 아마존은 스페인어를 쓰는 콜롬비아, 페루인이 함께 살고, 그리고 포르투갈어를 쓰는 브라질 쪽의 사람들이 섞여 있어서, 그들이 각자 편한 대로 스페인어와 포르투갈어를 섞어 써도 서로 대충은 알아듣는 재미있는 곳이었다. 나 역시 스페인어를 쓰고 상대방은 포르투갈어를 써도 대충은 의사소통이 가능하였다.

이곳에 한 포르투갈어를 쓰는 브라질인 목사가 목회를 잘 하다가 성경 말씀대로 한다며 아브라함이 여러 명의 여자를 부인으로 두었듯이 자신도 여러 명의 아내를 거느리는 것이 "성서적이다."라고 주장하여 그 교회 여자 교인들을 상당수 건드리면서 교회가 어려움에 빠진 적이 있었다. 이처럼 현지 사역자의 교육의 부재는 교회의 큰 혼란을 가져 오기에 지도자 양육은 꼭 필요한 사역이다.

Chapter 23 미국인 선교사 순교

한국에 있을 때 한국인 목사님들로부터 한국은 제사장 국가라는 말을 자주 들었다. 미국인을 비롯한 서양인 선교사의 시대는 지나갔고, 이제 이 시대는 한국인을 제사장의 나라의 선교사로 부르시고 있다는 것이다. 미국을 비롯한 서양의 교회는 쇠퇴하여 선교사로 나갈 사람이 없고 선교에 관심도 없는 줄로 생각했다. 그래서 나는 이제 선교지에서 미국인 선교사들이 거의 없거나 아니면 선교를 제대로 못하는 줄로 알고 있었다.

그러나 선교지에서 본 미국인들의 선교는 정말 훌륭하고 본받을 만 하였다. 그들은 어떤 곳이든 팀을 이루어서 조직적으로 선교를 잘 하고 있었다. 특히 남미에서는 반미 사상으로 인해서 밖에 다니는 것조차 위험한 상황에서도 그들은 '미국인'이 아닌 '선교사'로서 그 사명을 잘 감당하고 있었다.

미국 선교사들은 교단 선교사뿐 아니라 〈새부족 선교회〉, 〈위클리프 선교회〉 같은 선교단체들의 선교사들도 비행기를 비롯한 충분한 선교 장비를 갖추고 있으며 자녀 교육을 위한 선교사 자녀 학교, 가족들이 안심하게 살 수 있는 주거 선교 센터 등의 지원으로 모든 면에서 아무 걱정 없이 선교만 하면 될 정도였다.

내가 콜롬비아에 있을 때 안타까운 사건이 있었다. 콜롬비아 반군에 선교사가 납치되어 반군들이 몸값을 협상하다가 결국 미국인 선교사를 죽였고 나중엔 죽은 시체를 가지고 미국과 협상을 한다는 소식이었다. 마음이 아팠지만 한편으로는 미국인 선교사들에 대한 경외심도 가지게 되었다. 그런 납치와 죽음이 있었지만 여전히 미국인 선교사들은 그 나라와 그 지역에 또 다시 선교사로 들어가 그 사명을 감당하는 모습을 보고 정말 존경의 마음을 갖게 되었다.

누가 그랬는가? "미국인 선교사의 시대는 갔다." 그리고 "선교사는 제국주의의 앞잡이"라고. 아니다. 나는 오히려 미국의 저력은 바로 말없이 희생을 각오하고 선교하는 선교사들 때문이라고 감히 말하고 싶다.

바로 그들의 수고와 희생, 그리고 순교가 오늘날 한국과 한국교회의 발전과 부흥을 이루는 밑거름이 되었다고 할 수 있기에 이제는 한국교회가 또한 이 선교의 사명을 계속해서 잘 감당해야 한다고 생각한다.

Chapter 24 선배 선교사의 죽음

콜롬비아 이바게(Ibague) 지방의
한 교회에서 설교중

　보고타 도시에서 한 시간 반 떨어져 있는 후사가수가(Fusagasuga)라는 도시에서 신학교를 세우고 운영하셨던 최정락 선교사님이 폐암으로 돌아가셨다(1998년). 기침을 오랫동안 심하게 하시기에 빨리 진찰을 받아보실 것을 권유했지만 당시 학기 중인 신학교 운영 때문에 쉽게 진료를 받으러 한국에 가지 못하는 형편이었다. 최 선교사님에게 내가 당분간 맡아서 운영을 하겠으니 걱정하지 말고 한국에 가셔서 치료를 받으실 것을 권유하여 한국으로 가셨는데 결국 폐암 말기라는 확진을 받고 치료 과정 중에 마지막 방법으로 수술을 하셨는데 수술 도중에 돌아가셨다는 연락을 받았다.

　돌아가신 최정락 선교사님과는 외로운 선교지에서 서로 간에 좋은 교제가 있었다. 그분과 자주 만나서 탁구를 치면서 선교지에서의 외로움을 풀기도 했었다. 그분은 승부욕이 강해서 나를 이기려고 했고 가끔씩 식사 내기를 하면서 얻어먹기도 하고, 사기도 했던 즐거운 시간들을 보내기도 했었다. 최정락 선교사님은 말씀도 재미있게 하셔서 자주 좋은 이야기들을 많이 해 주셨는데 정작 가시고 나니 그렇게 서운할 수가 없었다.

그분은 이렇게 나에게 가끔씩 놀리면서(애정이 섞인) 말한 적이 있다. "최창운 목사는 불쌍해! 나야 산전수전 다 겪어 보고(최정락 목사님은 대덕연구단지에서 오랫동안 직장생활을 하다가 늦게 목사가 되셨다.) 목사가 되어 아쉬운 것이 없는데 최 목사는 세상을 다 경험해보지 못하고 일찍 목사가 되었으니 얼마나 불쌍해!" 이렇게 놀리듯이 이야기 하시면서 자신의 동생처럼 나를 대해 주셨는데 더 많은 사역을 하실 수 있는 젊은 나이에 하나님의 부르심을 받으셨으니 내 마음이 안타깝고 서운해서 한동안 울적했었다. 그런 선배 선교사님의 죽음으로 인한 외로움으로 나의 선교 사역이 많이 위축된 것도 사실이다.

이렇게 5년간의 콜롬비아 선교사역을 마무리 하고 선교지를 떠나게 되었다. 사실 선교하면서 여러 가지로 지친 것이 사실이었지만 콜롬비아 선교를 접게 된 결정적인 것은 1997년 한국의 IMF로 인해서 환율 급상승으로 한국에서 선교 후원금이 많이 떨어진 상태에서 온 어려움 때문이었다. 나는 여러 군데에서 후원을 많이 받지 못하였기에 재정적인 어려움이 더했다고도 할 수 있겠다. 여러 가지 형편상 결국 선교사를 사임하고 1999년에 한국으로 들어갈 수밖에 없었다.

콜롬비아 보사평강교회에서 예배 후 식사

Missions in Mexico

PART 04 멕시코 몬떼레이 (MONTERREY) 도시선교

MISSIONS IN MEXICO

Chapter **25** 총회 선교부의 선교사 파송 거절

멕시코로 다시 선교사로 가고자 했을 때는 후원교회가 없었다. 그래서 현지에서 한인교회를 개척하여 선교하기로 작정하고 출국하려고 했는데, 그때 멕시코 선교지를 소개해 준 선배 장덕인 목사님은 총회 파송을 받고 나올 것을 권고했다. 멕시코에서 비자를 받으려면 총회 파송 선교사 신분이 되어야 받기도 쉽고 선교하는데 도움이 될 것이라는 조언이었다.

그러나 총회 세계 선교부 당시 총무였던 A 목사님은 나의 총회 파송을 거절했다. 두 가지 이유인데, 하나는 후원교회가 없다는 것과 두 번째는 이미 선교사로 사임을 한 사람은 선교사 사명이 끝난 것이기에 다시 나가는 것을 허락하지 않겠다는 것이었다. 총회 파송을 거절한 두 번째 이유는 후원교회 없이 선교사로 나가는 것에 대해서 못마땅하게 생각을 하여 억지로 만들어 낸 궁색한 변명이었다. 후원교회 문제는 내가 가서 한인 교회를 개척할 것이기 때문에 그 한인교회

가 후원교회가 될 것이라고 했지만 안 된다고 거절당했다.

　이 소식을 들은 어머니가 다니시는 연희동교회 노사곤 목사님(현재 원로목사)께서 연희동교회가 형식상이지만 후원교회가 되어 주겠다고 쾌히 허락해주셔서 총회 선교부에 다시 이야기를 하자 A 목사님은 마지못해서 허락하면서 조건부로 이미 선교사를 한번 그만 두고 다시 재파송 받는 것은 총회의 방침이 '정규선교사'가 아닌 '단기선교사'로 해야 한다고 했다. 결국 나는 그런 줄 알고 파송을 받았지만 이후에도 나처럼 다시 재 파송 받는 선교사가 있었는데 단기가 아닌 정규 선교사로 파송 받는 것을 보고는 마음이 즐겁지는 못했다. 물론 규칙대로 하는 것은 중요하다. 그러나 그 규칙이 상대방과 상황에 따라 자기 맘에 안 맞는 사람에게는 엄격하게 적용되고, 자기가 원하는 사람에게는 관대하게 적용되는 일이 있어서는 안 될 것이다.

Chapter 26 멕시코 재파송

　1년 6개월의 공백 기간 후 다시 선교사로 갈 때 후원교회가 없었기에 한인교회를 개척하여 선교하려고 작정하고 선교지를 정한 원칙은 다음과 같은 것들이었다.

　첫째, 한인 선교사가 없는 지역,

　둘째, 한인 목사가 없는 지역, 즉 한인교회가 없는 지역을 정했다.

　위의 원칙을 세운 것은 같은 지역에 같은 한국인 선교사들이 여럿이 있으면 갈등과 대립이 있게 마련이기에 나는 아예 한인선교사나 목사가 없는 지역에 들어가서 조용히 사역을 하고 싶었다.

멕시코 제2의 도시인 구아달라하라(Guadalajara)에서 선교하는 장덕인 선배 선교사님이 멕시코 몬떼레이에는 소수의 한인들만 살고 있고, 한인교회나 한인선교사가 전혀 없다는 이야기를 전해 듣고는 잠정적으로 선교지를 몬떼레이로 정하고 출국을 했다.

말 그대로 아무런 답사나 아는 사람 없이 가족과 함께 무작정 몬떼레이로 갔던 것이다. 그리고 한인교회를 개척하였다. 그렇게 무작정 대책 없이 시작한 교회는 매년 조금씩 성장을 하여서 5년 6개월이 되어서는 주일 낮 예배에 130여 명이 평균적으로 출석(청장년 80-90명, 유, 초, 중, 고등학생이 30-40명 출석)하고, 재적교인이 165명이 되어서 수적으로도 탄탄한 교회가 되었고 재정적으로도 담임목사의 사례비를 충분히 감당할 독립된 교회가 되었다. 더군다나 그 지역 몬떼레이에서는 한인교회가 하나만 있었기에 교회가 나름대로 안정적으로 성장한 상태였다. 그러나 사실 다른 지역의 이민 교회는 몇 명만 모여도 갈라지고, 또 소수가 살아도 서로 마음이 달라서 교회가 갈라져서 두세 군데 교회가 있는 것이 오늘날 보편적인 이민교회의 모습이다.

나는 5년 6개월 목회를 하고 담임목사 자리를 과천교회 부목사를 불러서 넘겨주고 다시 현지인 선교만을 위해서 멕시코와 미국 국경으로 나오게 되었다.

하나님의 은혜로 교회가 성장할 수 있었음에 감사를 드린다.

Chapter 27 몬떼레이(Monterrey)
말 안장 산(Zero de Silla)에 대한 이야기!

몬떼레이 시 중앙에 몬떼레이를 상징하는 유명한 큰 산이 우뚝 서있다. 제로 데 실랴(Zero de Silla)이라는 이름의 본래 뜻은 의자 산이지만(모양이 의자 산보다는 낙타 등이나 안장처럼 생겼다.) 그곳 사람들은 보통 말 안장 산이라고 부른다. 몬떼레이 사람들이 구두쇠라는 것을 표현하기 위해서 이 산에 대한 재미난 전설을 만들어서 전하고 있다.

어떤 몬떼레이 사람이 등산을 하다가 동전을 이 산에 떨어뜨렸는데, 그 사람은 그 동전을 찾기 위해서 계속 산을 파고 파고 또 파서 결국 산의 모양이 중간에 움푹 파여 말 안장 산처럼 되어 버렸다는 것이다. 그렇게 동전 하나에 목숨 걸 정도로 몬떼레이 사람들이 구두쇠라는 것이다. 그래서 멕시코에서 '꼬도'(Codo)라고 하면 구두쇠로 그들을 그렇게 부른다.

*

몬떼레이는 멕시코의 제3의 도시로서, 멕시코의 다른 도시에 비해서 현대적인 도시이다. 미국 텍사스 쪽과 가까워서(국경에서 차로 3시간 거리) 미국의 영향을 더 많이 받았기에 현대적인 건물들이 많이 있다. 다른 멕시코의 도시들은 멕시코시티를 제외하고는 높은 건물이나 도시 같은 모습이 별로 없다. 그러나 이 몬떼레이 시는 높은 건물이 많은 현대적인 도시이기에 멕시코 사람들이 그렇게 구두쇠라고 부르지 않았나 나름대로 생각한다. 한국도 대도시인 서울 사람을 보고 '깍쟁이'라고 부르듯이 대도시인 몬떼레이의 사람들을 가리켜서 구두쇠라고 부르는 것 같기도 하다. 사실 어느 나라, 어느 곳이든 도시 사람보다 시골사람이 더 순박한 것은 마찬가지이다.

Chapter 28 한글학교 설립과 Tec de Monterrey (몬떼레이 공과대학교)대학교 한국어 강좌 개설

몬떼레이에서 한인교회를 하면서 한인 자녀들에게 한글 교육과 역사 등을 가리키는 것이 중요하다고 생각하여 한글학교 설립의 중요성을 인식하게 되었다. 그래서 멕시코시티에 있는 한국대사관에 연락하여 한글학교에 필요한 교재를 지원받고 교사들을 충원한 다음에 한글학교를 시작하였다.

이와 더불어서 한국 사람들과 결혼한 멕시코 사람들이 있어서 이들에게 한글과 한국 문화, 역사에 대해서 가르쳐 주는 것이 좋겠다고 생각했다. 이들과 그 외에 한국에 대해서 알고 싶어 하고 한국어를 배우고 싶어 하는 사람들을 모집해서 외국인 반을 만들어 매주 토요일마다 멕시코 사람들에게 한국어를 직접 가르치게 되었다.

한국 사람과 결혼한 멕시코 사람들이 한국 문화를 모르기에 양국의 문화 차이에서 오는 오해로 부부간에 다툼이 되고 벽이 생기는 것들을 방지하기 위해 그들에게 한국 문화에 대해서 가르치자 서로간의 오해를 풀고 화평한 것을 많이 보았다.

예를 들면 이런 것들이다. "한국인 남편은 나를 안 사랑해요.", "사랑한다는 말이 전혀 없어요.", "한국인은 인사가 없고 불친절하다.", "한국인이 멕시코를 무시한다." 이런 불평이나 말들은 모두 한국 문화를 몰라서 오해한 것들이었다. 멕시코 남자들은 항상 여자에게 사랑한다고 말을 하고 애정 표현을 쉽게 하지만 한국 남자들은 그렇지 않다는 것과, 또 한국 사람들은 일반적으로 모르는 사람에게는 인사를 잘 하지 않고 아는 사람에게만 하지만 반대로 멕시코 사람들은 알든지 모르든지 무조건 친절히 인사하는 습관이 있으므로 한국 사람들을 불친절하게 생각할 수밖에 없다는 것 등등이다. 이러한 문화적 차이들을 알려주고 한국 역사에 대해서 가르치며 한국을 소개하는 것이 그들에게 참으로 유익했다.

한번은 나에게 몬떼레이에서 유명한 '우니베르시닫 떽 데 몬떼레이'(Universidad Tec de Monterrey, 몬떼레이 공과대학교) 대학교에서 한국 문화에 대한 강의를 요구해 와서 강의한 적이 있다.-멕시코의 정치, 경제 등 유명한 지도자들은 이 대학 출신들이 많고, 멕시코 전역에 이 대학의 분교를 둘 정도로 멕시코에서는 유명한 대학교이다. 이름은 공과대학이지만 의대를 포함한 종합대학교이다.

강의 후 학교 측과 대화를 하는 중에 그 대학의 언어 과정에 일본어, 중국어, 아랍어 등은 있는데 한국어 강좌가 없는 것을 보고, 대학 측에 한국어 강좌 개설을 요구하였는데 결국 허락이 되어서 내가 한국에서 한국외대 서반아학과를 나온 사람을 한국어 강좌에 교수로 소개해서 한국어 강좌가 개설되게 되었다.

나는 선교사로서 주님을 전하는 것뿐 아니라, 현지인에게 한국을 소개하고 알리는 것도 사명이라고 생각했다. 외국에 나오면 어쩔 수 없이 애국자가 될 수밖에 없는 것 같다. 언젠가 볼리비아에 갔을 때 한국 제품을 보고는 그렇게 좋아서 그것 하나로 큰 자부심을 가진 적이 있다. 그것은 지금도 마찬가지인데 나 역시 어쩔 수 없는 한국인인가 보다.

Chapter 29 말꼬리 폭포(Cola de caballo)

몬떼레이에서 차로 2시간 정도 가면 나오는 산 중에 폭포가 있는데, 그 폭포에서 내리는 물의 모양이 말꼬리 같다고 해서 붙여진 이름이 말꼬리 폭포(Cola de caballo)이다.

원래 몬떼레이(Monterrey)라는 도시 이름의 뜻은, 몬떼(Monte-산이라는 뜻)와 레이(Rey-왕이라는 뜻)가 합쳐서 생긴 합성어로서, 이 지역에 산들이 많이 있다. 이 도시 주변은 산으로 둘러싸여 있고, 그 산 밖의 주변은 사막과 같은 지대여서 여름이 길고, 아주 덥다. 또한 겨울에는 영상 5도 이하로는 떨어지지 않지만 일교차가 심하고 체감 온도로 한국의 겨울 못지않게 상당히 추위를 느끼게 하는 지역이다.

주변이 사막인데다가 해발 500미터 지점에 위치한 몬떼레이 시 주변에 높은 산이 있고 여기에서 떨어지는 폭포가 아주 멋있어서 이 지역에서는 그 폭포가 유명한 관광지가 되었다. 그래서 외부에서 방문하는 사람에게 이 지역 대표적 관광지인 말꼬리 폭포를 구경시켜 주지만 남미의 이구아수 폭포나 캐나다의 나이아가라 폭포에 비교한다면 형편없는 규모일 것이다.

언젠가 미국의 한인교회에서 단기선교로 온 팀원들에게 이 관광지를 보여 주면서 멕시코 사람들에게는 이 폭포가 아주 유명한 관광지라고 소개를 하였는데 이 폭포를 보고는 웃음을 지어보였다. 그렇게 웅장하지 않은 조그만 폭포였기 때문이다.

이 예를 통해서도 나는 어떤 사람에게는 최고로 생각될 수 있지만 또 다른 사람에게는 아무것도 아닐 수 있다는 것도 알게 되었다. 모든 것이 상대적이다. 내가 경험한 것이 최고라고 생각하는 사람들이 많은데 내가 경험하지 않은 것이 더 좋고 나을 수 있다는 생각을 가진다면 상대방에 대한 예의를 갖게 되고 갈등은 없어지지 않을까 생각해 본다.

Chapter 30 북한 대사관과의 통화 및 북한 사람과의 만남

몬떼레이에서 사는 교포들의 직업은 크게 두 종류가 있다. 하나는 LG전자의 냉장고 만드는 공장의 주재원들과 협력업체 주재원들이고, 또 다른 부류는 상업, 즉 장사를 하는 이들이다. 상업하는 이들은 대부분 시내 중심가, 상업 지구에서 조그만 가게를 내어 양말, 모자, 가방, 선글라스 등의 품목으로 장사를 하고 있다. 그런데 어느 날 검찰에서 가짜 상표단속이라고 하며 장사를 하는 한인들을 체포하여 검찰로 압송했다. 물건은 가게 진열한 것이든 창고에 있는 것이든 다 압수당한 상태였고 몇몇 한인들은 검찰청 유치장에 감금되었다.

이 소식을 전해 듣고 나는 급하게 검찰청으로 달려갔다. 한인들이(대부분이 교인들이었고 상업하는 교민들의 80%는 교회에 다녔다.) 혹여 불이익을 당하지 않을까 걱정이 되었고 대부분의 한인들이 일상적인 대화는 되지만 정확한 언어 표현이 안 되었기에 그들을 대변하기 위해서 찾아갔던 것이다.

검찰에 들어가니까 압수한 물건들이 여기저기 놓여있는데 내가 보는 앞에서도 자기들끼리 웃으면서 '이것이 좋다, 저것이 좋다' 하면서 하나씩 둘씩 압수한 물건들을 개인적으로 가져가고 있었다. 여기서는 이렇게 한 번 압수를 당하면 절대 찾지 못한다. 아무리 정상적으로 구입한 것이라도 한 번 자기네들이 문제 삼고 압수를 하면 재판을 걸어도 못 찾는다.

담당 검사에게 내 신분을 밝히고 이 사태의 설명을 요구했다. 사실 그들이 한인을 체포해 간 것은 한 오리지널 상표 회사가 고발을 하여서 그들과 합의를 하기 위함이었다. 그러자 검사는 나에게 신분을 확인한다면서 멕시코시티의 한국대사관과 전화 통화를 시도했다. 그리고 전화를 바꾸어 주었는데 전화 속의 사람이 이렇게 물었다. "누구십네까?" 북한 말을 하는 사람이었다. 멕시코는 남북한과 동시 수교국인데 남한과 북한을 분간하지 못하는 검사가 북한대사관으로 연결을 시도한 것이었다.

사실 마음 한편으로 씁쓸했다. 이때가 2002월드컵도 끝난 상태라 한국도 꽤 많이 알려져 있었고, 멕시코에서 지방정부 검사 정도라면 엘리트 중에 엘리트인데도 남한과 북한을 분간 못할 정도로 한국을 잘 모르는 것에 마음이 아팠고 나름대로 충격을 받았다. 또한 이 사건을 통해서 현지인들에게 한국과 한국인에 대해서 부정적인 모습으로 비쳐지고 있는 것 같아 마음이 아팠다. 결국 변호사와 합의가 잘되어서 한인들은 풀려났지만 압수된 물건은 물론 찾을 수 없었다. 나는 이 사건을 통해서 더 이상 이런 일들이 일어나지 않도록 한인들에게 멕시코의 법을 따를 것을 종용하고 강조했다.

북한사람과의 만남은 대사관으로의 전화 통화뿐만이 아니었다. 어느 날 몬떼레이에 붙어 있는 조그만 위성도시의 문화원에서, 북한 사람들이 와서 자신들의 작품을 판다는 소식을 현지인들이 나에게 알려 주었다. 그래서 혹시나 하는 마음과 조금은 경직된 마음으로 그곳에 찾아 가서 이야기를 해보니 그들은 북한 정부에서 파견한 외화 벌이를 하는 사람들이었다. 그리고 그들은 나에게도 적극적으로 자신들의 작품을 팔아줄 것을 요구했다. 그래서 한인들과 교인들에게 광고를 하여 여러 사람이 가서 그들의 작품(호랑이 자수, 그림, 글 등)들을 사 준 기억이 있다.

외국에서 북한 사람들을 보거나 만나면 반갑기도 하면서도, 이렇게 남과 북으로 나뉘어져 대립하고 있는 모습이 안타깝기도 느껴지기도 한다. 속히 남과 북이 통일되기를 기도한다.

Chapter 31 _ 교도소 교도관에게 전도

몬떼레이에서 조금 벗어난 지역에 20-30년 이상 장기수들만 복역하는 교도소가 있다. 이곳에서 전도하는 한 멕시코 현지인 기독교인을 만났다. 그가 나에게 설교해 줄 것을 청해서 그곳에 가보았다. 그곳은 한국의 교도소 보다는 좀 더 허술해 보였고, 좀 더 자유롭다는 표현이 맞을 정도였지만 아무래도 들어갈 때는 검사를 철저하게 하여 좀 떨리기도 했다. 멕시코는 사형제도가 없는 나라이기 때문에 20-30년의 장기수들이라면 거의 살인 범죄와 연관되기 때문이다.

그런데 거기를 안내하던 교도소 교도관이 나에게 시비 아닌 시비를 걸어왔다. 그는 아주 열심인 가톨릭 신자였다. 나에게 "너는 구아달루뻬(멕시코에서 성모로 모시는 유명한 성자)를 믿지 않는다면서?", "교황도 믿지 않는다면서?" 나에게 빈정대며 말을 걸어왔다. 교도소 안으로 들어가서, 멋있게 세워져 있는 가톨릭 성당을 지나, 수백 명은 앉을 수 있는 강당으로 나를 안내했다. 그리고 설교 시작까지는 시간이 남아 있어서 그 교도관에게 전도하기로 마음을 정하고 간절히 기도한 후에 말을 건넸다. "교도관님, 제가 믿는 분은 예수님입니다. 그 예수님은 나 같은 죄인을 위해서 십자가에서 죽으셨습니다, 저도 처음에는 예수님을 믿는 사람이 아니었습니다."

내가 예수님을 믿게 된 이야기를 하고 난 뒤에 내가 믿는 분은 오직 예수님이라는 말을 하자 내 말에 진심이 느껴졌는지 조금씩 경청하는 모습을 보였고, 곧이어 자신의 고민을 털어 놓았다. "사실 요즘 이상합니다. 성경을 보았는데 궁금증이 많이 있었습니다. 성경 어느 곳에도 구아달루뻬 성자에 대한 이야기는 없고, 교황을 믿어야 한다는 곳도 없어서요." 나는 이제 되었다 싶어서 이렇게 말을 했다. "우리의 죄를 사해 주시고 우리를 구원하시는 분은 '예수님'이십니다.", "그분만이 유일한 구세주이십니다. 그분을 믿고 그분만 믿어야 하나님의 자녀가 될 수 있습니다." 이어서 요한복음 1장 12절 "영접하는 자 곧 그 이름을 믿는 자들에게는 하나님의 자녀가 되는 권세를 주셨으니"라는 말씀과, 사도행전 4장 12절 "다른 이로서는 구원을 받을 수 없나니 천하인간에 구원을 받을 만한 다른 이름을 우리에게 주신 일이 없음이라"는 말씀을 읽어 주자 그의 얼굴이 곧 어두워지며 말을 이었다.

"나는 어머니, 아버지, 할머니, 할아버지 때부터 조상대대로 마리아와 구아달루뻬 성자만을 믿고 그분께 죄를 고백하고 기도했고 교황의 말씀을 하나님의 말씀으로 믿어왔는데 이제 와서 돌이켜 오직 '예수님'만을 믿는다는 것은 너무 두렵습니다. 그분들께 진노를 받을까 두렵습니다." 이 말을 듣고는 마치 한국에서 전도할 때 불교신자나 천도교 신자 등 타종교인이 예수님을 영접하기 전 그전까지 믿어 왔던 대상들에게 두려워서 떠는 모습과 같은 것을 발견할 수 있었다.

나는 다시 한 번 참 신은 오직 삼위일체 되신 하나님뿐이며 예수님만을 믿어야 구원 받을 수 있음을 전하고 그를 위해 간절히 기도를 해 주었다. 그리고 영접 기도를 따라 하도록 했다. 기도하고 나자, 기도 전에는 그렇게 불안했던 눈동자가 환희의 눈동자로 바뀌었음을 보게 되었다. "아멘"하고 눈을 뜬 다음의 그 교도관의 모습은 내가 처음 만났을 때와는 전혀 다른 모습이었다. 그리고 자신이 하나님의 자녀가 되었음을 고백했다. 정말 하나님께서 그 간수를 준비해 두셨다는 것을 알게 되었다. 천하보다 귀한 한 영혼을 하나님께서 준비시켜 주셔서 주님께 돌아오게 된 것이다.

그 날 교도소 안에서의 집회는 참으로 기쁨이 넘쳤다. 강당 안에 40~50명이 모인 그들 앞에서 나는 담대히 주님을 증언했고 그들 중에 몇 사람이 이제 주님을 믿고 새사람이 되겠다고 손을 들어 다짐을 하며 기도를 했다. 예배가 끝난 후에 어떤 형제는 나를 찾아와서 정말 자신이 새사람이 되었음을 고백하며 감사해 하는 모습에서 내가 이렇게 기쁜데 하나님은 얼마나 더 기뻐하실까!를 생각해 보았다.

Chapter 32 멕시코 장로교 노회 지도자들의 한국 방문

몬떼레이의 장로교 교단 부 노회장인 Joaquin Garcia 목사님이 과천교회에서 설교하는 것을 통역하는 모습

내가 몬떼레이에 처음 왔을 때 이 도시를 중심으로 한 주(State-누에보 레온, Nuevo Leon 주)에 멕시코 장로교단의 한 노회가 있었다. 이 노회는 그 주 전체에 조직교회로서 자립된 교회가 15여 개 있고, 미자립 교회는 20여 개가 되었다. 이곳은 미국 텍사스와 가까운 지역이기에, 다른 지역보다는 비교적 장로교회가 많이 있었다.

그러나 미국 장로교의 보수교단인 PCA와 협력관계에 있을 정도로 멕시코 장로교단은 아주 보수적인 교단이었다. 예배 중에 박수도 없고 뜨거운 통성기도도 없었다. 그러나 본래 멕시코 사람들의 전통은 음악만 나오면 몸을 흔들며 춤추기 좋아하고 노래를 좋아하는 활동적이고 열정적인 것인데 그런 문화를 가진 사람들의 예배에서 박수와 뜨거운 통성기도가 사라지자 젊은이들이 교회를 떠나고 노인들만 있는 교회로 전락하고 말았던 것이다. 그러니 교회의 성장은 아예 멈추다 못해 뒤로 후퇴하는 것을 보고 이들에게 도전이 필요함을 느끼게 되었다.

　이 노회는 나와 처음으로 한국선교사와의 관계를 갖는 것이기에 더더욱 한국교회에 대해 궁금해 했었다. 그래서 이들을 한국에 데리고 가서 한국교회를 경험하고 오는 것이 필요하겠다고 생각하고는 이를 위해 기도했다.

　기도의 열매로 다행히 과천교회 세계 선교부에서 이들이 한국에서 체재하는 일주일간의 모든 비용을 부담하기로 해서(당시 오정언 장로님의 개인 헌금 등을 비롯한 세계 선교부 회원들의 정성으로 과천교회가 이들을 초대했다.) 항공료 비용만 이들이 지불하여 한국으로 오게 되었다. 이들 중에 한 명의 목사와 두 명의 장로를 한국으로 데리고 갔다.

　한국에 처음 온 이들은 시내에서 어디를 들러보아도 쉽게 발견하는 십자가의 모습에 크게 놀랐다. 그리고 물었다. "이 모두가 가톨릭 성당입니까?" 중·남미 개신교의 특징은 십자가를 걸지 않는다는 것이다. 그 이유는 아메리카 대륙에 스페인 군대가 들어와서 금을 찾으면서 학대하고 착취할 때부터 십자가를 내세우며 가톨릭도 같이 들어와서 착취했다는 밑바닥에 깔린 십자가에 대한 부정적인 생각을 갖고 있기 때문이고, 그런 가톨릭에 반대해서 개신교가 그들과 다르다는 것을 보여 주기 위해서 십자가를 교회의 상징으로 내세우지 않기 때문이라고 한다. 그러니 이 멕시코 사람들이 한국의 교회에 달려 있는 십자가를 보고서 "이렇게 가톨릭이 많이 있습니까?" 하며 놀란 것도 당연한 것이다. 그러나 그들에게 보이는 그 십자가가 있는 건물이 모두 개신교 교회라는 것을 알려 주자 더 한층 놀랐다. 이렇게 교회들이 많은 것에 놀라고 그 많은 교회 중에 또한 장로교회가 많은 것에 또 놀랐다. 그들이 아는 장로교는 오직 미국장로교 밖에 없기 때문이었다.

그리고 한국교회와 장로교에서도 뜨겁게 예배드리고 기도하는 모습을 보고 또 새벽기도회, 금요철야기도회 등에 참여함으로 많은 도전을 받았다. 그리고 과천교회에서 수많은 사람들이 모인 곳에서 같이 간 멕시코인 목사가 설교하고 내가 통역을 함으로써 큰 자부심과 함께 많은 것을 배울 수 있었다. 그들은 한국교회에서 초청해 준 것에 감사한 마음을 가지고 짧은 일주일간의 기간이었지만 정말 유익한 시간을 가졌다. 더군다나 시간을 내어서 한국 민속촌을 비롯해서 경복궁 등 한국 문화를 보았고 한국 음식 등에 좋은 인식을 갖고 감으로써, 이들이 멕시코에 돌아가서 두고두고 한국과 한국교회 방문에 대한 좋은 기억을 많은 동료들에게 전하게 되었다.

Chapter 33 보신탕 먹은 멕시코인의 감동

멕시코 몬떼레이 지역의 교회 지도자들이 한국을 방문하게 되었는데, 그들 중에 한 장로는 몬떼레이에서 상류층이었고, 멕시코 교계에서도 지도자였다(나중에는 노회장도 역임했다). 그는 몬떼레이의 주립대학의 법대 교수였고, 정치인이었다. 그런데 이들이 과천교회를 방문했을 때 김찬종 목사님께서 보신탕을 대접했다. 얼떨결에 따라간 이들에게 이 고기가 '개고기' 라는 것을 충분히 설명했다. 그리고 이것이 우리의 문화인 것도 설명했다. 그리고는 그들이 잘 먹지 않을 것으로 생각하여, 그들 세 명과 함께 앉아있던 나는 모처럼 많이 먹으리라 기대했다. 그러나 그들이 나는 물론 다른 사람들이 맛있게 먹는 것을 보고는 호기심을 가지고 한 번 두 번 먹기 시작하더니 맛있다면서 말 그대로 엄청나게 먹었다. 그 전에는 이들이 한국 사람이 개고기를 먹는다는 것을 뉴스 등을 통해서 듣고는 한국 사람들을 이상하게 쳐다보기도 했었는데 이들이 그 보신탕을 그렇게 맛있게 먹고 있는 것이다.

결국 나는 그들 틈에 끼여 조금밖에 먹지 못하고 오히려 그들이 훨씬 많이 먹었다. 이들이 멕시코로 돌아가서는 보신탕에 대한 말을 참 많이 했다. 그것을 먹었다고 하니까 부인들이 자신들에게 가까이 하지 않았다는 것이다. 그러나 보신탕에 대한 기억이 참 좋았다고 다른 사람들에게 말을 많이 하여서 그들을 통해서 한국인이 개고기를 먹는 안 좋은 기억들을 모두 날리는 계기가 되었다.

음식은 문화이기에 그 문화를 무조건 혐오 식품으로 거부하며 나쁘다고 하는 것은 옳지 않음을 보신탕을 먹어본 멕시코 사람들을 통해서 다른 멕시코 사람들에게도 가르쳐 주는 좋은 계기가 되었다.

Chapter 34 집에 도둑이 들다

몬떼레이에서 조그만 방이 하나만 있는 집에 살았던 적이 있다. 한인교회 근처 길가에 있는 2층 건물로 대여섯 가구가 옆으로 쭉 있는 아파트인데 이곳 1층에 살았었다. 그런데 어느 날 저녁 집에 도둑이 들었다. 누워 자는 정면으로 세로 30-50cm, 가로 1m 정도 되는 유리창이 있고 뒤편으로는 주인 집 마당이 있어서 아무런 안전장치가 없었는데 한밤중에 이 유리창을 깨고 도둑이 들어온 것이었다.

저녁에 잠을 자고 있는데 그날따라 잠이 오지 않았던 아내는 도둑이 유리창 밖에서 왔다 갔다 하다가 들어오는 것을 보았던 것이다. 아내는 도둑이 유리창을 깨고 들어오는 순간, "도둑이야" 외치며 혼자서 밖으로 뛰쳐나갔다. 그때 나는 아내의 고함소리에 번쩍 깼는데, 그 순간 도둑이 들어온 것을 알고 옆에 자고 있던 5살 된 아이를 품에 안고 머리맡에 놔 둔 핸드폰을 챙겨서 밖으로 뛰쳐나왔다. 그리고 핸드폰으로 경찰에 신고를 했다. 도둑이 들을 수 있도록 큰소리로 경찰에 신고를 했는데, 그럼에도 도둑은 도망가지 않고 집 바로 뒤에서 이 상황을 엿보고 있는 것이 느껴졌다. 결국 경찰차가 도착하여 집 쪽으로 가까이 오자 그제야 도둑은 사라졌다. 도둑은 설마 경찰이 올까 싶어서 상황을 보다가 다시 들어오려고 했던 것 같다.

역시 멕시코 도둑은 배짱도 세고 물불 안 가리는 대단한 도둑임을 알았다. 가끔씩 이 상황을 놓고 아내에게 남편과 아이는 놔두고 혼자만 살겠다고 도망간 것을 이야기하곤 한다. 아내도 둘째 아이를 콜롬비아에서 출산했을 때 내가 잘 도와주지 않았다고 두고두고 이야기해서(사실 아이 기저귀 목욕이니 많이 도와주었지만 아내는 자기를 도와주지 않은 것만 기억에 남는 모양이다.) 농담으로 이제 이 일로 쎄임 쎄임 하자고 했다.

Chapter **35** 멕시코 TV Azteca 방송 출연

몬떼레이에 있을 때 멕시코 TV 방송에 3번 출연을 한 적이 있다. 2번은 방송국의 강력한 요청으로 출연을 했지만 한 번은 의도적으로

방송에 출연을 했다.

*

2003년에 가톨릭 교황이 멕시코를 방문했다. 멕시코가 가톨릭 일색인 국가이기에 교황이 온다는 것은 그 자체로 엄청난 축제요, 기념비적인 국가적인 행사이므로 온 나라가 시끄러웠다. 이 때 한 방송국에서 나에게 인터뷰 요청을 해왔다. 교황이 방문하는데 목사로서 한 마디 해달라는 것이었다. 이때 나는 가톨릭 교황이 단지 종교적인 방문으로 그치는 것이 아니라 사회적으로도 무질서하고 혼란하여 납치, 살인, 강도가 난무하는 곳에 사랑과 평화의 메시지를 주어서 나라 전체가 바로 서는 좋은 계기가 되기를 바란다는 내용으로 인터뷰를 한 것이 방송된 적이 있다. 이렇게 말한 것은 멕시코가 가톨릭 국가로서 가장 도덕적인 국가가 되어야 함에도 불구하고 부도덕한 면이 많이 보이기에 가톨릭에서 가장 영향력이 있는 교황의 말로 인해 정치, 사회 전반적으로 좋은 영향력이 끼칠 수 있기를 바랐기 때문이다.

*

또 부활주일을 앞둔 고난 주간(세마나 싼타, Semana Santa)이 있는데, 이 되면 한 주간 동안 멕시코 온 나라가 시끌벅적하게 축제적인 기간을 보낸다. 상인들은 그 전부터 대목이고 나라 전체가 휴가를 즐기는 주간이다. 학교는 두 주간 방학을 하고 사람들은 이 기회를 이용하여 휴가로 여행을 떠나기도 한다. 그들 말대로 거룩한 주간인 고난 주간이 즐기고 온 나라가 온통 들썩거리는 축제의 한 주간으로 변한다.

가톨릭 국가이지만 고난 주간에 경건하고 주님의 고난을 생각하는 것이 별로 없다는 것이 아이러니한데 이것을 한 방송국 기자가 지적을 하면서 특별 기획 프로그램을 제작하였는데, 그 중에 나에게 한국인 목사로서 한인장로교회는 어떻게 고난 주간을 보내는지에 대해 인터뷰해줄 것을 요청했다.

나는 한국에서는 고난 주간이면 기도회와 한 끼 이상의 금식(나는 항상 고난 주간이면 한 끼 금식을 했다.)과 성찬식 등으로 경건하게 보낸다는 것을 알려 주었고 성도들은 다른 어떤 때보다도 경건하게 보내기 위해 열심히 참여한다고 말해 주었다. 주님의 고난이 우리에게 구원과 생명을 가져다 준 귀한 것이기에 방종하지 않고 경건하게 보내야 한다는 내용의 이야기를 한 적이 있는데 이것이 방송에 나왔다.

*

또 한 번은 사실 의도적으로 방송국에 연락을 해서 방송을 한 적이 있다. 멕시코에 사는 한인들이 대다수 상업을 하는 교민들이 많다. 멕시코의 수도인 멕시코시티에 많은 한인 교민들이 살고 있는데, 여기에서 장사하는 한인들이 가짜 상표 사건과 밀수 사건으로 물건들은 경찰에 압수당하고, 구속되면서 한인에 대한 좋지 않은 사건을 대대적으로 보도해서 한인들에 대한 이미지가 별로 좋지 않았었다. 일본은 정부 차원에서 공항을 지어주든지 학교를 세워 주든지 등의 좋은 일을 하기에 중·남미에서는 일본 사람에 대한 좋은 생각을 가지고 있는데, 한국은 정부 차원에서 그런 기대를 못하고 있다. 정부뿐 아니라 일반 한인들은 돈을 벌면 미국으로 가려고만 하지 돈을 벌게 해준 그 나라에 좋은 일은 안하고 자기네들만 잘 먹고 잘 산다는 그런 인식들이 멕시코 사람들에게 퍼져 있었다. 그래서 나는 현지인들에게 안 좋은 인식을 바꾸어볼 필요가 있다고 생각해서 방송을 통해서 한국인이 나름대로 좋은 일 하는 것을 알리고자 계획했다.

이러한 계획을 교인들에게 알려서 멕시코 정부가 운영하는 DIF(복지기관)에 옷과 학용품들을 기부할 수 있도록 물품을 모으는데 힘썼다. 또한 냉장고를 만드는 LG전자에 연락하여 냉장고도 10여대 기부를 받아서 대대적으로 한인들이 멕시코의 어려운 사람들을 돕는 일에 좋은 이웃임을 알리고자 했다.

당시 몬떼레이에는 한인회가 없었지만 한인공동체가 주관해서 기부하는 형식으로(교회가 주관했지만 교회는 뒤로 빠졌고, 교회에서 제직회의 봉사 부장으로 수고하시는 박헌준 집사가 회장으로 인터뷰를 하도록 하면서 기부하게 했다. 이 박헌준 집사는 나중에 몬떼레이 한인회 초대 회장이 되었다.) 방송을 하도록 했다.

역시 방송의 위력이 대단한 것이어서 이 방송이 나가고 나자 많은 멕시코 사람으로부터 한인들이 좋은 일을 한다는 말을 많이 들었다.

한인교회가 도시 빈민가의 어려운 사람들을 단기선교 형식으로 들어가서 도와주는 일을 많이 했지만 그렇게 소문 내지 않고 하는 것보다, 방송 한 번 타니까 엄청난 효과가 있어서 이와 같은 일을 내가 그 교회에 시무할 때는 일 년에 한 차례씩 하곤 했다. 신문과 방송을 번갈아 이용하면서 교민들과 한국의 좋은 이미지를 알리려고 힘썼다.

Chapter 36 멕시코 장로교단 총회에서의 한국 교회와 한국 문화 소개

멕시코 장로교 몬떼레이 N, L 노회
에서 노회원들에게 특강하는 모습

 2003년경 몬떼레이에서 멕시코의 가장 큰 장로교단 '이글레시아 뿌레스비떼리아나 나씨오날'(Iglesia presbiteriana nacional)의 총회가 열렸다. 이 교단은 멕시코 전역에 백만 명 이상의 교인을 가지고 있는 가장 큰 교단으로 종교적으로뿐 아니라 정치적 사회적으로도 멕시코에서 가장 영향력을 끼치는 교단이기도 하다.
 나는 이 교단의 지역 노회와 협력관계의 동역관계를 맺고 있었는데, 총회를 주관하는 노회에서 나에게 연락이 왔다. 그것은 전체 총대원(약 400~500명)의 식사를 한인교회가 제공해 주었으면 한다는 부탁이었다. 이 요청에 나는 단순히 식사만 제공하는 것이 아니라 우리에게 2시간을 내 주어서 식사 시간 전에 한국 교회와 문화를 소개해 주는 시간을 주시면 어떠한지 역으로 제안했다. 노회에서는 흔쾌히 허락했다. 나는 단순히 한국음식뿐 아니라 멕시코 전역에서 모이는 교회 지도자들에게 한국 교회와 문화를 소개함으로 한인들이 자신들의 친구이고 동역자임을 알려주는 것이 좋겠다는 생각을 했던 것이다. 그러면 저들이 돌아가서 자신들과 연관된 많은 멕시코 사람들에게 한국과 한국 선교사들에 대해 좋은 이미지를 가질 수 있으리라 생각을 했다.

나는 이 행사를 한인교회에 이야기를 하고 계획을 세웠다. 먼저 한국을 대표할 수 있는 사람이 참석해서 인사를 하면 좋겠다 싶어서 멕시코시티의 대사관에 연락을 하니 대사관에서 참사님이 오셔서 인사말을 했다. 그리고 한국음식에 대표성이 있는 불고기, 잡채, 김밥 등을 준비하여 뷔페식으로 만들어서 대접을 하고 한인교회 교인들이 나름대로 열심히 준비한 찬양과 한국 민속 춤 등을 발표하였다. 그리고 내가 나의 교회를 중심으로 해서 도와주고 있는 일에 대해 발표하고, 또 다른 지역의 한인교회들도 멕시코 지역에 돕고 있는 사역들을 소개하였다. 한인들이 현지에서 하는 일들과 또 한인 선교사들이 멕시코 사회에 어떤 영향을 주고 있는지에 대해서도 요약하여 발표를 하였다. 특히 멕시코 사람들이 외국인에 대해서 상당히 배타적인 생각을 갖는 사람들이 많아서 "외국인들이 자기네 땅에 들어와서 돈만 벌고 자기네들만 잘 먹고 잘산다."라는 인식을 바꾸어줄 필요가 있어서 이런 발표를 준비했던 것이다.

아마도 멕시코 장로교단에서 가진 총회에서 일반 개 교회 한인교회가 이런 대대적인 행사를 한 것은 이것이 처음이었을 것이다. 이 행사를 통해서 한국을 소개할 수 있어서 좋았고 한인들과 한인 선교사들의 활약상을 현지인들에게 소개해 줄 수 있어서 매우 의미 있는 시간이 되었다고 자부한다.

Chapter 37 멕시코에서 만난 미국인 선교사 노부부

어느 날 멕시코 장로교단 노회에 참석하였는데 거기서 만난 미국인 노부부는 왠지 낯이 많이 익었다. 그래서 가까이 가보니 페루에 있을 때 잠시 만난 적이 있는 미국인 장로교(PCA) 선교사 부부였다. 그때도 나이가 들었지만 지금은 칠십이 넘은 연로한 부부였다. 서로 반갑게 인사하면서 어떻게 된 것인지 물었다.

그분들은 페루에서 선교사로 페루 장로교회와 동역하면서 사역을 하였는데 이제 나이가 들어 선교사 은퇴를 하였지만 멕시코에 와서 신학교 기숙사에서 기거하면서 강의를 한다는 것이었다. 자신들의 집은 미국 플로리다인데 이렇게 중·남미의 신학교를 다니면서 강의를 통해서 지도자 교육을 한다는 것이었다. 이제 은퇴하고 편히 쉬고 있을 나이임에도 계속해서 선교지를 방문하며 지도자 양육에 정성을 쏟는 모습을 보고 많은 감명을 받았다.

그분들도 나를 본 것을 반가워하며 언제든지 플로리다 자신의 집을 방문해 줄 것을 말하면서 애정과 사랑으로 대해 주었다. 그 후에 그분들은 멕시코를 떠났는데 다시 다른 중·남미로 가셨는지 아니면 아주 플로리다 고향으로 갔는지는 연락이 되지 않는다.

항상 선교에 열정을 품고 사명을 감당하는 그 미국인 선교사 노부부의 모습이 항상 뇌리에서 떠나지 않는다.

Chapter 38 라 마르차 데 헤수스
(La marcha de Jesus, 예수님의 행진)

전도집회설교

어느 날 끄리스도 빠라 라스 나시오네스(Cristo para las naciones) 신학교 학장이 나에게 쎈뜨로(Centro, 다운타운)로 나오라고 연락을 했다. 집회가 있다고 해서 신학교 학장이 설교를 하는데 나를 초대한 줄 알고 나갔다.

멕시코에서는 기독교가 가톨릭에 비해서 열세이고 또 가톨릭으로부터 핍박을 받고 있는 소수의 종교이기에 일 년에 한 번쯤은 기독교의 세를 과시하고 또 전도하는 기회를 삼기 위해서 다운타운에 모여서 집회를 가진다. 그리고 몇 시간 동산 다운타운을 중심으로 시가지 행진을 하는 행사를 가진다. 그날이 바로 예수님의 행진이라는 뜻을 가진 〈라 마르차 데 헤수스〉(La marcha de Jesus)의 날이다.

나는 이 행사의 목적을 잘 모르고 그날 참석을 했다. 집회가 끝난 후에 나는 나오려고 했지만 빠져 나갈 수가 없었다. 내 옆에서 나를 초대한 목사가 끝까지 있으면서 함께 있어 주기를 바랐기 때문이다. 그때에 선교사는 나 혼자였고(몬떼레이에는 다른 미국인 선교사들은 여럿 있었지만 한국인 선교사는 나 혼자였다.) 외국인도 나 혼자였다. 그래서 시선이 자연히 나에게 쏠렸다.

집회가 끝난 후에 시가지 행진을 하는데 트럭 위에다가 대형스피커에 음악을 크게 틀어놓고 찬송을 부르면서 특히 다운타운에 사람들이 많이 모이는 상업 중심가를 중심으로 몇 시간 돌고 돌았다.

사람들은 트럭 뒤를 따라가면서 찬송을 크게 같이 부르면서 춤을 추기도 하고 전도지를 나누어 주면서 시가지 행진을 하는데, 나는 트럭 뒤 몇 줄 앞에 있었고 또 외국인이었기에 지나가는 사람들이 나를 금방 알아보고 쳐다보기 시작했다. 그 순간에 나는 창피하다는 생각을 하였다. 사실 나는 성격상 상당히 내성적이고 소심한 사람이기도 해서 수많은 사람들이 쳐다 볼 때 창피함을 느꼈던 것이다. 나는 빨리 이 상황을 모면하고 집에 갔으면 하는 생각이 들었다. 솔직히 너무나도 창피하였다. 그런 상태가 지속되어 안절부절못하고 있을 때, 내 마음속에서 음성이 들려왔다. "너 나 때문에 창피하니?" 바로 주님의 목소리였다.

주님의 이 음성이 들리는 순간 나는 바로 설 수가 없었다. 너무너무 괴로웠다. 그리고 회개가 터져 나왔다. "내가 주님 때문에 창피하다니요? 바로 주님이 나를 위해 죽으시고, 나를 위해 십자가에서 모든 수치를 당하시고 죄 용서해 주시고 구원해 주셨는데 내가 주님을 창피하게 생각하다니요? 잘못했습니다. 주님을 창피하다고 생각한 제가 죄인입니다." 그리고 멕시코 사람들과 더불어서 같이 박수를 치고 춤도 추면서 노래를 같이 부르고 같이 시가지 행진을 했다.

지나가는 사람이 나를 쳐다볼 때마다 나는 "쏠라멘떼 헤수스-Solamente Jesus!(오직 예수님), 헤수스 에스 우니꼬 살바도

르-Jesus es unico salvador!(예수님은 유일한 구세주이십니다), 끄레에르 엔 헤수스-Creer en Jesus!(예수님을 믿으세요)." 이렇게 담대히 주님을 증언했다. 그 순간 너무나 행복했고, 온 몸이 머리끝부터 발바닥까지 온 몸이 뜨거워짐을 체험했다. 정말 오랜만에 뜨거움을 체험하는 순간이었다. 성령이 이 순간 나와 함께 하시고 주님이 얼마나 기뻐하시는지 온 몸으로 느낄 수 있었다.

나는 소심하고 내성적인 사람이었지만 주님이 함께 함을 느끼면서 마음껏 전도할 수 있었다. 주님 때문에 이렇게 기쁘고 주님 때문에 행복을 느낄 수 있음을 복음을 전하면서 깨달을 수 있었다. 참으로 행복한 시간이었다.

Chapter 39 과천교회로 선교사 복직

멕시코로 다시 나왔을 때는 내게 후원교회가 없었다. 그때 과천교회에서 내가 후원교회가 없다는 것을 알고 멕시코로 나온 지 4년이 되어서 다시 재파송 해 주었다. 이때 당시 선교위원장 김재창 장로님(영등포방사선과 이사장, 현재는 과천교회 원로장로)과 선교부장 장창환 집사님과 김보한 집사님의 역할이 컸다. 그분들의 관심과 사랑으로 다시 과천교회로 선교사 복직이 될 수 있었다.

과천교회로부터 선교후원을 받게 된 이후부터 재정 걱정을 덜고 선교를 전념하게 되었다. 사실 그전까지는 한인교회가 재정적으로 독립이 안 되었기에 경제적으로 어려움이 많았다. 그런데 과천교회에서 선교사로 복직을 한 이후에는 과천교회에서 보내 주는 선교비는 생활비로 하고 몬떼레이 한인교회에서는 사택비, 차량 기름값, 활동비, 자녀 교육비를 받았기에 경제적으로 크게 안정을 찾게 되었다.

과천교회에서 복직이 이루어진 다음 안식년으로 한국에 갔을 때 어떤 사람이 나에게 "과천교회 출신이십니까?" 하고 물어 보기도 했다. 그렇지 않으면 어떻게 과천교회에서 이미 사임하고 그만 둔 사람을 다시 선교사로 후원하는지 궁금해 했던 것이다. 과천교회와 나는 아무런 연관관계도 없었지만 바로 하나님의 백(뒤 배경)으로 하나님이 인도하신 교회이기에 하나님의 은혜가 감사할 뿐이다.

한번 사임하고 떠난 선교사에 대해서 다시 불러 복직시키고 선교사 재 파송을 한 과천교회가 훌륭하고 좋은 교회임을 말해 주는 것이고 참으로 나는 좋은 교회를 만나서 행복하게 선교하고 있음에 감사할 뿐이다.

Chapter **40** 몬떼레이 한인교회의 개척과
성장 그리고 사임까지

내가 한국에 있을 때에도 선교사 나가기 전에 교회를 개척했던 경험이 있었기에 처음에 멕시코 몬떼레이로 가서 한인교회를 개척하는 것에 대한 두려움은 없었다. 멕시코로 출국할 때에는 후원교회가 없었지만, 어머니의 도움으로, 집에서 돈을 가지고 올 수 있는 모든 돈을 모아보니 4천만 원이 되었다. 그것을 정착비로 가지고 멕시코 몬떼레이로 가서 한인교회 개척을 시작하였던 것이다.

나는 그저 순수한 마음과 진실한 마음만 가지고 있으면 그것을 사람들이 인정할 것이고 한국에서와 마찬가지로 해외에서 개척하여 목회하는 것도 이와 다를 바 없을 것이라고 생각했지만 사실 이민 교회의 특수성을 잘 이해하질 못한 가운데 교회를 시작했던 것이다. 이민 교회가 얼마나 어려운지는 내가 개척하여 5년이 지나서야 제대로 알게 되었다. 그 전까지는 사실 뒤를 돌아보지 않고 나의 희생으로 인해서 가족이 겪는 상처가 있었지만 그것도 무시하고 오직 한인교회로 한인들을 돌보고, 현지인들 신학교 강의 및 현지인 선교에 열심히 선교하였다.

처음에 도착하여 현지인 장로교 교회 목사와 이야기를 하여 현지 교회를 빌려서 현지인이 예배드리지 않는 시간으로(주일에는 주일 오후) 예배 시간을 정한 후에 그 교회 근처에 집을 구했다. 그리고 바로 택시를 타고 다운타운에 가서 내린 후에 하루 종일 걸어 다니면서 상가에서 한인들이 있는지를 확인한 후에 한인을 만나면 한국 목사가 이곳에 왔다는 것과 한인 교회가 시작될 것을 이야기하고 전도를 하였다.

그러고 나서 며칠이 지나 첫 주일에 예배를 드리는데, 감사하게도 15, 16명이 참석을 하였다. 그렇게 채 일 년이 못 가서 교인들이 40-50명으로 늘어나게 되었다. 그리고 현지인 교회에 장소를 사용하는 것에 감사해서 월세 개념으로 헌금을 냈었는데 일 년이 다 되어가자 그 금액을 아주 많이 올려달라고 현지인 교회 당회에서 요청이 들어왔다. 또 예배 후에는 성도간의 교제를 하는데(당시에는 주일 예배 후에 공동으로 식사를 하였다.) 한국 음식의 특성상 생기는 냄새 등으로 문제가 생겨서 장소를 옮길 수밖에 없었다. 그래서 근방에 넓은 집을 구하여 리모델링을 한 후에 예배를 드리게 되었다.

리모델링 공사를 하고 각종 교회 비품을 구입하는데 교회의 헌금이 꽤 많이 부족하였다. 당시 교인들은 대다수가 처음 신앙생활을 하여 헌금생활이 부족하였고, 또 오래전에 신앙생활을 하였던 사람이라도 경제적으로 넉넉지 않아서 교회재정이 늘 부족하였다. 그렇지만 나는 교인들에게 헌금을 강요하지 않았다. 나는 한국에서 가지고 온 돈을 차를 비롯한 살림살이를 구입하고 또한 정착비로 쓰고 남은 돈 미화 5,000달러를 모두 헌금을 하여 공사 대금으로 썼다. 그것도 부족하여 차를 팔아서 절반은 헌금을 하고, 절반은 당시 사례비를 못 받아 생활에 어려움이 많았기에 생활비로 썼다.

그렇게 시작했던 교회가 조금씩 성장을 하게 되었다. 나는 첫 서리 집사를 임명한 후에 제직회를 열면서 이렇게 말을 했다. "3년 후에 목사 신임을 묻겠다." 이것은 내가 개척을 하였지만 교회의 주인은 주님이시고, 목사는 단지 청지기로서 사명을 감당하는 것이며, 교회가 평안하고, 은혜롭게 되는 것이 교회다운 모습이기에 내가 부족하여 교인들이 목사를 원하지 않고 다툼이 있다면 목사는 자리를 비켜 주는 것이 옳다고 생각하여 제직들에게 3년 후 공동의회에서 신임을 묻는다고 공포하였던 것이다. 한편으로 그것은 교인들의 구성원이 중·남미의 다른 나라들과 멕시코 각 지역에서 이주해 왔기에 신앙생활 배경이나 개성들이 너무나 다양하고 성격들이 강하기 때문에 목사를 믿고 잘 따라와 주기를 바라는 마음이기도 했다.

나는 자신에게 떳떳하고 늘 성실하고 진실하게 목회하기를 원하였고 교회가 평안하기를 바랐기에 교인들에게 그렇게 말을 했던 것이다. 항상 나는 목사로서 권위를 내세우지 않고 나이 드신 분을 예우하여 식사 때도 어르신들과 교인들이 먼저 하도록 하고 교회 청소도 교인들에게 시키기 전에 내가 먼저 일찍 나와서 하였고 식사 후 설거지도 스스럼없이 하였으며 목사의 권위 의식을 완전히 없앤 가운데 목회를 하였다.

교인들 가게에 심방을 가게 되면 정장이나 넥타이를 매지 않고, 간편한 옷차림으로 가서, 교인들이 장사하면서 물건을 나르는 경우가 많은데 이때는 목사라고 가만히 앉아 있는 것이 아니라 그 물건을 먼저 날라다 주면서 격식 없이 대하였다. 그러면서 자연스럽게 신앙 상담도 하고 기도하였다. 하루 종일 바쁘게 장사하는 시간을 방해하지 않고 친근한 관계를 가졌고, 특별히 어려움을 당하거나 없는 이들을 자주 찾아가서 위로하고 용기를 주었고 그들을 도와주려 애썼다.

나는 항상 목사와 교인 간에 신뢰가 있어야 한다고 생각했고 목사이기에 교인들에게 섬김을 받는 목회가 아니라 오히려 교인들을 섬기는 중심으로 목회를 하였다. 그래서 교인이 목사를 알고, 목사는 교인을 알아서 서로 위하여 화목하게 평안하게 신앙생활을 하는 목회를 하는 것이 나의 목회 철학이기도 했다.

그래서 3년 후에 공동의회에서 목사 신임 투표를 무기명으로 종이에 적어 투표하였는데 100% 찬성을 하여 목회를 계속하였다.

그런데 4년 반이 지나면서 조금씩 문제가 생기기 시작했다. 과천교회로부터 선교사 복직이 되어 사례비를 한국 과천교회에서 받고 한인교회에서는 사택비, 자녀 교육비, 차량 기름비, 활동비 등을 받게 되었는데 그 후로 조금씩 교인들에게서 말들이 나오기 시작한 것을 나중에 알게 되었다. 점차로 목사에 대해서 교회 행정(평신도들이 교회 사역에 적극적으로 동참하여 그들이 잘 모르고 미숙하였지만 교인들에게 각 부서를 맡기고 섬기고 봉사하도록 했다. 목사 혼자서 모든 것을 결정하고 교인들을 억지로 끌고 가는 것을 지양했다.)과 재정(나는 교회 재정의 대부분을 현지인 교회와 목사를 돕는 일에 한인 학생과 현지인 학생들 장학금에 사용하는 등 선교에 많은 부분을 썼다)에 대해서 부정적이고 비판적인 말들이 나오기 시작했다.

    5년이 다 되어 가는 시점에서 뒤에서 그런 말들이 있다는 것을 알게 되어 나는 제직회에 사임을 표명하였다. 그것은 교회의 평화를 위해서 교회에 문제가 생기는 것을 원하지 않았기에 스스로 사임하는 것이 좋다고 생각을 했기 때문이다. 또한 교회가 매주일 출석 교인이 청, 장년 70-80명 아이들을 포함하여서 전체 130명(재적교인 160명) 수준으로 성장했고, 전체 교민(약 300여 명) 중에서 60%가 교인이고 한인교회가 몬떼레이 도시에 이 교회 한 군데뿐이고, 또한 재정적으로도 이젠 독립할 수준이 되었기에 이젠 한인교회만을 위해서 목회할 수 있는 새로운 목사가 오는 것이 좋겠다고 생각했기에 사임을 표명한 것이다. 그런데 제직들이 사임을 극력 반대하여 나 없이 전체 제직회 모임을 갖고 나의 사임을 절대 허락할 수 없다는 결론을 내린 다음에 사택으로 전 제직이 찾아와서는 내가 이미 사임했다고 한 과천교회로 전화를 해서 사임에 반대한다는 내용을 전하면서 너무도 적극적으로 철회해 줄 것을 요청했기에 결국 나는 사임을 번복할 수밖에 없었다.

    그러나 그 이후로도 계속해서 제직들 간에 알력이 생기고, 교회 뒤에서 문제가 생겼고 또 교회에 부정적인 사람들이 따로 한인교회를 개척하려고 까지 했었다는 말을 듣게 되었다. 더 이상 방관할 수 없어 5년 6개월이 되었을 때 나는 교회를 위해서(나는 항상 교회의 평안을 주장하고 교회의 평안을 위해서 교인들에게 강요하기보다 내가 먼저 희생하였기에) 결단을 내렸던 것이다.

    나의 확고한 결심을 밝히기 위해서 주일예배 설교 후에 광고 시간에 전 교인에게 사임의사를 밝혔고 바로 이어진 임시 제직회에서 후임 목사 건을 상정했다. 그 자리에서 제직들이 나에게 후임목사를 추천하도록 위임해 주어서 후원교회인 과천교회 김찬종 담임목사님께 부목사 중에서 담임목사를 보내줄 것을 요청하였다. 결국 당시 과천교회 부목사 중에 이상용 목사가 오겠다고 하여 그에게 후임으로 물려주었고, 당시 한인교회 제직회 재정부장에게 나보다도 더 사례비 등 모든 대우를 잘 해 줄 것을 부탁하고 한인교회를 사임하여 나오게 되었다.

    한국에서의 목회와 이민 교회의 목회는 차이가 많았다. 목사가 아무리 정직하고 진실해도 떠도는 말이라는 것이 너무 무서웠고, 한 사람의 비판적인 말과 부정적인 말이 시간이 지나면서 점차로 교인들 간에 동화가 되고, 진실이 왜곡되는 것을 수도 없이 보았다.

    또 이민 교회는 순수한 믿음으로 교회에 나오기보다는 자신들의 이익과 결부되는 사람들과의 만남과 모임을 중요하게 여기며 일반적으로 상업을 하는 교민들과 대기업 상사 주재원들 간의 갈등, 상업하는 교민들 간의 갈등 등으로 해서 교회가 하나 되는 것이 쉽지가 않다는 것을 실감했다.

    그러나 이 모든 것은 나의 부족함 때문이었음을 깨닫게 되었다. 하나님께서 나로 하여금 애정을 쏟아 개척을 하며 섬긴 교회였지만, 나의 교회가 아닌 하나님의 교회이기에 더 이상의 미련을 갖지 말고 교회를 위해서 결단하는 마음을 주셨기에 후임이 오기까지 무리 없이 신속하게 처리하고 잘 마무리한 후에 교회를 나올 수가 있었다.

내가 사임함으로 교회가 나누어지거나 분열되지 않고 계속 하나의 교회로 존속되고 있음에 감사를 드리고 한인 교회가 계속 은혜 가운데 성장할 수 있도록 지금도 기도하고 있다.

Chapter 41 외할머니와 동생의 하나님나라로 부르심

나는 외할머니 손에서 자라났다. 어머니는 홀로 나와 여동생을 키우시기 위해서 하루 종일 밖에 나가 일을 하셨기 때문에, 자연적으로 나와 여동생은 외할머니와 함께 자라났다. 그래서 외할머니는 나에게는 할머니 이상으로 고마운 분이시다. 외할머니는 내가 한국에서 목회할 때 내가 설교하는 모습을 보고 참 좋아하셨다.

그런데 내가 콜롬비아에 가 있을 때 돌아가셨다는 연락을 받았다. 그 당시는 콜롬비아에서 한국으로 쉽게 갈 수 없었기에 가지 못했다. 또 어머니는 할머니를 생각하는 나의 염려 때문에 장례가 끝난 다음에야 나에게 연락을 했던 것이다. 할머니께서 돌아가셨지만 갈 수 없어 마음이 아팠다.

또한 내가 멕시코 몬떼레이에 있을 때 하나 밖에 없는 여동생의 죽음 소식을 듣게 되었다. 멕시코에 있을 당시도 역시 바로 갈 수 있는 처지가 못 되었다. 혼자 계신 어머니께서 이 모든 것을 담당하시면서 마음 아파하셨을 것을 생각하니 정말 마음이 괴로웠다. 선교사로 먼 곳에 있다 보니 제때에 한국에 들어가지 못한 것이 너무 죄송스럽다. 무엇보다도 외할머니와 동생의 마지막 이별을 함께 하지 못하고 어머니 혼자서 이 모든 일들을 감당하신 것을 생각하면 너무 안타깝지만 앞으로 천국에서 다시 만날 것을 생각하면 위로가 된다.

Chapter 42 "멕시코 선교여행을 마치고"

내가 몬떼레이 시 빈민가에서 개척한 '라 빠스 교회'(Iglesia La Paz, 평강교회)를 방문하여 함께 예배드리고 간 텍사스 주 어스틴 한인교회의 제6구역 구역장이 선교여행을 마치고 돌아 간 뒤에 쓴 글을 올려 본다.

*

엄두간

〈아빠의 어깨 너머로 안긴 아이의 힘없이 풀린 시선은 줄곧 나의 시선과 마주치곤 했다. 두 뺨에 이유를 알 수 없는 눈물이 흘러 내렸다. 즐거워야 할 찬양 시간이 이토록 슬픈 이유는 또 무엇일까?

"이들에게는 희망이 없습니다. 보이지 않는 구조적 계급을 타파할 힘이 이들에게는 없지요."

슬프도록 애절한 찬양 곡조가 그 이유의 전부는 아니었다. 직사각의 블록으로 쌓아 올린 허물어 질 듯 칠이 덜 된 예배당 때문도 아니었다. 아침에 La paz 교회(평강교회)로 향하는 길에서 최창운 목사님으로부터 들은 이야기가 아이의 얼굴에 투영되어 가슴을 시리게 한 모양이었다. 아이의 눈이 잠들 듯 가만히 감기더니 이내 놀란 토끼 눈이 되어 주위를 두리번거린다. 리드 싱어의 몸동작이 바뀌는가 했는데 어느새 애절한 곡조는 경쾌한 리듬의 밝은 찬양으로 바뀌어 직사각의 예배당 벽을 진동하고 있었다. 모두들 리듬에 맞추어 박수 치며 주님을 찬양하기 시작하였다. 미소 띤 아이의 눈에서 스치듯 비친 밝은 빛은 희망의 잔상이었을까?

'저들을 사랑하시는 주님, 저들에게도 당신의 사랑을 알게 하소서. 이들에게도 희망의 음성을 들려주소서. 희망이 사라진 곳이란 지구상 어디에도 없다고.'

"그래서 이들에게는 복음이 더욱 절실히 필요로 합니다. 안타까운 것은 제대로 신학공부하고 이들에게 헌신하는 목사들을 찾아볼 수가 없습니다. 가톨릭의 위세에 눌려 개신교가 설 땅이 없는 것이죠. 있다 하더라도 중졸이나 고교 중퇴한 사람들이 스스로 기름부음을 받았다고 나서서 목사가 되어 미신에 가까운 가르침들을 전하고 있지요."

최 목사님께서 전해준 멕시코 선교의 안타까운 현 주소가 마음을 무겁게 짓눌렀지만 예배는 계속되었다. 모두들 몸까지 들썩이며 환희에 떠는 듯 절정으로 치닫던 예배는 어느새 목사님의 축복기도로 조용히 막을 내리고 있었다.

"주일 아침 가장 바쁜 시간인데 무슨 일로 손수 아침을 준비하십니까?"

새벽잠을 설친 듯 부스스한 사모님의 눈가에는 형용하기 힘든 사랑의 눈빛이 그 밥상 위로 전해져 왔다. 몸배 바지에 걸어붙인 팔로 밥상을 차리며 반찬이 부실하다며 겸연쩍게 미소 짓는 얼굴이 얼마나 아름다운지. 선교사로 나갈 줄 알았으면 결혼하지 않았을 것이라는 사모님의 고백 속에 힘에 부쳐 하는 이들의 삶과 오직 예수님 한 분만을 위해 감수하는 아픔들이 전달되어 왔다. 그러나 그들은 끝내 승리하리라. 먼 훗날 주님의 품 안에서 '착한 종아! 수고하였다' 하는 한 마디의 말이 그 모든 위로를 대신하리라. 함께 식사하며 나누는 대화 속에 세상을 품은 듯한 목사님의 가슴에서 예수님의 사랑이 잔잔히 밀려왔다. 비록 단칸방 비좁은 아파트였지만 그의 복음에 대한 열정은 저 높은 깃발 공원의 깃대를 넘어 몬테레이 구석구석에 석양의 나팔소리처럼 잔잔히 울려 퍼지는 듯 했다.

'저희는 이렇게 왔다가 떠납니다. 그러나 주님께서는 늘 함께 계시면서 당신의 비전을 꼭 이루어 주실 것입니다.'

차마 목소리가 되어 나오지는 않았지만 영적으로 죽어가는 멕시코 현지인들을 위한 선교에 모든 것을 바치고 싶다는 그의 고백 위에 꼭 해주고 싶은 말이었다.

*

"당신은 사랑받기 위해 태어난 사람…"

함께 동행한 어느 권사님이 빈 콜라병을 들고 귀에 익은 찬양을 열창하였다. 말이 통하지 않는 것에 전혀 구애 받지 않는 듯 현지인들도 열심히 경청하며 연신 박수로 화답하였다. 예배가 끝나고 마련된 교제 시간. 오스틴 6구역 식구들의 조그마한 정성으로 마련된 멕시코 정통 음식 '따말'과 현지인들이 마련한 돼지고기 수프가 어찌 그리 맛있던지. 연신 두 접시를 게 눈 감추듯 비우고 과일을 먹을 때쯤 벌써 분위기가 고조되면서 여기저기서 노래와 인사말들이 오가는 따스한 온기가 방안 가득 넘쳐 가슴을 적셔왔다.

"부에나스 따르데스!"

라파스로 향하는 길에서 목사님께 간신히 배운 인사말 몇 마디로 현지인들에게 마음을 전하면서 마주잡은 손에 힘을 주었다.

'이들에게는 복음만이 희망이다. 그 어떤 변화도 기대할 수 없는 듯한 체제 속에서 서민의 삶에 대한 한을 간직한 채 살아가야 하는 이들에게

예수님의 사랑과 배움, 그리고 변화에 대한 희망을 안겨주어야 한다.'

상위 2% 남짓 되는 백인계층이 전체 자원의 90% 이상을 장악한 기형과도 같은 빈부격차, 그리고 체제 유지를 위한 상류계층의 악정으로 인해 서민에서 중상류층으로 도약하는 기회란 사실상 불가능한 이들, 유괴를 비즈니스쯤으로 생각하는 악한들에게 무방비로 노출되어 있는 이들의 삶, 체제 유지를 위해 도무지 서민들에게는 교육의 기회를 주지 않고 주더라도 질적 차이로 인해 사회 진출기회가 막혀있는 이들에게 정부란 그저 믿지 못할 또 하나의 낯선 이름이었다. 경찰들의 무자비한 폭력행사로 주민들이 떼를 지어 경찰차를 불태우는 나라. 예수님은 이 나라 멕시코를 위해서도 그 어떤 비전을 가지고 계실까?

*

"걱정 마십시오. 저는 택시로 돌아가면 됩니다. 와 주셔서 너무나 감사했습니다. 안녕히 돌아가십시오."

기어이 전날 만난 곳까지 동승하여 길을 안내한 후 택시를 잡아타고 돌아가려는 최창운 목사님. 대학 강단에 서는 게 꿈이었는데 이곳 몬테레이 신학대학에서 이제 그 꿈이 이루어져 너무나 기쁘다는 최창운 목사님. 순진한 청년의 때 묻지 않은 웃음이 이제 제법 노신사 티가 나는 잘 다려진 옷차림에 그대로 스며들어 먼 길 온 객들의 마음을 푸근히 감싸주던 최창운 목사님. 그의 마지막 모습은 마치 주님께서 밝히신 몬테레이의 작은 촛불인양 홍채에 각인되어 잔상으로 여운을 드리웠다.

MISSIONS IN MEXICO

국경도시 Reynosa 에 있는 Universidad Teologico de Mexico
멕시코 신학대학교 학생들과 종강 후

Chapter 43 국경도시 사역 시작

몬떼레이를 나와서 국경도시에서 본격적으로 현지인 사역을 3년 6개월 하였다.

국경도시에서 신학교 강의 사역과 빈민가 교회 돌봄 사역, 설교 사역, 장로교 목회자 세미나 인도 등을 하게 되었는데 이때는 미국 종교비자를 얻어서 미국 국경에 거주하면서 멕시코 국경을 왔다 갔다 하며 사역을 시작하였다.

그런데 미국의 국경에 위치한 한인교회가 처음에는 종교비자를 내주어 선교사역을 하는데 도움을 주어서 시작을 했는데, 시간이 지나면서 한인교회에서 일부 교인들의 요구로 인해서 실제 한인교회 내에서 사역을 하게 됨으로 선교 사역하는 데 지장을 주게 되었다.

결국 미국 국경도시에 거주하는데 신분 문제에 따른 어려움에 처하게 되었다. 미국 국경도시를 나가야 하는 상황에서 멕시코 내륙으로 들어가야 하는데 그동안 멕시코 비자를 갱신하지 않아서(멕시코 국경도시는 국경에서 약 35km까지의 지역에서는 멕시코 비자를 받지 않아도, 미국 비자가 있으면 국경 도시를 다니는 데 문제가 없었다.) 그전의 비자인 FM-2 비자가 만료 되었다. 멕시코 비자는 일 년에 한 번씩 비자를 갱신해야 했기에 참 번거로움이 많았다. 국경으로 나오면서 비자를 갱신하지 않았기에 다시 비자를 처음부터 신청을 해야 하는 상황이 되었다(비자가 일 년 만료 전에 갱신을 하지 않으면 비자가 만료되어 다시 처음부터 비자를 신청해야 했다).

그래서 지금까지 한 번도 갖지 못한 일 년간의 안식년을 과천교회에 신청하기로 했다. 사실 그동안 몸과 마음과 영적으로 지친 상태에서의 사역은, 무기력한 매너리즘에 빠질 수 있기에 재충전이 필요함을 느끼게 되었다. 다행히 후원교회에서 안식년을 허락해 주어서 한국에서 일 년 동안 안식년을 가지게 되었다.

Chapter **44** 멕시코 국경도시의 특징

미국과 맞닿은 멕시코 국경도시는 한마디로 안정성이 없는 곳이다. 왜냐하면 멕시코 전역에서 그리고 중·남미에서 미국으로 밀입국하기 원하는 사람들이 많이 모이는 곳이기 때문이다. 나아가서 마약과 관련이 있는 마피아들의 근거지이기도 해서 매일 매일 마약과 살인, 납치, 강도, 강간, 도둑 등의 사건이 끊임없이 일어나는 곳이기에 이곳에 사는 사람들이나 현지인 교회조차 내일 일을 모르는 형편이었다. 교회가 부흥되어 모였다 하면 다시 한꺼번에 없어지는 경우가 있는데 그 사람들이 한꺼번에 미국으로 밀입국 한 것이기 때문이다.

그렇게 국경에서는 코요테(Coyote, 늑대)라고 불리는 밀입국을 시켜 주는 전문적인 사람들이 있어서 그들을 통해서 밀입국을 한다. 그들 멕시코 사람들에게는 밀입국 하는 것이 큰 사건이 아니라 아주 일상적인 사건이다. 그러니 국경에서 일하는 멕시코 사람이 어느 날 갑자기 없어지면 밀입국 한 것이고 며칠 안 보이다가 다시 그 일터에 보이면 밀입국 하다가 걸려서 추방당하여 다시 온 것이다.

또한 차로나 걸어서 다리를 건너기만 하면(또는 철조망 같은 담을 넘으면) 국경이므로 그 모습이 하도 신기해서(항상 나는 국경을 비행기로만 가야 통과하는 줄 알았다가 차로, 또는 걸어서 다니는 모습이 신기해서) 사진을 찍으려 했는데 당장 미국 국경수비대에 제지를 당했다. 사진을 찍어서는 안 된다는 것이다. 어떤 사람은 사진을 찍었다가 그 자리에서 모든 필름을 압수당하기도 하였다. 그리고 또 이 국경에서 자주 보는 일상적인 광경 가운데 하나는 멕시코 사람들이 마약을 가지고 가다가 걸려서 도망가고 잡히는 것이다. 그런 곳이 국경도시다.

Chapter **45** 국경지역의 한인 납치 사건

한인이 멕시코 국경지대에서 멕시코 사람들에게 납치되어서 한국 신문에 떠들썩하게 보도되었고, 내가 있는 국경도시가 뉴스화 되었다.-2008년 국경도시 레이노사(Reynosa)에서 한인이 납치됨.

미국 텍사스 주 국경도시인 멕알렌(McAllen)에 붙어 있는 멕시코 레이노사(Reynosa)에서 발생한 이 5명의 한국인 납치사건은 밀입국

전문조직이 한인 브로커를 통해 중국 조선족 동포들을 미국으로 밀입국시키는 과정에서 멕시코 마피아와 그 일당이었던 경찰과 연계되어 있는 사람들 때문에 일어난 것이다.

사실 이런 납치 사건과 미국 밀입국에 관한 일들은 유명한 사람이나 정치인이 납치되었다면 모를까 멕시코와 미국에서는 뉴스거리가 되지 못한다. 왜냐하면 멕시코에서는 워낙 많은 납치 사건과 미국으로 밀입국 사건이 있기 때문이다. 그러나 이 납치 사건에 한국인이 연관되어 있기에 멕시코 현지에서도 뉴스가 되었던 것이다.

사실 이런 뉴스들로 인해서 한국인에 대한 좋지 않은 소문이 나기도 하는 것이다. 한 번 이런 뉴스가 나오면 이들에게는 한국에 대한 나쁜 사건이 깊이 각인이 되어서 그들의 시각을 바꾸는 것은 정말 어렵다. 그래서 나 같이 그들과 함께 거주하며 살아가는 한국 사람들에게는 그런 것들이 거부감과 거리감을 갖게 되어 살아가는데 안 좋은 영향을 받게 되기도 한다. 이처럼 미국과 마주한 멕시코의 국경도시는 위험하고 안전하지 못한 곳이다.

Chapter 46 꿈같이 지나간 한국에서의 일 년 안식년

선교사로 나와서 처음으로 일 년 동안 한국에서 보낸 안식년의 시간들이 꿈처럼 지나갔다. 난생 처음으로 쉼을 얻었고 평안하고 물질 걱정 없이 지낸 기간이기도 했다.

그리고 다시 선교 사역할 선교지를 같은 교단 파송 선교사가 없는 지역인 멕시코 내륙의 뿌에블라(Puebla)에서 선교하기로 결정하였다(같은 교단 파송 선교사가 이 지역에서 7년 간 사역을 하다가 다른 도시로 간 상태이므로 내가 이 도시에 왔을 때는 우리 총회 파송 선교사가 없었다. 그러나 지금은 그 분〈박성근 선교사〉이 다시 돌아와서 같은 지역에서 각자 다른 사역으로 함께 하고 있다).

안식년 기간 동안 먹고 싶었던 한국 음식과 아름다운 한국의 산들과 바다를 가보고 싶은 것 등등 많은 것을 그려보기도 했지만, 그리 많이 다니지 못하고 집과 교회 주변의 식당에서만 음식을 먹었다. 그렇게 마음처럼 여기 저기 다닐 수 있는 상황도 되지 못한 것이 아쉽기만 하다.

그러나 정말 한국처럼 아름답고 음식들이 다양한 나라는 없을 것이다. 정말 대한민국은 복받은 나라라고 할 수 있을 정도로 아름다운 나라이다. 항상 같은 계절과 같은 경치, 음식을 보다가 한국의 아름다운 색깔이 변하는 사계절과 다양한 음식들이 그동안 사역으로 지친 몸과 마음을 충분히 쉬게 만들어 주었다.

그렇게 일 년간의 안식년이 꿈같이 금방 지나갔다.

Chapter 47 「좋은 목사」 (과천교회 회보에 실은 글)

몬떼레이를 나와 한인교회를 그만두고 현지인 선교만을 하려고 나왔을 때의 심정은 사실 마음이 아팠다. 그렇게 정성을 다해 섬기고 목회를 하였는데 교인들이 목사의 마음을 알아주지 못한 것 같아 서운하기도 했다. 그러나 이 모든 것이 나의 부족함과 또한 하나님의 다른 계획이 있었음을 깨닫게 되면서 이러한 일들로 인해서 마음을 다시 잡고 초심으로 돌아가서 "주의 종"으로서의 부르심의 사명을 다시 한 번 생각해 보는 계기가 되었다.

*

　아래의 글은 그때 과천교회에 보낸 선교 편지이다.
〈목사가 되려고 신학교 들어갔을 때는 부흥회를 다니며 기도를 통해서 병자들을 고치는 능력 있는 목사님들이 좋아 보였고 또 설교가 좋아서 많은 사람들이 감동을 받고 은혜를 받는 것을 보면서 설교 잘하는 목사가 좋아 보일 때가 있었습니다. 그래서 저도 '신유의 능력을 주십시오. 설교를 잘하게 해주십시오.'라고 기도를 했던 때가 있었습니다.
현지인들에게 "어떤 선교사가 되고 싶은가?"를 생각했을 때는 선교사로 나오기 전에는 윌리엄 캐리 같은 선교사, 언더우드 같은 선교사 등등 그런 생각을 가지고 선교사로서 "큰 업적을 남기는 선교사가 돼야 하지 않겠나?"라는 생각을 가지고 열심히 했습니다.
빈민가를 중심으로 그 나라의 사람들조차 잘 안 가고, 가기를 꺼려하며 잘 모르는 지역까지 구석구석 다니면서, 선교하다 보니 생명의 위협을 겪은 적도 있고, 때론 불과 몇 시간 차이로 제가 다녀간 지역의 도로에 게릴라들이 덮쳐서 참 가까스로 위기를 모면한 적도 있고, 도둑과 강도로 인해서 위기를 겪은 적도 있었지만, 짧은 기간 동안에 4군데 현지인 개척교회를 세우고 현지인 목사, 신학생들을 가르치는 사역을 할 수 있었고, 또한 한인교회가 없고 한인들 전혀 모르는 지역에 처음으로 들어가서 교회를 개척하여 출석교인 120-130명(아이들 포함) 정도 되는 교회를 세워 후임자에게 물려주고 나올 수 있도록 하나님께서 지켜 주시고 돌보아 주시고 보호해 주심에 너무 감사할 수밖에 없는 세월을 숨가쁘게 살아왔습니다.
목사 안수를 받고 15년 동안 선교사로서, 또 목사로서 한인 목회로 부족하지만 나름대로 열심히 사역을 하였습니다. 그저 앞만 보고 열심히 '선교'와 '목회'를 하다가 기도하며, 말씀을 묵상하다가 뒤를 돌아보면서 내가 한 일들과 나 자신에 대해서 돌아볼 수 있는 기회를 가졌습니다. 그러면서 나는 "어떤 목사가 되고 싶을까?", "어떤 선교사가 되고 싶을까?"를 생각해 보았습니다.

능력 있는 목사, 설교 잘하는 목사, 윌리엄 캐리, 언더우드와 같은 선교사….

선교를 하면서 현지인들이 외국인인 나에게 외국인으로서 거부감이나 거리감을 두지 않고 자신들과 같은 "Hermano"(에르마노) "형제님"이라고 하면서 스스럼없이 말을 걸고, 고민 나누며 함께 기도하며, 함께 그들의 음식을 먹으면서 나누는 교제가 좋고, 그래서 "Pastor Choi"(빠스똘 초이, 최 목사님)라는 말보다 "Hermano Choi"(에르마노 초이, 최 형제님)라고 불러주는 말이 듣기가 더 좋습니다. 이 말을 들으면서 '선교'가 남에게 보여주는 거창한 '일'을 하는 것이 아니라 현지인들과 더불어 어울리면서 그들을 이해하고, 그들에게 외국인이 아닌 같은 형제로 살아가며 주의 사랑을 나누는 것이 바로 제가 바라는 선교임을 깨닫게 되었습니다.

지난달에 멕시코 몬떼레이에서 목회할 때 교인이었던 어떤 집사님이 저의 집을 방문했습니다. 그리고 이런 말을 해주었습니다. 최 목사님에 대해서 사람들이 기억하기를 "있는 사람과 없는 사람을 차별 없이 대하였고 오히려 없고 가난한 사람들 낙심한 사람들을 고통당한 사람들을 자주 찾아가고 위로하며 기도해 주며 목회 하셨던 분"이라고, 또한 안 믿는 사람들도 목사님을 그렇게 생각한다고 하는 이 말이 지금까지 들어왔던 어떤 말보다도 듣기 좋았고 제가 그동안 진짜 되고 싶었던 목사는 바로 "좋은 목사"이었음을 깨닫게 되었습니다. 훌륭한 목사보다도, 능력 있는 목사보다도, 설교 잘하는 목사보다도 "선한 목자"되신 주님을 조금이라도 닮을 수 있는 아니 조금이라도 흉내라도 내어서 "좋은 목사"가 되는 것이 바로 제가 바라는 목사임을 깨닫게 되어 다시 한 번 좋은 목사가 되기를 다짐해 봅니다.〉

PART 06 멕시코 뿌에블라 (PUEBLA)도시선교

MISSIONS IN MEXICO

Chapter 48 뿌에블라(Puebla) 선교 시작 (가방 분실 사건)

안식년을 끝내고 뿌에블라(Puebla)로 선교지를 정하고 LA를 경유하여 처음 도착한 멕시코시티 공항에서 도착하자마자 문제가 생겼다. 가방을 분실했는데 그것도 가장 중요한 서류들이 있는 가방이었다. 거기에 비자를 받는데 필요한 서류들과 각종 증명서들, 은행 서류 및 수표책 등 막내 아이 학교 서류들까지 있었는데 그것이 공항에서 분실한 것이다.(한 달 후에 기적적으로 이 가방이 돌아 왔는데 하나도 분실이 되지 않았다. 그러나 이 분실된 한 달간의 기간은 나로 하여금 많은 고민을 하게 했다.)

이것 때문에 선교지를 콜롬비아로 다시 갈까 진지하게 생각해보기도 했다. 전에 사역했던 콜롬비아에서 K, L 선교사님들이 내가 다시 오기를 여러 번 요청했었는데 그곳은 막내 아이가 태어난 곳이고(막내 아이는 콜롬비아 시민권이 있었고) '콜롬비아 선교회'라는 종교법인을 선교사들이 가지고 있어서 선교사로 비자를 얻는데 수월했기 때문이었고 또 물가도 싸서 선교비를 많이 받지 못하는 나로서는 선교하는데 도움이 된다는 그런 인간적인 조건들이 생각이 났기 때문이다.

그러나 그것은 나의 너무나도 짧은 인간적인 생각이었던 것이다. 내가 정작 콜롬비아 선교에 대해 진지하게 생각하고 뿌에블라에서 머물렀던 한 호텔에서 콜롬비아로 가기로 결정한 뒤에 콜롬비아로 연락을 했다. 그러자 다시 오는 것을 환영하고 비행기 표를 싸게 구입하는 것에 대해서 조언을 듣고 비행기 표를 끊고 언제 도착할 것을 알리려고 전화를 했다. 그 순간에 갑자기 선교사회의 결정이 있어야 하는데 그 결정 전까지는 나를 받을 수 없다는 황당한 말을 듣게 되었다. 나는 이미 오라는 말에 콜롬비아로 가는 비행기 표까지 끊었는데 이제 다시 선교사회의 결정을 기다려야 하고, 선교사회에서 결정이 나지 않으면 콜롬비아에서 사역을 할 수 없다는 말을 하는 것에 너무나도 실망을 하였다.

그러나 나는 그 소리를 듣고는 콜롬비아 선교를 접고 원래대로 어려움이 있겠지만 뿌에블라로 선교지를 정하고 남기로 하였다.

나는 지금까지 어떤 상황에서도 내가 손해를 보고 참았다. 나에게 어떠한 말과 상처를 주는 행동들을 했어도 그들에게 대들거나 따지지 않았고 오히려 바보처럼 내가 손해를 보는 쪽으로 모든 것을 감수했다.

나는 우선 멕시코시티를 떠나서 뿌에블라의 모텔 급의 경비가 저렴한 호텔에 머무르면서 가족이 함께 예배를 드리는데 울컥하는 마음이 들어 눈물이 쏟아졌다. 나만 보고 따라온 가족 생각에 마음이 아팠고 여기까지 와서도 가족들 고생을 시키는구나 라는 생각에 마음이 착잡했다.

그러나 역시 하나님은 좋으신 분이어서 그 많은 어려움도 한 가지 한 가지를 해결해 주시면서 정착할 수 있도록 인도해 주셨다.

서류가 든 가방을 잃어버린 상황에서 잠시 "좀 더 쉬운 곳으로 갈까?" 하며 생각도 했지만 결국 하나님은 그런 나의 생각을 원하지 않으셨던 것이다. 지금까지 항상 하나님께서는 어떤 어려운 상황 속에서도 주님만을 믿고 나갔던 나를 도와주시고 인도하셨다. 그런데 단지 가방을 잃어버린 순간의 어려운 상황에서 주님을 의지하지 않고, 사람들의 말과 좋은 조건들과 좋은 환경을 돌아보며 선교지를 옮기려 했던 것을 회개하며 다시 한 번 오직 주님만을 의지하도록 깨닫게 해 주셨던 것이었다.

    콜롬비아로 가지 않고, 멕시코 뿌에블라에 정착하게 해 주신 하나님이 얼마나 감사한지 모른다. 정말 우리는 앞에 펼쳐질 일분, 일초도 알지 못하여 "당장 이렇게 해야 됩니다. 그렇지 않으면 큰일 납니다."라고 기도하며 하나님께 매달리기도 하지만 하나님은 우리의 과거와 현재, 미래까지 다 아시는 분이시기에 지금 당장은 안 들어주셔도 조금만 참으면 더 좋은 곳으로 더 나은 곳으로, 더 합당한 곳으로 인도하시는 것이다. 지금 당장 어려움이 있더라도 '오직 주님'만을 믿고 나갈 때 반드시 하나님께서 좋은 것으로 채워주시는 것을 가방을 잃어버리는 사건으로 깨닫게 되었던 것이다.

    나는 한순간의 잘못된 생각으로 물질적 손해를 보았다. 이미 환불이 안 되는 비행기 표를 산 것으로 손실이 있었는데, 그래도 그 표로 나의 가족은 멕시코에서 10년을 사역하면서도 한 번도 가보지 못하고 말로만 들었던 멕시코의 대표적 휴양지인 깐꾼(Cancun)을 다녀올 수 있어서 모처럼 좋은 시간을 보내기도 했다.

    정말 하나님은 좋으신 분이시다. 나에게 하나님은 이제까지 그래왔던 것처럼 오직 전폭적으로 자신만을 의지할 것을 요구하시는 분이심을 깨닫게 되었다.

Chapter 49 뿌에블라(Puebla) 시의 전설

이 도시의 특색은 고산지대라는 것이다. 더군다나 항상 연기를 뿜고 있는 활화산이 도시에서 멀지 않은 곳에 우뚝 서 있는데 눈에 보이는 직선거리는 한 시간 정도 되지만 길을 따라 돌아가면 그 산 아래까지는 2시간 30분에서 3시간 걸린다.

이 화산에 너무나 유명한 러브스토리가 전설로 전해져 온다. 이 화산의 이름은 "뽀뽀까떼뻬뜰"(Popocatépetl)이라고 부르고, 그 옆에 길게 옆으로 누워있는 또 다른 큰 산이 있는데 그 이름은 "이즈딱씨우아뜰"(Iztaccíhuatl)이라고 한다.

전설 속에 애칭으로 '뽀뽀'라고 불리는 인디오 청년이 명망 있는 귀족의 딸 '이스따' 양을 사랑하게 되었다. 인디오 청년 뽀뽀는 가진 것 없는 천민이고 이스따 양은 명망 있는 귀족의 딸로서 둘 사이는 이루어 질 수 없는 사이였지만 그 둘은 그럼에도 아주 열렬히 사랑했다. 그러나 그녀의 아버지가 결사적으로 반대하였음에도 불구하고, 둘 사이를 떼어 놓을 수 없게 되자 그 아버지는 극단적인 방법을 택하게 되었다. 그 둘 사이를 갈라놓기 위해서 마법사에게 요청하여 자기 딸을 영원히 잠들게 했던 것이다(그래서 '이스딱씨우아뜰' 산은 마치 여자가 누워 있는 모습처럼 되어 있어서 일명 '잠자는 여인'이라고 부른다). 이 소식을 듣고 달려온 뽀뽀는 자기 애인이 영원히 잠들어 누워 있자 엄청난 분노와 슬픔으로 불을 뿜는 화산이 되었다는 전설이다.

이런 전설을 가지고 있듯이 우뚝 솟아 있는 뽀뽀까떼뻬뜰(Popocatépetl) 화산은 항상 바로 옆에 누워있는 이스딱씨우와뜰(Iztaccíhuatl) 산을 향하여 하얀 연기와 검은 연기를(연기가 때론 반대편이나 하늘 위로도 내뿜기도 하지만, 거의 대부분은 이스딱씨우아뜰 쪽으로) 뿜어내고 있다.

뽀뽀까떼뻬뜰 화산이 2000년에 그리고 4-5년 전에도 불을 뿜었지만 이곳 뿌에블라 시에는 화산재만 내려앉아 큰 피해가 없었다고 하면서 뿌에블라는 걱정 없다고 그곳 사람들은 말한다. 그러나 몇 년 전에는 이 도시에 지진도 있었고 얼마 전에는(2010년 초) 태평양 쪽의 멕시코 해안 도시에서 지진이 나고 멕시코 주변의 나라인 아이티에 대규모 지진이 나는 등 이곳이 화산과 지진대라는 사실에 또한 놀라움을 금할 길이 없다.

Chapter 50 뿌에블라(Puebla) 시의 기독교인

이 도시는 인구 3,500,000명 중에 5%가 기독교인이고, 교회는 300여 개이고, 성도는 200,000명 정도라고 멕시코 목사들은 이 도시의 기독교 교세를 말하고 있다. 그렇다고 정부 통계가 말해준단다. 그러나 그들은 가톨릭 이외의 종교는 모두 개신교라고 한다. 잘 알지 못하여 이단들도 모두 개신교로 치기도 하고, 프로테스탄트와 장로교, 감리교를 다른 종교로 생각해서 따로 분리하기도 하는 등 정부는 가톨릭 국가답게(공식적으로는 가톨릭 국가가 아니지만 관습적으로 가톨릭 국가라고 말할 정도로 가톨릭이 전체 인구의 90%를 차지한다고 한다. 그러나 그들은 가톨릭 신자라고 하지만, 대다수의 멕시코 사람들은 실제로 가톨릭 성당에 가지 않고 믿지도 않는 사람들이 많다.) 가톨릭 이외의 종교에는 관심이 없는 나라이다.

뿌에블라 옆에 붙어 있는 위성도시인 촐룰라(Cholula) 시는 인구 백만 명에 교회는 7-8개만이 있을 정도로 무척 가톨릭이 드센 도시이다. 그래서 그런지 매 주마다 축포를 터트리며 성자의 탄일을 축하하며 기념행사를 갖는다. 밤마다 총소리 같은 폭죽 소리가 펑펑 나서 자다가 깜짝 깜짝 놀라 일어난 때가 한두 번이 아니다.

*

    내가 살고 있는 뿌에블라 동네에도 성당이 있다. 그런데 매일 새벽 6시가 되면 성당에서 종소리를 크게 울린다. 아마 한국 같으면 시끄럽다고 난리를 치며 민원이 들어가고 교회를 찾아가서 협박도 하고 항의도 할 것인데, 여기서는 반대로 성당은 시끄럽지만 사람들은 조용하다. 멕시코 몬떼레이에서는 가톨릭 성당이 그렇게까지는 하지 않았는데, 이는 뿌에블라 시가 얼마나 가톨릭의 영향이 센 도시인지를 말해주는 것이다.

    한국에 있는 사람들이 중·남미 가톨릭 문화권에서 선교하는 선교사들을 오해하는 것이 있다. 중·남미 선교는 가톨릭 신자를 기독교로 개종시키려는 것이 아니냐고 오해를 하지만 실제로는 독실하게 믿고 있는 가톨릭 신자는 그리 많지 않고 형식적인 신자만 있을 뿐이다. 그들은 평생에 3번 정도 가톨릭 성당에 간다고 한다. 첫째는 태어나서 영세(세례) 받을 때, 또 결혼 할 때 마지막으로 죽을 때라고 한다. 그러나 마지막 장례식장은 따로 있어서 보통 일반인은 성당에 안 가는 경우도 있지만 장례식장은 신부가 집례하는 하나의 성당으로 볼 수도 있다. 그렇게 평소에 가톨릭 성당에 안 가고 신부에게 정기적으로 죄를 고백하는 고해성사를 하지 않아도 습관적으로 자신들을 가톨릭 신자라고 여기는 사람들이 대부분이다. 그러므로 대다수는 무종교로 있는 사람들을 전도해서 성도로 만드는 것이기에 가톨릭 신자를 개신교 신자로 만든다는 오해는 맞지 않다고 생각한다.

Chapter 51 도마뱀 이야기!

멕시코 사람들은 도마뱀이 집안에 들어오면 행운이 온다고 생각한다.

아내는 집안에 도마뱀이 하나, 둘, 셋, 넷까지 늘어나자 기겁을 하고 어떻게 처치할까 고민하며 여러 가지 방법을 간구하고 있지만, 멕시코 사람들은 도마뱀을 죽이면 안 된다고 생각한다. 단지 이것을 해결하려면 가톨릭 신부에게 찾아가서 성수를 구해서 뿌리라고 한다. 성수를 뿌리는 것은 축복한다는 것인데 그 도마뱀들도 축복받아야 할 존재인가 보다. 행운을 가져다주는 도마뱀이 집에 있다고 하자 멕시코 사람들은 얼마나 복이 들어올까 하면서 오히려 부러워한다.

사실 도마뱀은 두려워할 것이 아니고 오히려 해충을 잡아먹는 이로운 파충류지만 보기에 징그러워서 아내는 질색하는 것 같다. 그런 아내가 집안에 전갈이 들어왔을 때 전갈을 잡은 적이 있었다. 그리고서 하는 말이 "어! 전갈이네!"라고 하는 것이 아닌가. 그 독 있는 전갈을 잡을 때는 아무런 내색 없이 신발로 단번에 때려잡는 무시무시한 여인인데 그 전갈에 비하면 아무것도 아닌 도마뱀을 보고 기겁하고 무서워하는 모습에 내가 이렇게 말했다. "여보, 약한 척 하지 말아요."

Chapter 52 뿌에블라(Puebla)와 붙어 있는 위성도시인 촐룰라(Cholula) 시의 가톨릭 교회

촐룰라(Cholula)도시에 가톨릭 성당이 70여 개가 있고 한 가톨릭 성당에는 8개의 성자를 모시는 까뻴랴(CAPILLA, 미사를 드리는 곳)가 있다. 그래서 가톨릭 성당이 350개라고 말을 하기도 한다. 왜냐하면 한 성자를 모시는 곳이 하나의 성당이 되기 때문이다. 그 성자의 생일과 사망일을 기념하여 축포를 터트리는데, 축포가 거의 매주 한 번씩 있을 정도로 많은 성자가 있다.

한번은 신학교 학생들에게 강의를 하면서 가톨릭 성자에 대해서 조사해 보라고 했다. 그러자 학생들은 성자가 너무 많아서 조사할 수 없다고 하면서 각 성당마다, 도시마다 수십 명의 성자가 있기에 조사하는 것 자체가 불가능하다고 할 정도이니 얼마나 성자가 많은지 알 수 있다.

오직 한 분뿐이신 우리의 성자이신 예수 그리스도를 전하는 것이 얼마나 중요한지 깨닫게 된다.

Chapter 53 구덩이 공화국

내가 있었던 콜롬비아 보고타와 현재의 멕시코 뿌에블라(2,100미터) 도시는 같은 점이 바로 고산지대라는 것이다. 그런데 같은 고산지대뿐 아니라 같은 것이 또 있다. 그것은 '구덩이'이다. 도로마다 너무도 움푹 파인 곳이 많아서 차로 다닐 때는 조심하고 또 조심해야 한다. 특히 큰 도로를 지나 옆길로 들어서면 정말 구덩이 밭이다. 그렇지만 아무리 조심해도 차가 쿵쿵 댈 수밖에 없는 것은 너무도 구덩이가 많기 때문이다. 구덩이가 파여 있으면 다시 그 자리만 메우니 그 옆이 다시 구덩이가 생기고, 또 메우면 다시 또 생기는데, 마치 옷에 여러 군데 땜질하여 누더기 옷처럼 메운 정말 거리가 너덜너덜하게 구덩이가 널려 있고, 울퉁불퉁하게 땜질한 형태로 되어 있어서 내가 이를 두고 바로 "구덩이 공화국"이라고 불렀다.

움푹 파이는 웅덩이가 끝도 없이 자꾸 생기는 것은 아마도 여기가 고산지대라서 땅이 물러서 구덩이가 생기는 것인지 아니면 도로 공사를 잘못해서 생기는 것인지는 잘 모르겠다. 그들 말로는 지대가 높아서 땅이 물러서 그렇다고들 한다. 아무리 새 차라도 수없이 많은 구덩이에 빠져서 소리가 쿵쿵 나기도 하고, 바퀴에 펑크가 자주 나고 휠이 휘어지고 심하게 부딪치면 쿠션이 망가지기도 한다.

이가 아파서 치과에 갔을 때 멕시코 치과의사가 이빨 땜한 것을 먼저 다 긁어내고 다시 해야 한다고 하면서 그것을 도로 공사에 비유하여 열심히 설명을 하다가 갑자기 자기네 나라의 도로처럼 "당신네 나라도 그렇지 않냐?" 고 물어왔다. 그 치과의사에게 어떻게 설명을 해야 할지 난감했다. 왜냐하면 그 사람은 한국을 잘 모르기에 설명을 제대로 하면 너무 잘났다고 할 것 같아서 그냥 웃고 말았다. 그 치과의사는 한 번도 자기네 나라 밖을 나가본 경험이 없어서 자기네 나라 밖에는 모르기에 다른 나라도 자신의 나라처럼 도로 사정이 그럴 것이라고 생각했기 때문이다. 사람들은 거의 다 자기가 경험한 것 밖에는 모른다. 그리고 다른 것은 인정하지 않으려 한다. 그것은 모르기 때문일 것이다. 우리가 경험하지 않은 하나님 나라에 대해서 어떻게 설명할 수 있을까 생각해 보면서 머리로는 경험해 보지 않았지만 마음으로 말씀 속에서 믿음으로 경험한 하나님 나라를 당당하게 전해야겠다는 생각을 했다.

Chapter 54 "한국은 멕시코보다 발전된 국가이기에"

조선일보 2010년 5월 8일자 기사
UAE 원전수출…김연아 쾌거…세계가 보는 '한국 이미지' 달라져, 월드컵, G20회의 등 빅 이벤트 줄줄이…

〈이러한 분위기 속에서 2010년, 우리 곁에 다가온 가장 큰 트렌드는 바로 '대한민국' 자체다. 2010년은 공동체의 역동적인 이벤트로 가득하다. 선수를 비롯한 발랄한 젊은 세대가 온 국민을 흥분시켰던 것이 시작이었다. 4년 만의 축제 월드컵이 기다리고 있고, 겨울에는 아시안게임도 열린다. G20 정상회의와 세계 디자인 수도 행사가 서울에서 개최된다. 한국인 여자가 세계 최초로 히말라야 14좌 완등 했다는 소식도 들려왔으며, 곧 나로호 2차 발사가 있을 예정이다.〉

위의 기사에서 보듯이 한국은 나날이 발전하고 있다. 한국에 대한 소식은 항상 민감하게 보고 있는데 한국에서 보는 한국의 평가보다, 외국에 선교사로 오래 나가 있으면서 한국에 대한 외국의 평가가 나날이 달라지고 있음을 피부로 느끼고 있다.

또한 해마다 한국이 발전한다는 것은 한국에 들어갈 때마다 느끼는 것이다. 2009년에 안식년으로 들어갔다가 다시 선교지(뿌에블라)로 나온 후에 이가 아파서 치과에 들렀다. 거기서 멕시코인 치과 의사가 "한국에서는 기술이 발달되어서 잘하지만 여기서는 그렇지 않기 때문에 조심해야 합니다." 하는 말을 듣고(사실 멕시코 사람들이 "한국이 자기네보다 발전된 국가입니다."라는 말을 하는 것은 멕시코에서 처음 들었다.) 한국이 점점 세계에 알려지고 있다는 느낌을 받았다.

선교사로 있으면서 처음에 외국에 나왔을 때는 한국이 어디에 있는지도 모르는 사람들이 대부분이었다. 길 가다가 만난 한국 차나 한국 제품이나 한국 사람을 만나기만 하면 그렇게 반가웠다. 현지인들은 내가 한국인이고 한국인 선교사임을 이상하게 생각하는 사람들도 있었다. 콜롬비아에서 만난 미국인 선교사는 내가 콜롬비아에 와서 한인교회를 목회하는 선교사가 아니라 현지인들인 콜롬비아 사람들을 위해서 목회를 하고, 선교한다는 말에 스페인어로 "인끄레이블레, increible"(믿을 수 없어!)라고 하면서 놀라기까지 했다.

그러나 점차 한국에 대해서 아는 사람들이 많아져 감에 따라 선교하기가 쉬워진 것도 사실이다. 현지인들이 선교사를 가까이 하면서 바라는 것은 먼저 외국인 '한국, Corea'에 대해서 궁금하기 때문이다. 2002년 한국에서 열린 월드컵 축구로 인해서 축구를 좋아하는 중·남미 사람들에게는 한국이 널리 알려지게 되었고 한국에 대해서 좋은 감정이 생긴 결정적인 계기가 된 것도 사실이다. 이전보다는 많은 사람들이 한국을 알고, 한국인과 교제나누기를 좋아해서 복음 전하기는 수월해졌다.

Chapter 55 아찔했던 순간들

콜롬비아에 있을 때, 선교여행 중에 차로 지방 도시를 가게 되었는데 내가 지방 도로를 지나간 얼마 후에 그 도로에 게릴라들이 덮쳐서 모든 것을 다 약탈해 간 일이 있다고 한다. 콜롬비아에서는 항상 휴대하는 우리나라 주민등록증과 같은 외국인등록증이 있는데 여기에 내 직업이 선교사로 나와 있으므로 선교사들을 미국의 앞잡이로 보는 반군과 게릴라들에게는 납치의 대상 1호가 선교사였기에 만일 내가 그곳에 있었다면 참으로 아찔한 순간을 맞이했을 것이다. 그 소식을 나중에 돌아와서 뉴스를 보고서 안도의 한숨을 쉬기도 했다.

또한 마약중독자인 교인 남편이 교인들과 전도사를 위협하다가 급기야는 나를 죽이겠다고 했을 때 당시에는 긴장 속에 있어서 어떻게 지나갔는지도 몰랐지만 아찔한 순간이었다.

또한 선교센터와 중산층을 위한 교회를 세우기 위해 집을 구입했는데 그때 동네 사람들이 개신교 목사가 자기 동네에 들어왔다고 죽이겠다며 위협했을 때는 두렵기까지 했다. 또 멕시코 몬떼레이에서 살 때 도둑이 집에 들어 왔던 일은 이미 앞에서 이야기했다.

또 콜롬비아에서 차를 세워두고 길을 걸어서 지나가는데, 갑자기 나타난 개에 물린 일도 있었다. 그때도 아찔했다. 길에 지나다니는 개들은 거의 병을 앓고 있고 지저분한데 그 개에게 물린 것이다. 결국 병원에 갔는데 의사는 광견병 예방을 위해서 4, 5번을 연속으로 주사약을 맞아야 한다고 했다. 그런데 주사약이 없어서 2번만 맞고 말았다. 그래서 병이 나지 않을까 걱정했지만 아무 일 없이 나은 것에 또한 감사했다.

현지에서는 다른 선교사님들의 위험 순간을 종종 듣게 된다. 어떤 선교사는 자신의 차를 뒤에서 들이받고 도망가는 버스를 추격했는데, 추격하는 것을 안 버스 기사가 도중에 차를 세워 놓고 밀림에서 쓰는 칼을 가지고 내려와서 위협했던 일이 있었다고 한다. 또 온두라스에서는 한인교회에서 예배드리는 도중에 총을 든 강도들이 들어와서 교인들로부터 모든 돈을 빼앗아 가져가고, 또 보석, 시계 등을 싹쓸이 해 간 일이 있었다고 한다. 또 총을 든 강도가 선교사의 차를 뒤쫓아 와서 선교사가 차에서 내릴 때 총을 쏘고는 모든 것을 가져 간 일도 있다.

선교지에서는 이러한 아찔한 순간들이 종종 있다. 그래서 나는 콜롬비아에 있는 은행에서 선교비를 찾아 돌아갈 때에는 한 번은 왼쪽, 다음에는 오른쪽으로 각각 다른 길로 돌아오는 등 조심 조심을 하는데 마치 첩보 영화를 보는 듯하다고 느낀 적도 있다. 멕시코에서도 순간 순간 위협당하는 상황이 있을 때마다 주께서 피할 길을 주셔서 잘 넘어 가게 되는 일들을 겪을 때, 이 모든 것을 지켜 주시고 보호해주시는 하나님의 은혜가 감사하다. 한국에서 기도하는 중보기도가 결국 선교사들을 살게 하는 요인이라고 생각한다.

Chapter 56 선교지에서 만난 고마운 분들

나는 선교지에서나 선교를 하면서 많은 분들을 만났다. 심지어는 미국 LA에서 한인교회 때문에 간 노회에서 과천교회 출신 집사님을 만나기도 했다. 그러면서 언제든지 자신의 집에 들려주고 필요한 것을 이야기하라고 하며 명함도 주었다. 이렇게 나에게 먼저 연락을 하라고 하고, 언제든지 자신의 집에 찾아오라고 하며 도와주겠다고 하신 분들이 많지만, 그런 분들에게 내가 먼저 연락하고 만나서 어려움을 이야기 하고, 도움을 요청한 적은 거의 없다.

서울장신 시험에 합격을 하고 입학금 통지를 받고 학비를 내야 하는데, 그때는 정말 돈이 없었다. 내가 원해서 신학교에 간 것이 아니라 하나님께서 부르셔서 그 부르심에 순종하여 신학교에 갔기에 합격만 하면 하나님께서 알아서 인도하실 것으로 믿었다. 그러나 현실은 너무 달랐다. 입학금과 등록금 때문에 걱정을 하고 있을 때 머리에 떠오르는 분이 있었다. 내가 다니던 모 교회에 내가 청년회 총무를 할 때, 청년회 부장 집사였던 K 집사님이었다. 이분은 당시 유명한 대기업 이사였는데, 언젠가 나에게 언제든지 자신의 도움이 필요할 때 찾아오라고 하셨던 적이 있었다. 그 분은 비록 내가 다니던 교회를 떠나서 다른 교회로 가셨지만 그때 그분이 한 말이 생각나서 찾아갔다. 그러나 내가 먼저 이야기를 하기도 전에 분위기는 냉랭했다. 결국 나는 말도 못 꺼내고 그냥 나왔다. 그때는 정말 하나님만을 의지해야 함을 뼈저리게 느꼈다. 그 후에 어머니께서 어떤 분에게 돈을 빌릴 수가 있어서 가까스로 입학금을 낼 수 있었지만, 나로서는 많은 것을 깨달을 수 있었다.

그 이후에도 나에게 도와주겠으니 필요할 때 연락을 하라고 하는 사람을 많이 만났지만, 내가 먼저 연락을 한 적은 없다. 오직 주님께 기도만 하였다. 그런데 정말 놀라운 것은, 도움이 필요할 때마다 하나님께서 돕는 천사들을 보내 주셨다는 것이다. 결국 나는 사람을 믿고 사람에게 어려움을 이야기하고 도움의 손길을 펴기보다는 하나님께 기도하고 하나님의 도움을 요청하는 것이 얼마나 좋은지 알게 되었다.

*

아래에 적어놓은 사람들은 하나님께서 내게 보내주신 천사들이다. 나에게 말로만이 아니라, 먼저 연락을 하고 스스로 알아서 내가 필요한 것을 찾아 도움을 주셨던 분들이다. 그렇기에 나는 사람이 아닌 하나님께 도움을 구하였고, 성령님은 돕는 천사들을 내게 보내 주셨던 것이다.

*

콜롬비아에서는 당시 삼성전자 지사장이었던 황 집사님과 부인신 집사님을 잊을 수 없다. 현지에서 살아가는데 집을 보증 서주는 등, 필요한 모든 것들에 도움을 많이 받았다. 현지에서 정착하면서 선교사를 돕는 선교사가 바로 이들이었다.

또 콜롬비아에서 채소 농장을 만들고 야채를 배달하셨던 이용우 씨는 원래 목사님이셨는데, 농대를 나와서 농업을 통해서 물질로 선교하려고 콜롬비아에 오신 분이시다. 이 분을 통해서 콜롬비아에서 그 귀한 배추 등을 제공 받아 김치를 담가 먹을 수 있었고 후에 멕시코에서 사역할 때도 함께 있으면서 같은 도움을 많이 주었다.

또 콜롬비아에서 있던 교포 중에 나중에 멕시코로 이주한 분들은 이용우 씨 외에도 또 한 가정 이재일 씨와 그 부인 디아나 엄마가 있는데, 그들도 참 좋은 분들이다. 때에 따라 그분들의 도움도 많이 받아서 내게는 잊을 수 없는 분들이다.

멕시코 몬떼레이에 처음 왔을 때 아는 사람이 한 사람도 없었는데, 택시를 타고서 집을 구하러 다니다가 우연히 장로교회 간판을 보고 무작정 들어가서 만난 멕시코 목사가 있었다. 그분은 세르히오 리오(Sergio Rio) 목사였는데 그곳에서 이분의 도움을 참 많이 받았다. 이분의 도움으로 한인교회를 그 교회에서 시작할 수 있었고, 또 멕시코 종교비자를 얻는데 여러 가지 도움을 주었다. 이 세르히오 목사는 한인교회를 하겠다는 나에게 이렇게 물었었다. "교인이 몇 명이 있습니까?" 그때 "한 명도 없습니다. 그러나 이번 주일부터 시작을 할 것입니다."라는 나의 대답을 듣고도 서류나 어떤 신분을 확인하지도 않고 바로 믿어 주어 자신의 교회에서 한인교회를 시작할 수 있도록 편의를 제공해 주었다.

또한 그 교회의 장로인 미겔(Miguel)은 내가 집을 얻는데 보증을 서주고 집을 고치는 데도 앞장서서 도와주었고 큰 아이가 미국에 유학 갈 수 있도록 학교를 소개해 주는 등 정착하고 또 선교하는데 참으로 많은 도움을 주었다. 이분들은 나를 처음 만났는데도 도와주려는 마음을 이미 가지고 있었다. 하나님께서 미리 준비를 시켜서 나를 만나게 해 준 사람이었다.

또 잊을 수 없는 사람이 있다. 멕시코 몬떼레이에 있을 때 한인교회에 몇 개월간 교회에 나왔다가 미국 국경으로 가신 분이 있는데, 이분들(김인식, 김영숙 집사님)은 국경선교를 할 때 참으로 내게 많은 도움을 주었다. 김인식 집사님은 SK건설 직원으로 직장 따라서 쿠웨이트로 이주를 하셨는데도, 그 이후에도 계속해서 내가 뿌에블라에서 선교하고 있는 지금까지 기도해 주며, 여러 가지 도움을 주고 있다.

또 몬떼레이에 있을 때, 몬떼레이에서 차로 한 시간 거리에 있는 도시인 살띨료(Saltillo)에 사시면서 한인교회에 나오셨던 최주혁, 윤현주 집사님 내외도 참으로 고마운 분들이다. 계속 나에게 연락을 하고 기도해 주며 어려운 가운데서도 선교비를 보내 주셨는데, 특히 두 딸인 희정이와 수정이는 고등학교 다닐 때 방학 동안에 아빠 가게에서 아르바이트를 해서 번 돈으로 나에게 선교비를 보내는 참으로 기특하고 고마운 아이들이었다. 두 아이는 살띨료의 주립대학교 치대와 의대에 들어가서 장차 의사가 되는 꿈을 가지고 있다.

멕시코 뿌에블라에서 만난 이영우, 이화숙 집사님은 정말 천사 같은 분들이다. 여러 가지 도움을 받아서 참 감사한 일이 많았다. 하다못해 배추를 살 수 있는 곳, 생선을 싸게 살 수 있는 생선 시장, 돼지고기 삼겹살을 살 수 있는 정육점 등등 뿌에블라에서 살아가는데 필요한 것들을 알려 주었는데 어느 날 저녁은 귀한 한국 빵과 두부를 얻었다고 하면서 밤늦게까지 일하고 피곤한 시간임에도 불구하고, 집으로 찾아와서 살짝 전해 주고 가는 그렇게 여러 가지로 마음을 써준 고마운 분들이다.

*

하나님께서는 내가 가는 곳마다 돕는 자 한 사람 혹은 두 사람을 꼭 준비해 주셨다. 그래서 그분들을 통해서 살아가는데 필요한 정보 등을 많이 얻었고 힘을 얻을 수 있었다. 참으로 고마운 분들이다. 정말 하나님께서 선교지에서 필요할 때마다, 여호와 이레로 미리 준비해 놓으시고, 돕는 천사를 보내 주셔서 나를 돕게 하시는 주의 은혜를 체험하고 살아간다.

Chapter 57 타자기에서 노트북으로
- 신문에서 인터넷으로

1994년 처음 선교사로 나올 때는 선교보고를 위해서 타자기를 가지고 왔었다. 그 타자기도 당시로서는 최신형 전동 타자기였다. 과천교회 김보한 집사님의 아버님께서 선물로 주신 것이었다. 당시로서는 좋은 것이었지만 한 번 친 후에는 보관도 안 되고 또 일일이 타자를 치고 틀리면 다시 종이를 찢고 다시 쓰는 것을 반복해야 했고 그렇게 원본 하나를 만든 다음에는 복사를 해서 봉투와 우표를 사다가 일일이 붙이고 마지막에는 우체국으로 가서 한국으로 선교통신을 보냈었다. 그래서 선교통신을 두세 달에 한 번씩 하려고 하면 한 번 할 때마다 며칠을 고생해야 했다.

그런데 1997년에 한국에 들어갔을 때 노트북이 나오기 시작해서 중고 노트북을 하나 사 가지고 왔는데, 컴퓨터로 선교통신을 작성해보니 너무 쉬웠다. 틀려도 얼마든지 바로 고쳐 쓸 수 있었기에 그 번거로움을 덜었다. 그리고 2000년부터는 거의 모두가 E-Mail을 가지게 되어 E-Mail로 선교보고를 하니 복사나 봉투, 우표, 그리고 우체국을 가는 수고를 모두 덜게 되어 너무나 좋아졌다.

또 옛날에는 한국에 대한 소식도 전혀 알지 못하다가 어쩌다 대사관에서 나온 신문을 한인 식당 등에서 보게 되면 첫 면부터 마지막 면 광고까지 세밀하게 반가워서 읽었던 기억이 나는데 이제는 바로 인터넷으로 뉴스를 보고 한국 드라마 등 한국 소식을 생생하게 바로 바로 듣고 볼 수 있으므로 먼 나라에 있지만 가깝게 한국이 느껴지기도 한다. 그리고 이제는 지구 역시 먼 나라가 아닌 하나의 지구촌처럼 가까워진 것을 느낀다.

그래도 여전히 한국을 그리워하는 모습을 보면 세상이 아무리 달라져도 역시 누구든 태어난 고향을 그리워하는 것은 어쩔 수 없는 것 같다.

Chapter 58 겉모습보다는 내실

뿌에블라에 와서 둘째 아이 지혜가 다닐 PCS(뿌에블라 크리스천 스쿨)의 건물을 보니 초라하고 허름하고 달랑 조그만 건물 하나뿐인 모습에 실망을 했다. 그러나 뿌에블라에서 선교하기로 기도하고 마음에 결정한 다음에 생각해 보니 학비도 선교사에게는 적게 받고(PCS 선교사 자녀 학교는 일반 자녀 아이에게는 170달러를 받지만 선교사 자녀에게는 130달러를 받는다.) 또 아이가 영어로 공부할 수 있고 선교사들로부터 교육을 받으니 차별 당하지 않고 믿을 수 있고 이제는 이 도시에 정착을 해야 하니 나름대로 여러 가지 좋은 점들이 보였다.

어디든지 일반 학교는 외국인이 다닐 수 있는 사립학교인데 보통 월 300달러에서 500달러(학년이 올라가면 학비가 올라감)인 학교가 대부분이고, 아니면 영어만 하는 미국학교(American school)는 사립학교의 두 배가 되는 거의 월 1,000달러씩 하는 학교라서 선교사가 그런 학교를 보내기는 상당히 버거운 것이 사실이다. 그래서 선교사에게는 선교사 자녀 학교가 있는 것이 얼마나 경제적으로나 교육적으로 크게 도움이 되는지 모른다. 물론 실력에 있어서는 규모가 작고, 또 자원하는 미국인 교육선교사들에게 의존하기에 일반 학교에 비해서 뒤떨어지는 것은 사실이다.

또 뿌에블라의 PCS는 교사들이 많이 부족하여 교장선생님이 미국 교회를 중심으로 멕시코에 교육 선교사로 올 것을 광고하였지만 자원하는 선교사가 부족하고 또 아이들도 많이 없어서 두 학년을 한 반으로 만들어 한 선생님에게 배울 수밖에 없었다. 그렇지만 왕따 없고 차별하지 않고 안전하고, 모두가 미국인 선교사의 신앙적인 관심으로 따뜻하게 가르치는 것이 큰 장점이라고 할 수 있다.

이것은 큰 딸 에스더가 다닌 콜롬비아의 선교사 자녀학교도 마찬가지였다. 콜롬비아의 선교사 자녀학교(El Camino academy)도 겉모습은 아주 초라하고 판잣집 같은 모습이었지만, 미국인 교육 선교사들이 성실하게 잘 가르쳤다고 생각을 한다. 특별히 페루에서 적응하는데 어려움을 겪었던 큰 아이에게는 적응하는데 있어서 미국인 선교사의 가르침과 돌봄이 정말 큰 도움이 되었었다.

그래서 나는 겉모습과 모양과 규모보다는 내실이 훨씬 중요하다는 것을 선교사 자녀들을 위한 학교를 통해서 깨닫게 되었다.

Chapter 59 쉬운 운전 면허시험, 그러나 적은 교통사고

멕시코는 연방국가라서 지방마다 주 정부가 거의 모든 것을 결정하는 독립된 정부가 있는데 이렇게까지 서로 다를 줄은 몰랐다.

몬떼레이에서 받은 운전 면허증이 만료되어 뿌에블라에서 갱신하러 갔더니 다른 지방 것은 인정이 안 되기 때문에, 처음부터 다시 면허 과정을 밟으라고 하는 것이 아닌가. 아무리 연방국가지만 같은 국가인데 다른 지방정부의 면허증을 인정하지 못한다는 것은 이해가 잘되지 않았다. 하여튼 할 수 없이 접수를 했더니 접수-필기시험(컴퓨터로 시험 봄)-시력검사-서류검사(비자, 여권 등)-발급 순으로 약 2시간 만에 면허증이 나왔다.

그러나 콜롬비아에서 면허증 받은 것에 비하면 복잡한 것이었다. 콜롬비아에서는 국제 운전면허증을 가지고 가니까 그 자리에서 바로 콜롬비아 면허증으로 바꾸어 주었고 멕시코의 몬떼레이 시에서는 국제 운전면허증으로 필기시험은 면제하고 간단한 실기 시험만(시험관이 옆에 탄 도로 주행 시험)함으로 면허증을 받은 것에 비하면, 뿌에블라에서 받은 면허증은 매우 힘들게 받은 것이라고 할 수 있다. 그러나 아무리 어려워도 한국에서의 면허 시험 본 것에 비하면 매우 쉬운 것이라고 생각된다. 뿌에블라에서 필기시험도 총 10문제라서 한국의 필기시험에 비하면 아무것도 아니었다.

한국은 운전면허 따기가 힘들어서 떨어지고 또 떨어져서 면허 시험만 수십 번 본 사람도 있고, 얼마 전(2010년 8월 28일자 뉴스)에는 어떤 할머니가 무려 950번의 필기시험과 960번의 실기시험 끝에 합격을 했다는 기사를 읽었다. 그만큼 한국에서는 운전면허증을 받기가 어렵다. 아마도 세계에서 가장 운전면허 받기가 어려운 나라일 것이라고 생각한다.

한국에서 운전면허를 그렇게 어렵게 따게 되면 한국 사람들은 다른 나라 사람들보다 더 운전을 잘해야 되는 것은 당연하고, 그렇다면 사고도 적어야 할 것이 당연한 것이 아닌가 그런데 이상하게 한국은 교통사고가 OECD에서 1위라고 하고, 아주 쉽게 운전면허를 따는 멕시코보다 교통사고가 많은 것은 상식적으로 이해가 되지 않는다. 더군다나 멕시코의 도로 사정은 한국과 같지 않고 엉망이고, 차선도 잘 안 그려져 있는 구간들이 많아서 운전하는데 어려움이 많은데 교통사고가 한국보다 많지 않은 것은 정말 이해하기 힘들 정도로 신기할 따름이다.

Chapter 60 큰 도로에 웬 또뻬?
(Tope, 속도방지용 턱)

뿌에블라에서는 일반적으로 좁은 골목길과 학교 앞에 속도 방지를 위해서 도로에 길게 조금 높게 쌓아 놓은 턱이 있는데, 이것을 '또뻬'(Tope)라고 부른다. 또 다른 지방에서는 이것을 '경찰'이라는 뜻인 '뽈리씨아'(Policia)라고 부르기도 한다.

그런데 놀라운 것은 좁은 골목길과 학교 앞에만 있어야할 이 또뻬가 뿌에블라에서는 좁은 골목길이 아닌 차들이 속도를 내서 씽씽 달리는 대로에 길게 설치되어 있다는 점이다. 그것도 아주 높게 설치 되어 있어서 저녁이나 새벽에 길이 잘 안 보일 때는 그 앞에서 브레이크를 잡지 못해 차가 붕 하고 뜬 적도 꽤 있었다. 속도를 줄이라고 있는 이

속도 방지용 턱이 속도를 내는 큰 대로에 있어서 사람을 놀라게 하는 것이다. 이것으로 인해서 더 큰 사고가 나지 않을까 생각한다. 이 도시에 처음 와서 운전하는 사람들이나, 도로를 잘 모르는 사람에게는 큰 사고를 내게 하는 요인이 아닌가 생각해 보았다.

재미있는 것은 이 또뻬로 인해서 큰 대로에서는 속도를 내지 말아야 할 텐데 멕시코 사람들은 그것이 있다고 속도를 줄여 천천히 가는 것도 아니다. 달릴 때는 한국 사람이상으로 엄청 달리고 급할 때는 엄청 급한 사람들이다. 그래서인지 신호등에서 조금만 머뭇거리면 클락션을 울리고 빨리 가라고 성화이다. 이렇게 급한 사람들인데도 이상하게 이 또뻬에서뿐 아니라 일반적인 도로에서도 큰 사고가 없는 것을 보면 정말 그들의 말대로 '인끄레이블레!'(Increible!, 믿을 수 없어!)이다.

Chapter 61 한인 선교사들 간의 갈등

어디서든지 한국 선교사들이 2명 이상이 있는 곳에는 갈등이 있다. 먼저 온 선교사는 먼저 왔다는 것으로, 또 먼저 온 사람으로서 이미 적응하여 많은 것을 알고 있기에 나중에 온 선교사에게 텃세 아닌 텃세를 부리고, 또 한인교회 하는 선교사는 한인교회 하지 않는 선교사가 자기 교인에게 접근하는 것을 싫어하여 다른 선교사들을 견제하고, 나중에 간 선교사는 또 먼저 있는 선교사에게 예의 없이, 교인들에게 함부로 접근하여 선교 후원을 받으려고 하든지 아니면 아예 한인교회를 따로 세워 교인을 빼앗아 오기도 하고, 또 선교사 서로간의 선교 사역을 비교하여 누구보다 내가 더 잘한다고 선교보고를 하여 라이벌

의식을 갖는 등 여러 가지 갈등이 항상 있는 것을 보게 된다.

이런 갈등의 원인은 한국인들의 협력할 줄 모르는 특성 때문이기도 하지만 사실은 서로간의 양보 없는 독선과 자기가 제일 잘하고 잘 안다는 교만, 이기심 때문일 것이다.

먼저 있는 선교사는 나중에 온 후배 선교사에게 대접만 받으려고 한다든지, 견제하려고 하지 말고 돕는 자세를 가져서 먼저 적응하는 데 필요한 것들을 가르쳐 준 다음에 다른 곳으로 가서 독립할 수 있도록 도와주면 될 것이다. 또 한인교회를 사역하는 선교사는 현지인 선교를 하는 선교사를 명절 때 초청을 한다든지(현지인 선교사들은 전혀 한인과 접촉이 없기 때문에 한국 명절 같은 때는 특히 외로움을 갖게 된다.), 가끔씩 불러서 설교를 시키고 약간의 사례를 하면서 선교비 후원을 하면 얼마나 좋을까 생각해 본다. 또 후배 선교사들은 먼저 있는 선교사들에게 예의를 지켜서 해야 할 것과 하지 말아야 할 것을 구분하고 무엇보다도 모든 선교사들이 다른 선교사의 선교하는 것에 신경 쓰지 말고, 자신의 선교만 신경 쓰고 자신의 선교만을 보고하며 사역한다면 선교사 간의 갈등은 없을 것이라고 생각한다.

이런 모든 마음의 기초는 '하나님 앞에서' 있는 나를 발견하고 겸손하게 행동하면 될 텐데 그렇지 않고 저마다 자기가 잘하고 있다는 교만함과 자기 자신을 나타내고, 다른 사람(후원교회 등)에게 잘 보이고자 하는 실적 위주의 선교사역을 하기 때문이라고 생각한다.

같은 현지인 선교를 하는 선교사들 간에 또 한인교회 하는 선교사와 현지인 선교만 하는 선교사들 간에 서로서로 예의를 지키고, 하나님 말씀대로 자기 자신보다 주님만을 나타낸다면 모든 문제는 해결될 것이라고 생각한다. 사실 한국인 선교사들에겐 꿈같은 이야기이겠지만…, 그래도 외쳐 본다.

우리가 선교하는 것이 나를 나타내려고, 나의 선교 사역을 자랑하며 내세우려고, 또 선교비 후원을 많이 모으려고 하는 것이 아니지 않은가? 하나님의 은혜와 사랑을 현지인들에게 보여 그들의 영혼을 구원하려는 것이 궁극적인 목적이기에, 더 이상의 소모적인 비판이나 갈등은 벗어 버리고 서로 동역하여 현지에 살아가고 있는 한인들에게 인정받고 존경받는 선교사가 되고 나아가 하나님께 영광을 돌리는 선교사들이 다 되기를 소망한다.

Chapter 62 한인선교사들의 선교 유형

한국 선교사들이 현지에서 선교하는 유형들, 선교하는 방법들로 구분한다면 대개 아래와 같다.

*

첫째, 한인교회를 하는 선교사

한인교회를 하는 선교사는 사실 현지에서 현지의 말을 습득하지 않고(한인들만 접촉하기에 언어의 필요성을 잘 인식하지 못한다.) 한인 중심으로 목회 사역을 한다. 현지인 선교만 하는 선교사들은 한인교회를 담당하는 선교사들을 부러워하기도 한다. 한인교회를 하는 선교사들은 한인과 더불어 한인 공동체에서 살아가기에 비록 외국에 있지만, 외국 같지 않은 한인 공동체 속에서 살아간다. 더군다나 한인교회를 통해서 물질적인 지원을-20점도 있다.

그 중에 일부는 현지 말을 습득하여 한인교회를 하면서 현지 선교도 하는 사역자도 있다. 이런 분들은 한국교회와 선교지의 한인교회와 한인들의 양쪽 지원을 받아서 다양하고 활발하게 여러 가지 선교 사역들을 할 수 있다는 장점이 있고 실제로 이런 사역을 하는 이들이 많다.

*

둘째, 교회 건축 사역자

이것은 현지인 언어를 습득하지 않고, 현지인을 내세우고 현지인을 고용하여 현지인 교회를 지어주고 개척한 교회에서 현지인 목회자들로 하여금 사역하게 하는 선교사라고 할 수 있다. 자신은 주로 선교비를 모금하여 건축을 하고 현지 교회 목회는 현지인에게 맡기는 형태의 사역을 하는 선교사이다.

이런 분들은 선교지에 와서 먼저 언어 공부를 하지 않고 먼저 '일'을 하여서 언어 공부하는 시기를 놓치는 경우가 많다. 언어 공부에는 시기가 있다. 처음에 와서 언어 공부를 하지 않으면 대개 언어 습득하는데 실패를 하게 된다. 이분들의 장점은 많은 교회를 개척할 수 있는 것일 것이다. 그래서 교회 건축 사역자라고 불려도 될 것이다.

*

셋째, 신학교 사역자

현지에 신학교를 세워서 신학교육을 시키면서 현지인 지도자 양육을 하는 사역자라고 할 수 있다. 이렇게 하려면 많은 선교비가 필요하다. 처음에는 신학교용 건물을 건축해야 하기에, 나중에는 신학교 운영비 등으로 선교비가 많이 필요하다. 그러므로 후원교회의 적극적인 지원이 늘 필요한 사역이다. 또는 자신이 직접 신학교를 세우지 않아도 현지인들이 이미 세워 놓은 신학교에서 강의로 교수 사역을 하며 지도자 양육을 하는 선교사들도 있다.

＊

넷째, 현지 교회를 개척하여 현지 교회에서 직접 목회하는 선교사

현지 언어를 습득하고 교회를 개척하여 직접 목회하든지, 아니면 현지 교회를 개척하여 교회가 성장한 다음에 현지인들에게 맡기고 다시 개척을 하든지, 또는 여러 군데의 교회를 개척해 놓고 선교사가 돌아가면서 돌봄의 목회를 하는 형태의 사역자들이다.

신학교 사역자와 현지 교회에서 사역하는 현지인 선교사들은, 상대적으로 한인교회 목회하는 선교사들보다는 시간이 많은 것이 사실이다. 그래서 한인교회 선교사들은 오히려 시간이 많아서 자유롭게 활동하고 돌아다니는 현지 선교사를 부러워하기도 한다.

＊

다섯째, 많지는 않지만 전문인(의사, 교사 등) 선교사나 병원을 지어 놓고 사역하는 사역자. 이들은 주로 평신도 전문인 선교사들이다. 사실 이런 분들이 많이 있으면 선교의 다양화를 이룰 수 있고 또 목사 선교사와의 연계를 가지면 좋은 열매를 얻을 수도 있다. 그러나 평신도 전문인 사역 단독으로는 사회봉사는 될지 모르지만 '복음을 전하는 선교'의 목적은 이루기 힘든 것이 사실이다. 현지의 목사 선교사와 협력이 잘 된다면 좋은 열매들이 있을 것으로 생각된다.

＊

여섯째, 주로 대학생성경읽기선교회(UBF)처럼 자신의 사업(주로 장사 등)을 하면서 대학생 캠퍼스선교를 하든지, 태권도 관장이나 사범이 도장을 차려 놓고 선교하는 등의 자비량 선교사.

그러나 처음의 목적과는 달리 사업들을 하면서 이익을 내야만 하고, 먼저 먹고 살아야 하기에 처음의 선교하겠다는 순수성을 잃어버리

고, 점차 돈 벌기에 급급하여, 현지 교민들과의 이해관계 속에서 서로 간의 갈등으로 결말을 맺기가 쉽다. 잘못하면 자신들뿐만 아니라 다른 선교사에게도 영향이 가고 전체적으로 하나님의 영광을 가릴 때가 많다. 물론 자비량 선교를 잘하는 선교사들도 있을 것이다. 중요한 것은 처음의 영혼 구원에 대한 순수성, 하나님의 은혜에 대한 감사를 깊이 간직하여 잃어버리지 말아야 한다는 것이다.

선교지에서 선교사는 누구든지 자신을 간섭하지 않는, 혼자만의 세계에서 살아가기에 늘 하나님과 깊은 교제를 갖는 영성이 있어야 하고, 그런 영성을 늘 지속적으로 가지고 있을 때 성공적인 선교를 할 수 있으리라 믿는다.

'어느 선교가 옳고 어떤 선교는 틀리다'라고 할 수 있는 것은 아니다. 선교는 포괄적이고 통합적이라고 생각한다. 어떤 선교를 하든 자신에 맞는 선교를 하여 하나님의 선교가 이루어지도록 하는 것이 필요하다.

그리고 그 지역에 있는 같은 선교사들끼리 서로 화합하고, 협력하여 좋은 선교 열매를 위해서 함께 노력한다면 하나님의 나라는 아름답게 확장되리라 믿는다.

다만 어느 경우를 한다고 해도 현지인 언어와 문화를 습득하는 것은 중요하고 현지의 문화를 이해하고 그들을 존중하는 자세를 가지고, 다른 선교사를 존중하고 상대방의 사역을 폄하하지 말고 자신의 사역에 전념하는 것이 중요할 것이다.

Chapter 63 가장 중요한 선교지 선택

내가 선교하려고 선정한 지역은, 처음에는 후원교회가 가라고 한 지역인 콜롬비아였고, 먼저 있는 선배 선교사들과 협력하라고 해서 K 선교사가 세운 신학교에서 교수 사역을 하면서 협력 선교를 하였다. 그리고 교수 사역을 하면서 현지 교회를 개척하여 나 나름대로 독립적 선교도 함께 병행해서 진행하였다.

그러나 그 이후에 내가 선교지를 고르는데, 가장 중요하게 생각한 것은 '그곳에 한인선교사, 한인교회가 있느냐?'였다. 이는 한인선교사가 없는 지역에서 선교하는 것이 더욱 효과적이라고 생각했기 때문이다.

오늘날 한인선교사들 간에 알력과 다툼은 대체적으로 같은 지역에 2-3명 또는 그 이상의 선교사들이 함께 있기 때문이다. 나는 현지에서 선교사들 간에 선교 영역이 같기 때문에 상대방보다 잘하는 것을 보이려는 비교 의식과 경쟁의식에서 갈등과 다툼이 생기게 됨을 보게 되었다.

그래서 내가 두 번째 재 파송 받으면서 선택한 지역(몬떼레이 Monterrey)이나 세 번째 선택한 국경선교(레이노사 Reynosa)나 모두 한인선교사가 전혀 없는 지역이었다.

선교사들이 굳이 선교사가 있는 지역을 고르는 이유는 여러 가지 있겠지만, 아마도 이미 한인선교사가 있기에 정착하기 좋은 조건이라고 생각하기 때문일 것이다. 또 사실 한인선교사가 없는 지역들은 정착하기에 환경이나 자녀 교육 등, 여러 면에서 좋지 못한 경우가 많은 것도 사실이다. 그러나 나는 이미 선교사가 있는 지역보다는 없는 지역에서 선교하는 것이 묘미가 있고, 선교하는 데 장점들이 많다고 생각한다.

내가 비자 문제로 인해서 옮겨 택한 선교지인 뿌에블라는 같은 교단 선교사는 없었지만(나중에 같은 교단 선교사가 다른 지역에 갔다가 다시 돌아와서 지금은 같은 도시에 있다) 다른 교단 선교사(고신과 합동)는 있었다. 그러나 한인사역을 하면서 사역하는 분들과 또 현지인 교회를 개척하는 건축 선교사의 사역과 내가 하고자 하는 사역(현지인 지도자 양육, 신학교 강의 사역)은 영역이 다르기 때문에 그 도시를 선교지로 선택했던 것이다. 물론 아이 교육을 위해서 선교사 자녀를 위한 학교가 있어서 이 점이 도시를 선택하는데 중요한 점이기도 했다.

*

선교사가 선교지를 정할 때, 특히 한인선교사가 없는 지역, 혹 한인선교사가 있더라도 같은 교단 파송 선교사가 없는 지역으로 선교지를 선택하는 것이 얼마나 중요한지를 말하고자 한다.

나는 선교하면서 같은 지역에서 선후배 선교사 간의 다툼을 많이 보았다. 그것은 선배 선교사가 넓은 마음으로 대하지 못하기 때문이기도 하고 또 후배 선교사의 개척 선교하겠다는 마음이 부족하거나, 아니면 너무 열정이 많아서 선배 선교사의 영역을 가로채는 경우가 많기 때문이다.

또 먼저 있는 선배 선교사가 한인교회를 사역하고 있을 경우라면, 후배 선교사가 처음에 와서 적응하기 힘든데 한인교회 사역의 한 부분을 맡기고 언어 훈련과 현지 적응을 하게 한다면 수월하게 현지 적응을 하면서 두려움 없이 선교할 수 있는 발판을 마련할 수 있을 것이다.

선교지를 선택할 때에 예장(통합)총회 같은 경우도 현지 선교사회에서 요청한 선교사를 총회가 파송하기 때문에 먼저 같은 지역의 선임 선교사가 후배 선교사에게 현지 적응을 할 수 있도록 도움을 준 다음에 다른 사역지를 소개해 주어서 스스로 다른 지역으로 옮기는 것이 좋을 것이다. 물론 처음에 와서 다시 옮긴다는 것은 어려울 수 있다. 그러나 언어나 현지 문화에 1-2년 정도 적응을 한 다음이라면, 같은 나라에서 다른 도시로 옮기는 것은 큰 어려움이 없을 것이다. 그것이 효과적인 선교를 위해서 매우 중요하다고 생각된다.

선교사가 처음 선교지에 와서 가장 중요한 시기가 1-2년의 시기이다. 이 시기에 선교지에 잘 적응을 한다면, 계속해서 효과적인 선교를 할 수 있고 선교의 열매를 맺을 수 있을 것이다. 현지에서 선교사들이 현지 언어를 잘 못하는 경우는 바로 이 중요한 시기에 먼저 언어 공부를 하지 않고 급하게 사역(일)을 먼저 하려고 뛰어들기 때문이다.

선교사는 무조건 1-2년은 현지 언어공부에 전념하여 앞으로의 선교를 잘 준비하는 것이 가장 중요한 것이다.

Chapter 64 LG, SAMSUNG은 어느 나라 기업?

외국에 있는 한국 대기업이 한국기업인지는 현지인들도 잘 모르는 경우가 허다하다. 그리고 대기업 한인 주재원들도 자신들의 기업이 한국기업임을 굳이 내세우지 않고, 자기 자신들도 한국인이라고 말하지도 않는다. 물론 자기 기업 내에서나 공장 안에서는 한국인이라고 하겠지만, 공개적으로나 현지 사회에서는 굳이 한국을 내세우지 않는다. 이것은 대기업 자체도 한국기업임을 굳이 내세우지 않는 것과 마찬가지이다.

대기업이 현지에 나가서 한인 교민들과의 관계도 별로 없고 오히려 교민과 주재원들 사이가 서먹서먹한 관계를 넘어서서 같은 한국인이지만 서로 간에 적대적인 관계가 되기도 한다.

지난달(2010년 4월) 신문기사에 소니 등 일본제품이 외국 현지에서 일본 기업인지 아는 사람들은 70-80%라는 여론조사가 나왔지만 한국기업인 LG, SAMSUNG 등이 한국기업인지 아는 현지인은 50%도 안 된다는 조사 결과가 나왔다. 이 결과는 결국 대한민국 브랜드라는 것에 대한 인지도가 없다는 것이다. 이것은 바로 대기업 스스로의 문제이기도 하다. 그들의 뿌리가 한국이고, 한국 내에서 한국인을 통해서 브랜드를 성장시키고 발전시켰음에도 그들 스스로가 한국기업임을 부정하는 것은 이율배반적인 것이다. 그리고 그들 기업 제품을 통해서도 한국을 알리는 것이 대한민국과 또 한국인의 이미지를 높이는 것이 그 기업의 사명이기도 할 것이다.

그러기 위해서는 현지의 주재원들을 통해서도 바른 교육이 되어서 현지 교민들에 대한 교만함을 버리도록 주지시키고, 현지의 교민회나 교회 등을 통해서(각종 기부 사업 등을 회사 브랜드나 회사 차원에서만 하지 말고) 또는 주재원들과 교민과의 관계를 좋게 가질 수 있도록 힘쓰는 것이 필요할 것이다.

대기업 브랜드의 '한국이미지'를 높일 수 있는 것도, 그들이 수많은 광고비를 쏟는 것에 교민들을 이용한다든지 교민을 통해서 하는 것도 대기업의 한국이미지를 높이는 한 방법이 될 수 있으리라 생각해 본다.

*

내가 강의나 설교를 한 후에 은혜를 받으면, 멕시코 사람들은 "고맙다", 또는 "축하한다"라는 말로 고마움을 표시한다(우리가 은혜 받았습니다. 감사합니다 라고 하듯이). 그런데 어느 날 멕시코 학생이 강의 후에 내게 이런 말을 했다. "디오스 벤디가 아 꼬레아(Dios vendiga a Corea)." 그 뜻은 "하나님께서 한국을 축복해 주시길 바랍니다." 이 멕시코 사람은 한국인 선교사가 와서 자기네들을 돕고(내가 빈민가에서 현지인들을 돕는 사역하는 것을 알고 있었다.) 이렇게 좋은 것들을 가르쳐 주고 자신들에게 용기를 주는 것에 감명을 받고 "하나님께서 한국을 축복해 주시길 바랍니다."라는 말을 했던 것이다.

그렇다, 비록 선교사로서 '주님과 하나님의 나라'에 대해서 전하는 사람이지만 한국인으로서 한국을 자랑스럽게 여기고 국위선양을 하는 것이 선교사임을 비기독교 신자들도 안다면 우리나라에서 기독교나 목사를 "개독교니 먹사"니 하면서 핍박하지 않을 텐데 말이다.

세계적으로 한국인이 코카콜라가 들어간 나라보다 더 많은 곳에 들어가 있다는 것이 사실이다. 그러나 그 한국인이 들어가지 않은 곳조차 한국인 선교사가 있고 그 지역에서 현지인들의 사정을 가장 많이 알고, 현지인들을 돕는 사람들이 한국인 선교사임을 알아야 할 것이다.

실제로 한국 방송국에서 낯선 지역 사정과 그 지역의 뉴스거리를 찾으러 올 때는 가장 먼저 현지 선교사에게 연락을 하여 도움을 받는다. 그러나 선교사가 통역과 안내로 많은 것을 도와주지만 정작 방송에는 선교사 이름을 빼는 것을 많이 보았다. 나는 〈배낭 속의 아이〉라는 KBS 방송 프로그램을 통해서 이 사실을 알게 되었는데, 아마존 선교했던 노요섭 선교사가 아마존에서 통역과 안내 등으로 많은 도움을 주었지만 방송에서는 선교사의 이름이나 이야기는 쏙 빼버린 것을 볼 수 있었다. 그들에게 목사요, 선교사라고 말을 하였지만 방송에는 이름 세 글자만 나가고 선교사나 목사 이야기는 빼는 것을 방송에서는 종교색을 내세우지 않는다는 PD의 말로 생색을 낸다. 그 어려운 곳에서 선교사들에게 많은 도움을 받으면서도 좋은 것은 나타내지 않고, 반대로 조금이라도 안 좋은 것이 나오면 선교사와 기독교를 크게 부각하여 비판하는 것을 보고 아쉬움을 떠나 안타까움을 느낀 적이 많다.

Chapter 65 에르마노(Hermano, 형제)보다 빠스또르? (Pastor, 목사)

뿌에블라에 선교사로 온 지 2년이 조금 넘은 예장(고신측) 선교사를 만났다. 자기는 빠스또르(Pastor, 목사)인데 멕시코 목사들과 교인들이 자기에게 자꾸 에르마노(Hermano, 형제)라고 해서 그들에게 자신을 빠스또르(Pastor)라고 부르라고 했다고 나에게 말을 한다. 중·남미에서 이 고신측 목사처럼 여러 목사님들이 이런 말을 하는 것을 들었다.

중·남미의 기독교인들은 자신들끼리 부를 때나 목사들을 향해서도 목사님보다는 형제님이라는 말을 많이 쓴다. 그리고 외국인 선교사에게도 에르마노 엔 끄리스도(Hermano(a) en Cristo, 주 안에서 형제, 자매)라면서 형제, 자매라고 부르는 것이 그들의 교회문화이다.

그런데 이런 문화를 이해하지 못하고 한국문화 식으로 해석을 하여, 자신은 형제가 아닌 목사라고 하면서 형제라고 부르면 화를 낸다든지 자신을 무시한다고 생각해서 기분 나빠하고, 그들에게 계속해서 자신을 목사라고 부르기를 강요하는 한인선교사들을 종종 보았다.

그러나 그들로부터 그들의 문화대로 목사 아닌 '형제'로 불리는 것이 얼마나 좋은지를 나는 경험했다. 그래서 내가 겪은 이야기를 그들에게 해주면서 외국인인 우리에게 멕시코 사람들이 현지인들이 가장 좋게 부를 수 있는 말이 바로 "형제님" 이라고 부르는 것이라고 말해 주었다.

　선교사로서 멕시코 사람들과 동화되고, 친구가 되어야 하는데 그들이 우리를 향해서 계속해서 외국인처럼 거리감을 갖고 대한다면 선교는 하기가 힘들어진다. 우리 선교사들이 그들의 음식을 같이 먹고 그들의 문화와 습관을 이해하고 언어를 습득하고 받아들이고 하는 것은 바로 그들에게 복음을 전하기 위함인데 늘 외국인처럼 먼 관계, 낯선 관계, 이해 못하는 관계가 된다면 우리는 복음을 전할 수 없는 것이다.

　그렇기에 그들이 아무런 거리낌 없이 우리 외국인인 선교사들을 향해서 '형제님'이라고 한다면 이것처럼 좋은 관계는 없을 것이다. 그들이 우리 선교사들을 진정 같은 형제로 받아 줄 때 하나님의 말씀이 그들에게 아무런 거부감 없이 전달되어 하나님의 나라가 확장될 수 있을 것이다. 선교지에서 수많은 사건들을 접하면서 그들이 나의 형제가 되어 주었을 때, 그들로부터 많은 도움도 받았고 위험도 벗어날 수가 있었다.

　그래서 나는 그들이 나를 부를 때, 빠스또르(Pastor)라는 말보다 에르마노(Hermano)라고 불러주는 것을 더 좋아한다.

　그렇다. 우리는 주 안에 다 같은 형제, 자매이기 때문이다. 주 안에서는 한국인도 없고 멕시코 인도 없는 모두가 다 하나님의 자녀이고 다같은 형제, 자매이다. 그래서 우리가 그들에게 형제가 되어 주고 그들로부터 형제라고 불림을 받는 것이 중요하다.

Chapter 66 뼈 속까지 깊은 한국인, 뼈 속까지 깊은 그리스도인

외국에 살다가 보니 그곳 문화와 음식에 동화되고 익숙해지는 것은 선교사로서 당연한 것이다.

그러나 아무리 그들의 문화를 이해하고 그들의 언어로 대화 나누고 음식을 그들과 함께 먹어도, 나는 김치를 먹지 않으면 안 되고, 고추장과 된장을 먹지 않으면 안 된다. 이상하게 나이가 들면 들수록 한국 음식이 더욱 그리워진다. 또한 시도 때도 없이 한국 소식이 궁금하여 인터넷으로 항상 한국 뉴스를 듣고, 한국 드라마 등을 보게 된다. 이것은 아무리 현지인 문화와 언어를 잘 이해하고 적응을 했어도 나는 한국인이기 때문일 것이다.

나에게 선교사로서 한국과 멕시코가 축구 시합을 하면 누구를 응원합니까? 라고 짓궂게 물어보는 이들이 있다. 정답은 겉으로는 멕시코를 응원한다고 멕시코 사람들에게 이야기 하지만, 속으로는 역시 한국을 응원한다는 것이다. 왜? 나는 뼈 속까지 깊은 한국인이기 때문이다.

그래서 생각해 보았다.

우리 역시 겉모양만 아니라 뼈 속까지 깊은 그리스도인이 되어야 한다. 우리는 어디에서 살든지 누구와 함께 있든지 역시 그리스도인이기 때문에 항상 주님과 더불어 살아가야 할 것이다.

가끔은 한국에서 신앙생활 잘하던 분이 외국에 나와서는 신앙생활을 게을리 한다든지 믿음 생활을 제대로 못하는 경우를 보게 된다. 또 외국에서 그렇게 교회 잘 나가던 사람들이 한국으로 돌아가서는 신앙을 잊어버리고 교회 가는 것조차도 하지 않는 사람들도 있다고 한다. 자신이 있는 곳에서는 신앙생활을 잘하다가도 출장 간다든지, 해외나 지방에 가게 되면 신앙인이 아닌 것처럼 보이는 이들도 꽤 있다고 한다. 또 주일에 교인들과 함께 있을 때는 신앙인처럼 보이지만 회사에 가서나 회식을 할 때는 그리스도인이 아닌 것처럼 행동하는 것들도 이와 같은 경우라고 할 수 있다.

이런 것들이 바로 뼈 속까지 깊은 그리스도인이 아닌 경우일 것이다. 그러나 우리는 그 누구도 부인할 수 없는 한국인이고 부인할 수 없는 그리스도인이다. 그렇다고 한다면 정말 겉으로 만의 한국인과 그리스도인이 아니라 뼈 속까지 깊게 한국인과 그리스도인으로서 바르게 살아가는 것이 바로 천국 백성이요 하나님 자녀의 모습일 것이라고 생각한다.

Chapter 67 납치 공화국

콜롬비아는 게릴라가 전 국토의 절반을 차지하고 있는 국가로서, 아직도 내전이 있는 나라이다. 또한 마피아들이 지방마다 저마다의 조직을 가지고 활동을 하고 있고, 남미의 마약들이 모두 콜롬비아로 집결한다고 할 정도로 치안이 부재한 나라이고 그와 관련하여 납치가 많은 국가이다.

내가 콜롬비아에 있을 당시에 콜롬비아는 세계에서 제1위의 납치가 많은 국가였다. 그런데 내가 멕시코로 선교지를 옮긴 다음에는 멕시코가 콜롬비아를 제치고 그 명성(?)을 차지하여 세계 제1의 납치 공화국이 되었다. 멕시코는 내전도 없고 게릴라도 없는 나라인데 어떻게 콜롬비아를 제치고 납치사건으로 전세계 1위가 되었는지 모르지만 하여튼 이것은 대단한 일이다. 멕시코에서 2009년에 7,000명이 납치당하였다. 멕시코에서는 납치가 하나의 산업이 되어서 누구든지 돈이 필요하면 납치하고 몸값을 요구하는 것이 일상화 되었다고 할 정도이다.

내가 국경도시에서 열리는 멕시코 교회 지도자 세미나 인도를 하러 간다고 하자 의사인 멕시코 친구가 심하게 말렸다. 얼마 전에 자신의 친구가 그 길에서 납치되어 미화 만 달러를 지불한 적이 있다고 겁을 주는 것이 아닌가. 이런 것들은 뉴스에도 나오지 않는다는 것이다. 뉴스에도 나오지 않는 이런 일들이 비일비재하기에 정부 통계 그 이상으로 납치가 생활화 되어 있는 곳이 멕시코이다.

*

2010년 5월 16일자 뉴스에 보니까 멕시코에서 또 다시 유명 인사의 납치 사건이 나왔다. 그 내용은 다음과 같다.

〈올해 69세의 세바료스가 납치당했다. 지난 1994년 국민행동당 대선주자로 나서 장기집권을 해 온 제도혁명당의 에르네스토 제디요 후보에게 패배했으나 중산층 지지를 얻는 데 성공함으로써, 6년 후에 같은 당의 빈센테 폭스 후보가 대선에서 승리할 수 있는 기반을 마련했다는 평가를 받고 있는 세바료스가 납치를 당한 것이다.

검찰은 세바료스의 승용차가 중부에 있는 그의 목장 근처에서 그의 소지품과 함께 발견됐으며 혈흔과 함께 "폭력 흔적이 있다."고 말했다. 당국이 세뱌료스의 생사 여부를 확인할 수 없는 상황이라고 밝히고 있는 가운데 현지 언론은 그가 납치됐다 혹은 이미 피살됐다는 보도를 하고 있다.

　세뱌툐스는 14일 저녁 케레타로 주 페드로 에스코베도에 있는 그의 목장에 도착할 예정으로 있었으나 모습을 드러내지 않았으며 그의 친족들은 15일 아침 식사를 같이 하기로 한 그가 모습을 보이지 않자 당국에 실종신고를 했다. 친족들은 아직까지 세뱌툐스의 몸값을 요구하는 연락은 없었다고 밝히고 있다.〉

　며칠 전(6월 3일경)에는 멕시코에서 또 납치사건이 터졌다. 그것은 길 가에서 시신 6구가 발견되었는데 심장이 모두 없는 시신이었다. 사람을 납치해서 살아있는 심장을 꺼내고 죽였다는 것인데 특히 국경지대에서는 이런 일들이 비일비재하다. 사람을 납치해서 신장과 같은 장기를 꺼내서 장기가 필요한 사람에게 판다는 것이다. 특히 이번 사건은 세계적 관광지요, 비교적 멕시코에서 안전한 도시인 깐꾼(Cancun)에서 일어나서 더욱 충격적이다. 몇 달 전에는 수도인 멕시코시티의 근방 도시에서 여러 개의 사람의 목이 길가에 버려진 것을 발견했는데, 이것은 요즈음 마피아 집단들끼리, 세력 다툼을 벌이면서 생긴 것이라는 멕시코 당국의 발표를 들으니 더욱 멕시코 사람들이 무서워진다.

※

　여기서의 납치는 단지 뉴스에서만 볼 수 있는 것이 아니라 일상생활에서 주변의 사람들의 가족들이 당하는 것이기에 더욱 안타깝다. 자신의 아내가, 남편과 아이들이, 그리고 친구들이 납치되었다고 말을 하는 사람들을 주위에서 쉽게 만날 수 있을 정도로 사람의 생명을 가볍게 보는 것이 너무도 안타깝다 못해 답답하다. 오늘(2010. 6. 26) 뉴스에서는 국경도시에서 62명을 죽인 마약 갱단의 한 사람을 체포했는데 18세 아이란다. 이 아이가 갱단으로부터 주당 3,000페소(한국 돈 30만원)를 받고 사람 죽이는 일을 했다니 이 얼마나 기막힌 일인가?

납치하고 또 죽이는 것이 반복되어 인간의 생명을 가볍게 여기는 이 멕시코에 그리스도의 복음이 충만하게 차고 넘쳐서 사람이 사람답게 살 수 있게 되기를 기도한다.

Chapter 68 고산지대에서 살아가기

처음 볼리비아의 수도인 라파스(La Paz, 해발 3,600미터)에 도착했을 때 나는 정말 머리가 아프고 숨이 차서 걸을 수 없었다. 워낙 높은 곳이기에(백두산이 해발 2,749미터이니까 그보다 800미터 이상 더 높은 곳) 산소가 부족해서 그런 것이다. 도착해서 일주일간은 제대로 걸을 수도 없었고, 아예 몸져누워 있었다. 계속 숨이 차고 토하면서 머리가 아파서 견딜 수가 없었다.

선교사로 파송 받아 콜롬비아에 처음 갔었을 때 콜롬비아의 수도 보고타(해발 2,700미터)도 역시 고산지대였다. 거기서도 처음 한두 달은 머리가 띵하고 토할 것 같은 증상이 반복되었다. 공교롭게도 안식년 후에 정한 선교지인 뿌에블라(Puebla, 해발 2,100미터)도 역시 고산지대였다. 이곳 뿌에블라에 도착해서 나는 2-3일 정도는 괜찮았지만(사실 나는 도착하자마자 아내와 아이들이 있기에 집을 구하고 비자 문제 등에 모든 신경이 집중되었기에 아플 겨를이 없었고 빨리 걸으면 숨이 가빴지만 그것조차도 느낄 시간이 없을 정도로 정착하기가 힘들었다.) 아내는 거의 3

개월 동안 머리가 아파서 진통제인 타이레놀을 달고 살았다. 처음에는 왜 그럴까 궁금했는데 시간이 지나면서 우리가 고산지대에 있다는 것을 알게 되었다.

*

볼리비아 수도 라 빠스(La Paz)에 있을 때는 그곳 원주민들이 내가 계속 머리가 아파하고 토하자 꼬까(Coca)라는 나무의 잎을 가져다주면서 이것을 물에 끓여서 계속 먹으라고 권했다. 이것을 먹어야 안 아프다고 했는데 나중에 알고 보니 그것이 바로 코카인의 원료로 쓰이는 잎이었다. 이 꼬까(Coca)는 볼리비아 사람들에게는 '신의 선물'이라고 불릴 정도로 그들에게는 즐겨 먹는 기호식품 이상으로 명약과 같이 쓰이는 필수품 중에 하나였다. 그곳 사람들은 이 잎을 늘 입에 물고 산다. 그래서 그런지 이빨도 다 누렇게 변해 있었다.

옛날 스페인 사람들이 침략하여 성당과 건물들을 지을 때, 원주민들이 꼬까(Coca)를 먹는 것을 보면서 그 효과를 알게 된 다음에 원주민들에게 노동을 시키면서 이 꼬까만을 주고 일을 시켰다고 한다. 이것을 먹으면 밥을 안 먹어도 배가 고픈지 모르고 몸이 다쳐도 고통을 모르기에 스페인 사람들이 음식도 제대로 안 주고 노예로 부려먹기 참 좋은 천연의 재료였던 것이다.

어찌되었든 간에 옛날이나 지금이나 원주민들은 이 꼬까를 약처럼, 기호식품처럼, 음식처럼 즐긴다. 또 이 꼬까로 '마떼 데 꼬까'(Mate de Coca)라는 차를 만들어서 먹기도 하고, 최근에는(2009년) 음료수로 콜라를 만들어서 마시기도 한다.(이 코카인의 원료가 되는 것을 차로 만드는 나라는 오직 볼리비아밖에 없다. 같은 고산지대인 멕시코에서도 볼 수가 없다.)

이 꼬까는 볼리비아에서는 그냥 뿌리기만 하면 자라는 식물이다. 그러니 따로 돌보고 비료를 줄 필요가 없다. 그렇게 쉽게 자라고 어디서든 쉽게 구할 수 있는 것이기에 볼리비아에서는 이 꼬까를 빼고는 원주민들에게 살아갈 이유를 발견하지 못한다. 그만큼 늘 먹고 마시는 것이기에 삶의 일부가 된 것이다. 사실 이 꼬까를 길러 먹는 이 사람들이 문제이겠는가? 이것으로 마약을(마약을 만들려면 꼬까에 다른 휘발유 등의 화학물질을 첨가해서 만든다고 한다.) 만들어 사용하고 판매하는 사람들이 문제인 것이다.

처음에는 볼리비아 사람들이 이해가 안 되었지만 시간이 지나면서 이 고산지대에서 살아가려면 어쩔 수 없이 이 꼬까를 먹어야 한다는 것을 이해했다. 나 역시 원주민이 주는 꼬까 잎을 주전자에 넣고 끓여서 그 물을 계속 먹으니 보름이 지나자 겨우 숨도 제대로 쉬면서 걸어 다닐 수 있었다.

*

참 나는 고산지대와 인연이 많은가 보다. 처음 외국에 나간 나라와 도시가 전부 고산지대이고 역시 선교지도 콜롬비아나 멕시코의 고산지대에서 계속 선교하고 있으니 말이다.

처음에 이 고산지대인 볼리비아 라빠스에서 축구를 하는 원주민을 이해할 수 없었다. 도대체 폐활량이 어느 정도이기에 이렇게 산소가 부족한 곳에서 다 축구를 할까? 나는 걷기도 힘든데 말이다. 세계 최강 브라질 선수도 볼리비아에 와서 축구를 하면 처음엔 잘 하다가 항상 지고 마는 이유가 다 있는 것이다.

고산지대에서 살아가면서 몸이 무기력증에 빠지고, 몸이 처지고, 의욕이 상실되고, 쉽게 피곤을 느낄 수 있는데 이것이 소위 고산증이라는 증세이다. 그래서 가끔씩은 낮은 지대로 내려와서 며칠씩 있는 것이 이것을 극복하는 방법이라고 한다. 그런데 재미있는 것은 고산 지대에 살다가 또 낮은 지대에 오래 있게 되면 반대로 저산증이 생긴다고 한다. 이것은 아마도 사람의 몸이 오랫동안 자기 몸에 맞게 적응되어 있다가 갑자기 다른 환경에 있게 되면 어쩔 수 없이 몸이 제대로 적응하지 못해서 나타나는 증상일 것이다.

Chapter 69 교수 소원 이룸

신학교를 졸업하고 볼리비아로 갔던 것은, 교수가 되기 위해 더 공부하고자 미국으로 가는 길을 모색하기 위함이었다. 그러나 볼리비아에서 선교사 사명을 받은 것을 깨닫게 된 이후에는 공부보다 온통 선교사만 생각을 했고, 결국 그런 준비 끝에 선교사로 15년 이상 지금까지 사역을 하고 있다.

뿌에블라 성서신학교 신학교 학생들

그러나 선교지에 와서 학력이나 실력과 언어 등 모두가 부족하지만, 선교사 신분이기 때문에 선교지의 신학교와 대학에서 강의를 할 수 있었다. 나를 현지 신학교에서도 환영하고 좋아하는 것은 강의를 해도 강사료를 받지 않기 때문일 것이다. 강사료를 줄 수 없을 만큼 현지 신학교가 한국의 좋은 환경 속에 있는 신학교와 같지 않게 열악하기 때문이기도 하다.

나는 사역하는 데 있어서, 여러 군데의 신학교에서 강의를 했다.

*

콜롬비아 보고타에서 김위동 선교사가 운영하는 '세미나리오 레포르마도'(Seminario Reformado-개혁신학교)에서 처음으로 스페인어로 강의를 하기 시작해서, 최정락 선교사가 운영하였던 '세미나리오 쁘레스비떼리아노'(Seminario Presbiteriano-장로회 신학교)에서 강의를 하였고, 특히 그 신학교에서는 당시(1998년경) 장신대 구약학 장윤일 교수님(현 장신대 총장)과, 이연길 목사님(달라스 빛내리 교회)이 오셔서 신학생들 앞에서 강의하셨을 때는 내가 통역을 하기도 했었다.

몬떼레이에서는 '끄리스또 빠라 라스 나씨오네스'(Cristo para las naciones-나라들을 위한 그리스도라는 이름의 이 신학교는 미국과 캐나다에 있는 신학교로 중·남미의 많은 목회자를 양성하고 목회자뿐 아니라 선교사도 많이 배출한 것으로도 유명하다.)에서 전교 학생들을 모아 놓고 특강을 했고, 또 이 신학교에 과천교회 담임목사이신 김찬종 목사님께서 오셨을 때(2005년), 전체 120여 명의 신학생들 앞에서 '교회성장'에 대해서 특강하셨는데, 그때도 통역을 하였다. 김찬종 목사님이 그곳에 오셨을 때, 멕시코 신학생들이 재적교인 20,000명이 모이는 한국의 대형교회 목사를 처음으로 보았기에, 김찬종 목사님께서 자신의 목회 경험담과 교회성장의 요인 등에 대해서 말씀하실 때, 강의 내용 하나 하나에 깊은 관심을 가지고 들었고, 많은 은혜를 받았다.

멕시코 장로교 '누에보 레온'(Nuevo Leon) 노회 신학교인 '세미나리오 떼올로히꼬 쁘레스비떼리아노 데 누에보 레온'(Seminario Teologico Presbiteriano de Nuevo Leon-누에보 레온 주, 장로회신학교)에서 또한 멕시코시티에 있는 장로교 신학교 분교였던 세르지오 리오(Sergio Rio) 목사가 운영하던 신학교에서도 강의를 하였다. 그리고 국경도시인 레이노사(Reynosa)에 있는, 멕시코의 유일한 기독교 대학이었던 '우니베 르시닫 떼올로히꼬 데 메히꼬'(Universidad Teologico de Mexico-멕시코 신학대학교)에서도 강의를 했다.

그리고 뿌에블라에서는 캐나다 선교사가 운영하는 미국신학대학교 분교(University Christian Logos)와 또 뿌에블라에서 가장 유명하고 전통 있는(50년 이상 된) 신학교인 '세미나리오 비블리꼬 데 뿌에블라'(Seminario Bibilco de Puebla-뿌에블라 성서신학교)에서도 강의를 하였다. 이 신학교는 초 교파적으로 운영되는 신학교인데 뿌에블라의 다른 교단의 교회에서도 자신의 교회 담임목사가 비었을 때면 이 신학교 출신으로 청빙하려고 할 정도로 잘 알려진 신학교이다.

지금까지 강의한 많은 신학교 중에서 가장 젊은 학생들이 많고 체계적으로 잘 가르치고 현지 교계에서 인정받고 있는 신학교는 몬떼레이의 '끄리스또 빠라 라스 나씨오네스'(Cristo para las naciones)와 뿌에블라에 있는 '세미나리오 비블리꼬 데 뿌에블라'(Seminario Bibilco de Puebla-뿌에블라 성서 신학교)이다. 특히 뿌에블라 성서 신학교에서는 나의 이름으로 개설된 첫 강의에서(비록 그 강의가 필수가 아닌 선택이었고 또 나를 학교 측에서 따로 소개하지 않았는데도 불구하고) 전체 학생 40여 명 가운데서 17명이 강의를 신청하여서 나 또한 놀랐었다.

나는 강의를 통해서 이론만을 가르치기를 원하지 않았다. 현지인 목회자들이 힘과 용기를 얻어서 교회를 잘 섬기고, 교회를 개척하고, 전도하고, 선교하는데 앞장 설 수 있도록 실제적인 도움을 주는 강의를 하였다. 아마도 나의 교회 개척 경험과 선교 경험이 그들에게 좋은 길잡이가 될 수 있었을 것이다.

    나는 신학교에서 강의하는 교수가 되려는 꿈이 있었는데, 선교사가 되어서 한국에서도 아닌 선교지에서, 외국어로 외국인에게 강의하는 교수가 된 것에 너무나 감사하게 생각한다. 정말 교수가 된 소원을 이룬 것이라고 하겠다. 선교사로 있으면서 마음껏 교회들도 개척해 보았고, 아마존 선교도 하였고, 지도자들 교육과 신학생들에게 강의도 해보았다. 이 모두가 전적으로 하나님의 은혜가 아닐 수 없다.

콜롬비아 사모 세미나 강의 모습

Chapter 70 한국과 멕시코 학생들의 차이점

    내가 한국에서 공부할 때 일반적인 한국 학생들의 수업태도와, 멕시코에서 신학생들을 가르칠 때 보았던 그들의 수업태도를 비교해 보면 많은 차이점이 있음을 발견하게 된다.

    내가 서울장신과 장신대에서 공부할 때는, 대부분의 교수님이 들어와서 자신이 준비한 강의 내용을 노트에 있는 그대로 읽거나, 아니면 책을 그냥 읽듯이 강의하였고, 학생들은 열심히 받아서 적는 것이

뿌에블라에서 만난 Christian Logos 대학교 학장인 캐나다 선교사와

대부분이었다. 어느 교수님은 영어 원서(자신이 유학 때 공부한 책)를 가지고 와서 그 자리에서 정신을 집중하여 번역하듯이 일방적으로 강의만 하고 수업이 끝난 적도 있었다.

가끔 학생들이 "질문이 있습니다."라고 하면 교수님은 자신이 준비한 수업의 진도를 끝내기 위해서 질문을 받지 않았고, 수업이 끝나고 하라고 했다. 그렇게 질문하는 시간과 그 질문에 답하는 시간이 아깝고 전혀 수업에 도움이 되지 않는다고 생각했다. 그리고 자신이 준비한 것만 열심히 강의하고 끝난다. 수업 끝나고 질문하면 이미 다 잊어버린 것이라서 질문하기도 그렇고 또 교수님은 몇 마디 그 질문한 사람에게만 일대일로 대답하고 바로 강의실을 떠났다. 이것이 일반적인 한국의 신학교 강의실의 모습이었다(지금은 강의실이 많이 변했으리라).

*

그러나 멕시코에서는 많이 다르다. 내가 강의를 시작하면 학생들은 너무나 자연스럽게 질문을 한다. 자신의 생각과 강의 내용과 맞으면 맞는 대로, 교수님의 생각과 자기 생각이 같다고 자신의 경험들을 내세우며 이야기한다. 또 반대의 생각을 가지고 있는 사람은 그 반대의 내용을 그대로 질문을 통해서 왜 그러느냐고 하며 반문한다. 그러면 그 순간 서로간의 토론이 시작된다. 질문은 한 사람이 하지만, 그 질문을 통해서 전체 학생들이 교수가 준비한 것 이상을 배우게 되는 것이다.

이렇게 강의가 흘러가서 내가 준비한 강의 내용을 다 끝내지는 못하지만 학생들은 질문과 토론을 통해서 확실한 내용을 배우고 돌아간다. 학생들은 강의 내용에 새로운 것이 있으면, 그 새로운 내용을 어떻게 자신에게 적용할 지에 대해서도 구체적으로 가르쳐 달라고 또 질문을 한다.

한국식으로 생각한다면, 멕시코 학생들이 당돌하고 버릇이 없다고 할지 모르지만, 그들은 질문과 토론을 통해서 혼자만이 아닌, 수업받는 학생 전체가 확실하게 배우며, 교수조차도 새로운 것을 학생들을 통해서 배우게 되고, 다음 강의를 위해 더욱 연구하게 되는 것이다.

한국 학생들은 너무나 순종적인 것 같지만, 학습문화에 있어서는 멕시코 사람들처럼 자신감 있게 질문하고 토론하는 것이 확실한 공부가 되지 않을까 생각해 본다. 교수가 일방적으로 구술하고, 학생들이 받아 적고, 그 내용을 습득하고 외워서 시험을 보는 것은, 그대로 교수의 생각과 사상을 심는 것 밖에 되지 않는다. 이 방식으로는 결코 발전이 없고 자신이 배운 것을 그 대로 전달하는 학습전달에 불과할 것이다. 그러나 질문과 토론을 통한 학습 방법은 교수의 생각을 뛰어 넘어서 새로운 것들도 스스로 발견할 수 있는 창조적인 것이기에 더 나은 학문이 되고 배움이 된다고 생각한다.

그래서 나는 강의에 들어갈 때마다 질문을 만들어 가고, 그 질문에 대해서 서로 간에 토론하며, 자신들이 그 내용에 대해서 새로운 접근을 할 수 있도록 노력한다. 또 그 질문과 토론을 통해서 내가 준비하지 못한 것들이 나오게 되면, 나도 공부하게 되어 다음 강의가 또 새로운 배움이 되기도 하는 것이다. 때로는 내가 답을 못할 정도로 당황할 때가 종종 있어서 항상 긴장하는 마음으로 강의실에 들어선다.

한국에서 토론하는 프로그램을 보게 되면 남의 말을 듣기보다는 일방적으로 자신의 입장과 생각을 강조하고, 상대방의 말을 받아서 비판하며 시간 내내 평행선을 달리다가 끝나버리는 경우가 많다. 그것은 결코 생산적인 토론이 될 수가 없다. 그래서 한국에서 토론은 별로 유쾌하지 않고 짜증나는 것으로 생각되기도 한다. 토론을 통해서 자신의 생각을 말하지만 상대방의 생각을 이해하고 받아들이려 하는 데서 진정 유익한 배움이 되는 토론이 된다고 생각한다.

Chapter 71 한식을 대신한 중국음식(음식으로 피로풀기!)

처음 볼리비아에 갈 때는 난생 처음으로 비행기를 타보고 한국 밖을 벗어나서 외국에 나갔던 것이다. 그때가 1989년 2월이었다. 서울 인천에서 JAL 비행기로 일본에 가서 다시 브라질 비행기인 VARIC으로 갈아타고 LA로 가서, 몇 시간 기다린 다음에 다시 페루 리마로 날아가서 잠시 기착하여, 승객들이 내리고 바꿔 타는 시간이 있었고, 다시 출발하여 남미의 끝인 브라질 상파울로까지 갔다가 거기서 또 다른 비행기를 갈아타고, 최종 목적지인 볼리비아 라 빠스(La Paz)까지 기나긴 며칠간의 여정 끝에 목적지에 도착을 하였었다.

그렇게 힘들게 간 곳이 고산지대라서 도착해서는 며칠을 고생하고, 먹은 것이 별로 없었다. 더군다나 비행기 안에서 며칠 동안 계속해서 먹은 희한한 음식(처음 먹어본 음식들로 입맛에 맞지 않아서 고생을 했다.)으로 인해서 몸과 마음이 상당히 지쳐 있었다. 그런데도 고산지대인 라파스에서는 정말 내게 맞는 음식이 없었다.

밥은 풀풀 날아다니는 쌀로 한 것으로 숟가락에 제대로 담을 수도 없었고, 고기들도 냄새 나고 역겨워서 도저히 먹을 수 없었다. 더군다나 그곳엔 한국식당도 없어서 전혀 몸이 회복되지 못했다. 그런데 시내를 다니다가 중국 식당을 있어서 들어가보니 중국식 볶음밥과 완땅(Wantang)이라는 중국식 만두국이 있어서 그것을 사 먹었는데 그것을 먹고서야 몸이 서서히 회복되는 것을 느꼈다.

그래서 나는 음식을 통해서도 몸의 피로도 풀 수 있고, 마음이 안정될 수 있음을 처음 알았고, 한식이 없다면 한식과 그나마 가까운 중국음식을 먹는 것이 우리 입맛에 맞다는 것도 알게 되었다.

이제는 어느 나라 음식이건 다 적응하여 맛있게 먹지만, 선교 여행 중에 힘들다 싶으면, 중국 식당을 찾아서 애용하게 되었다. 중국 사람은 정말 세계 어디를 가든 중국 식당을 만들었기 때문에, 중·남미에서도 서민 식당으로, 때로는 고급식당으로서 자리를 잡고 있다. 그러므로 중국 요리가 외국 음식이 아닌 그 나라 음식으로 여길 정도로 유명하게 자리를 잡고 있어서 중국 식당을 찾기는 어렵지 않다. 물론 멕시코의 중국 음식점에는 한국의 중국 식당에 있는 자장면과 짬뽕이 없는 것이 아쉽지만, 중국 음식은 어디를 가든지 비슷비슷하여 나로서는 먹기에 불편은 없었다.

Chapter 72 현지인들과 현지인 음식을 같이 먹는 것이 기적

사실 나는 선교사 되기에는 약점이 많다. 1987년도에 폐결핵을 심하게 앓아서, 각혈을 했고 일 년간 결핵 약을 먹으면서 고생을 많이 했다. 처음 약을 먹을 때는 부작용이 심해서 주사도 같이 맞았다. 그러나 그 주사액의 부작용으로 온 몸에 피부병처럼 두드러기가 나서 또 많은 고생을 했다. 그 많은 알약을 하루에도 3번씩 먹어야 하는 했는데, 사실 그때 위가 다 상하고 말았다. 그 이후로 비위가 약해져서 음식을 가려서 먹기도 했다.

그런 형편이니 내가 선교사 된다는 것은 어쩌면 불가능한 것인지도 모른다. 왜냐하면 선교사로 나가면 입맛에 맞지 않는 현지 음식을 잘 먹어야 하는데 그것이 가능할까 걱정되기도 했다. 더군다나 처음 볼리비아에 갔을 때 음식 때문에 고생한 것을 생각하면 가장 걱정했던 것이 음식에 적응하는 것이기도 했다. 현지인들과 가장 친근해 질 수 있는 것이 바로 음식을 같이 먹는 것인데, 나는 비위가 약하여 맞지 않는 음식을 보면 금방 웩웩거리면서 토하였기에 정말 걱정이 되었다. 선교사로서 현지인 음식에 적응하지 못하는 것은 치명적인 약점이 될 수 있었다.

그러나 그것은 기우였다. 하나님이 선교사로 부르셨을 때 그 부르심에 응답하고 순종하기만 하면 하나님께서 그 어떠한 것이라도 좋은 길로 인도하신다는 것을 음식을 통해서도 체험할 수 있었다.

그렇게 입에 안 맞을 줄 알았던 음식들이, 콜롬비아에서부터 아무리 입에 안 맞아도 전혀 웩웩거리지 않고 술술 잘 넘어 갔다. 빈민가에서 그렇게 지저분하게 차려져 있어도 정말 맛있게 먹을 수 있었다.

아마존에서는 음식에서 이상하고 독한 냄새가 나서, 옛날 같으면 토하고 못 먹었을 것인데도, 맛있게 먹지는 못했지만, 억지로라도 토하지 않고 먹을 수 있었다.

몬떼레이와 국경도시 빈민가에서 현지인 집에서 멕시코 사람들이 좋아하는 따꼬(Taco-밀가루나 옥수수 가루로 전병을 만들어서 고기 등을 올려놓고 쌈 싸먹듯이 먹는 멕시코 전통음식)도 씻지 않는 손으로 함께 같이 먹을 수 있었다.

이제는 선교사로서 현지에 있으면서 가장 큰 자산이 바로 이와 같은 친근감이다. 어떤 누구를 만나도 그들과 함께 그들의 음식을 먹으면서 친근하게 어울릴 수 있고, 그들과 쉽게 친구가 될 수 있어서 감사하게 생각한다.

나로서는 음식을 통해서도 기적을 체험하며, 하나님께서 원하시는 것은 하나님이 스스로 알아서 해결하시고, 부족하고 연약한 사람을 사용하여 하나님의 뜻을 이루시는 것을 다시 한 번 깨닫게 되었다.

Chapter 73 하나님이 인도하신 자녀 교육

"전혀 예상 못했던 첫째 아이의 미국 대학교육"

콜롬비아로 선교사 나갈 때, 아이의 교육 문제는 전혀 걱정하지 않았었다. 당시에는 첫째 아이 밖에 없어서 현지에서 무슨 교육이든 시킬 생각이었다. 하나님께서 아이 교육 또한 책임져 주실 것을 믿었기 때문이다.

그런데 현지에 도착하자 현지 선배 선교사님이 보고타에는 '엘 까미노 아카데미'(El Camino Academy)라는 미국인 선교사가 세운 선교사 자녀들을 위한 학교가 있다고 가르쳐 주었다. 물론 선교사 자녀들을 위한 학교이기에 학비도 다른 일반 사립학교에 비해서 엄청 싸고(당시 월 90달러) 미국인 교육 선교사들이 와서 교육을 하기에 아이를 안심하고 맡길 수 있는 학교였다.

사실 첫째 아이가 페루에 갔을 때는 유치원 나이였는데, 페루의 일반 유치원으로 보냈었다. 그러나 한 달도 못 되어서 그만 두게 되었다. 왜냐하면 현지 아이들이 외국인이라고 놀리고, 따돌림 당해서 적응하지 못했기 때문이다. (특히 페루를 비롯한 중·남미에서는 동양 사람을 보고, '꼬 치노(나)'(Co Chino(a), 더러운 중국인)라고 놀리곤 하는데, 이 말은 "중국 사람과 같다."는 뜻이지만, 역사적으로 스페인이 점령하여 통치하였을 때 중국인들을 노동자나 노예로 데려와서 일을 시켰는데, 그때부터 이 말이 중국 사람을 비롯하여 한국과 일본인 등 전체 동양 사람을 경멸하는 말로 쓰여 "더럽다"라는 뜻의 대명사가 되었다.)

그래서 정작 선교사로 나가게 되니 아이의 교육이 걱정되긴 했는데, 내가 전혀 생각하지 못했던 선교사 자녀 학교에서 미국인 교육 선교사들의 따뜻한 사랑과 관심을 받으며 교육을 시킬 수 있었으니 이 얼마나 감사한 일인지 모른다.

큰 아이는 페루에서의 안 좋은 기억들이 있었지만, 콜롬비아에서는 선교사 자녀들을 위한 학교에서 미국인 교육 선교사의 따뜻한 가르침과 사랑을 통해서 영어를 전혀 못하였음에도 불구하고 초등학교 1학년부터 언어와 문화에 적응을 하면서 잘 자라 주었다.

그러나 5년간 콜롬비아에서 사역을 마친 후 다시 멕시코 몬떼레이로 갔을 때는 상황이 안 좋았다. 왜냐하면 콜롬비아 보고타에서와 같은 선교사 자녀들을 위한 학교가 없었기 때문이다. 그렇다고 학비가 너무나 비싼 미국인 학교(American School)에 보낼 수는 없었다. 결국 현지인 일반 사립 기독교 학교에 보냈는데 스페인어로 가르치는 교육에 전혀 적응할 수 없었다. 콜롬비아에서 영어를 배우다가 다시 스페인어로 학업을 하니 따라갈 수가 없었던 것이다.

그때 멕시코인 친구 미겔(Migel) 장로님이 텍사스 주에 있는 미국 장로교단(PCUSA)이 세운 사립학교를 소개해 주었다. 그 학교는 중·남미의 학생들을 위한 기독교학교로서 기숙사까지 완비되어 있고, 몬떼레이에서 차로 국경을 건너 3시간 정도면 갈 수 있는 곳이기도 했다.

결국 나로서는 그 학교를 선택할 수밖에 없었는데, 그 학교에 문의하고 입학 서류를 제출하니 선교사 자녀로서 50%의 장학금을 내주겠다고 결정해주었다. 그래서 1년 학비와 기숙사비, 식비, 모두를 포함해서 9,400달러였는데 5,000달러를 장학금을 주어서, 일 년에 4,400달러를 그것도 한번이 아닌 매월 나누어서 낼 수 있도록 편의를 제공해 주었다. 그래서 그 학교에 유학을 보낼 수 있었다.

또 그 학교에서 4년을 공부하고 나니까, 텍사스의 주 법이, 텍사스 주 내의 고등학교(4년)를 나와서 그 주에 있는 주립대학교에 들어가면 유학비자로 대학을 갔어도 학비는 영주권자와 비슷한 혜택을 주었으므로, 정말 적은 돈으로 아이를 대학까지 공부시킬 수 있었다.

정말 미국에서 대학 교육시킬 환경이나 형편도 안 되었는데, 아니 그런 생각조차도 못했는데 하나님께서는 아이의 길을 좋은 길로 인도하셨던 것이다. 정말 하나님께서 이 모든 것을 인도하시니 감사할 뿐이다.

둘째 아이 또한 콜롬비아에서 출생하여 멕시코에서 현지 사립학교를 다니다가 국경에서 사역할 때 미국 공립학교를 다닐 수 있었고, 이곳 멕시코 뿌에블라에는 감사하게도 큰 아이가 다녔던 학교처럼 선교사 자녀 학교가 있어서 매월 130달러만 내고도 안전하고 좋은 교육을 받을 수 있어서 얼마나 감사한지 모른다. 첫째 아이는 처음 페루에서 따돌림과 놀림 속에서 오줌소태 현상까지 일어나는 등 적응하는데 어려움을 겪었지만 하나님께서 인도하셔서 바르게 잘 자라 주어서 감사하고, 둘째 아이 또한 여기서 잘 적응해서 이 모든 것이 감사할 뿐이다.

자녀 교육을 놓고 기도는 하였지만 선교사로 나간다는 것은, 모든 것을 하나님께 맡길 수밖에 없는 상황과 환경이었는데, 정말로 하나님께서 인도해 주셔서, 하나님이 키워 주셔서 감사할 뿐이다.

Chapter 74 고치고 또 고쳐도 자주 고장 나는 자동차

멕시코 몬떼레이에 있을 때 어떤 집사님이 내게 이런 말을 한 적이 있다. "목사님 신발을 사셔야지요?" 외국에서는 신발처럼, 차가 중요하기에, 차를 신발에 비유해서 말한 것이다. 그렇게 꼭 신어야 하는 신발처럼 중요한 것이 차다.

특별히 선교를 하는데 있어서는 정말 차가 중요하다. 수많은 곳을 돌아다녀야 하기에 차 없이는 불가능하다. 그래서 차를 구입해야 하는데, 멕시코에서는 새차 값은 물론 중고차 값도 너무 비싸서, 처음에는 연식이 6-7년 된 중고차를 샀다. 그러나 아무리 좋은 중고차를 사도 고치는 멕시코 사람들이 너무 못 고쳤다. 한 번 고장이 나서 가면, 나사를 다 풀어 헤쳐 고쳐놓았는데, 이상하게도 나사가 하나 남는 것이다. 그래서 여기 고치고 나면 조금 있다가 다른 데가 고장이 나서 또 가고, 이런 것들이 계속 반복된다. 그만큼 차를 잘 못 고친다.

한번은 엔진 오일을 바꾸러 갔는데, 오일 교환하고 집에 와서 주차하고 다음날 보니까 차 밑에 기름이 흥건했다. 차에 가솔린 필터를 잘 안 잠근 것이다. 그래서 기름이 다 쏟아졌고, 다시 갔지만 엔진이 고장이 났고, 그 후 계속되는 고장 때문에 결국 손해를 보고 싼 가격에 팔아야만 했다. 그렇게 중고차를 사고, 또 고장이 나서 고치다가 다시 팔고, 다른 차를 사도 역시 차를 고치는 사람들이 잘 못 고쳐서 애로가 너무 많았다.

그래서 여러 번 중고차를 사서 사용한 경험에 비추어 보면, 정말 차에 대해서 잘 알아서 어디가 고장 나고 어느 부속을 바꾸어야 하는지를 정확하게 아는 사람이 아닌 경우에는 새 차를 사는 것이 경제적으로 훨씬 이익이라는 것을 알았다. 차를 한 번 고치게 되면 고칠 때마다 돈이 많이 들어가기 때문에, 오히려 새 차를 사면 5-6년은 고장 없이 쓸 수 있어서 경제적이고, 그것이 돈을 벌고 절약할 수 있는 길이라고 생각한다. 이런 곳에 차를 잘 고치는 한국인 정비사가 이민 온다면 돈을 잘 벌 수 있을 텐데 하는 아쉬움이 들기도 한다. 한편으로는 차를 만드는 나라가 아니라서 그럴 것이라고 생각을 해본다.

Chapter 75 선교지에 방문하신 많은 분들 중 기억에 남는 분들

콜롬비아를 방문하신 과천교회 김영종, 신보현 장로님과

선교사로 있으면서 단기 선교나 관광차 오신 분들, 다른 지역을 들렸다가 가는 길에 들리는 분들 등등 이런 저런 일들로 많은 사람들이 방문하게 된다.

나에게는 그리 많은 사람들이 방문하지 않았지만, 그래도 지난날들을 돌아보면 꽤 많은 분들이 방문하고 지나갔다. 대사관의 영사, 단기선교 팀들, 다른 선교지의 선교사들 등 여러 사람들이 방문했었다.

콜롬비아에 있을 때는 미국 플로리다에서 한인 의사들이 단기 선교로 다른 지역의 선교사의 교회에 와서 사역하던 중에, 내가 사역하던 빈민가 교회까지 방문하여 무료 진료를 해 주었던 일들이 생각난다. 그때 내가 사역하던 교회에서 진료를 하는데, 하루에 300명의 사람을 의사가 진료하고 나는 그 옆에서 통역하며 도움을 주었다. 이렇게 의사가 진료해주고 약도 처방해 주니까, 많은 사람들이 교회를 찾아오는구나라는 생각이 들었고, 의료 선교의 또 다른 좋은 점을 보게 되는 계기가 됐다.

또 후원교회인 과천교회 김영종 장로님과 신보현 장로님이 방문하셨는데, 주일에 내가 개척한 빈민가의 조그마한 교회에서 함께 예배를 드리게 되었다. 장로님들은 전혀 스페인어가 통하지 않고 무슨 말을 하는지도 모르셨는데도 콜롬비아 사람들과 함께 박수 치면서 찬양 드리고, 함께 준비한 음식들을 먹으면서 함께 기쁨으로 주 안에 한 형제자매임을 예배를 통해서 확인하며 은혜를 나눈 것이 너무 좋았다.

멕시코의 몬떼레이에 있을 때는 어스틴 장로교회의 단기 선교 팀이 방문했던 적이 있었다. 이 때 방문하신 한 장로님은 선교와 단기 선교에 회의를 갖고 있었고, 책임자로서 어쩔 수 없이 따라오셨던 분이 있었다. 그런데 이 분이 빈민가에 함께 들어가서 그들을 보면서 마음에 감동이 되고 열정이 생겨 한마디라도 주님을 전하고자 손짓 발짓을 통해서 애쓰던 모습이 생각난다. 이 장로님은 교회를 방문한 이 후에, 동행한 사람들에게 자신이 선교에 관심이 없었던 것을 회개한다고 고백하는 모습에서 다 같이 감동을 받았었다.

또 휴스턴의 조그만 한인교회에서 태권도 사역하시는 목사님이 있었는데, 그 분은 일 년에 한두 번씩 태권도 팀을 데리고 와서 단기선교 했었다. 국경도시 레이노사에서도 이 태권도 단기 팀이 와서, 그 도시 중심가 광장에서 태권도로 무언극 드라마를 함으로써 복음을 전했던 일이 있었다. 특히 이때는 이 도시에서 처음으로 시에 문화행사(특히 기독교 종교행사로는 허락을 안 해 주기에) 하는 것으로 허락을 받고 태권도로 꾸민 무언극으로 복음을 전하였다. 특히 2002년 월드컵 때 불렀던 "대한민국", "필승코리아"라는 구호가 녹음된 한국말로 확성기를 통해서 광장전체에 울려 퍼졌는데 많은 멕시코 사람들이 관심을 갖고 광장으로 몰려들었고, 그 소리를 들을 때에는 나 자신도 모르게 가슴이 뭉클했던 기억이 난다.

어떤 때는 미국에서 여행 왔다고 하면서, 나에게 도시 소개를 해 달라고 부탁해서 도시를 안내했던 일도 있었다. 또 광주 시청에서 몬떼레이 시와 자매결연을 하고 싶다고 대사관을 통해서 연락이 와서, 몬떼레이 시청을 방문해 광주와 자매결연을 하는 중간 역할을 감당했고, 결국 그 일이 열매를 맺어 광주에서 국장님을 비롯해서 여러 분이 방문하게 되었다.

그러나 방문한 많은 사람들 가운데 가장 기억에 남는 분이 있다. 내가 콜롬비아에 있을 때 재경부 고위 공직자로 계셨던 과천교회 김천수 장로님이시다. 장로님은 한국에서 남미 대사관 감사를 위해서 방문하실 때에 콜롬비아에 들리셨고, 같이 동행한 감사 일원들은 시간이 남을 때 골프를 치거나 대사관의 접대 코스를 따라다니면서 콜롬비아를 구경하고 다녔지만 그분은 나의 선교지인 교회들을 보고 싶다고 하시면서 나와 같이 빈민가에서 시간을 보내시기도 했다. 그런데 가는 날이 장날이라고 내 차를 타고 가다가 바퀴가 터져서 길가에 멈추었는데, 이때 나이 드신 장로님이 직접 나를 제쳐 놓고 차바퀴를 갈아 주면서 기쁨으로 섬기시는 모습을 통해서 참 많은 감명을 받았다. 이런 좋은 분들이 계시는 과천교회를 통해서 선교사 파송 받은 것을 기쁘게 생각한다.

Chapter 76 '자부심'과 '교만'

한국어에서는 '자부심'과 '교만'과의 상관관계를 찾을 수 없다. '자부심'은 자부심대로, '교만'은 교만대로 말과 뜻이 다르게 존재한다.

그런데 스페인어(스페인어는 영어식 발음이고, 에스빠뇰-Español이 맞는 말이다.)에 Orgullo(오르굴료)라는 단어가 있는데, 이 단어에 자부심이라는 뜻도 있고, 교만이라는 뜻도 있다. 상황에 맞게 그 단어가 교만도 되고 자부심도 된다는 것이다.

이 단어에서 나는 '교만'과 '자부심'이 같은 어원에서 시작되었다고 생각하게 되었다. 자부심이 강하면 바로 교만이 되기 때문이다. 자부심과 교만은 따로 떨어진 것이 아니고 자부심이 생길 때 교만도 함께 생기는 것이라고 볼 수 있는 것이다.

*

나는 장로교 목사이고, 신앙생활도 장로교회에서 시작했고, 한국에서는 당연히 장로교회가 많기 때문에, 으레 장로교회가 세계에서 제일 큰 교단이며 유명한 교단으로 생각했었다. 그러나 해외에 나와 보니 남미에서 장로교회는 아주 미미하고, 장로교단도 군소 교단이며, 오히려 순복음 교회나 침례교회가 훨씬 더 많고 교단도 큰 것을 알게 되었다.

한국에서 목사 세계에서의 이야기는 교회 개척을 하려면 "'장로교회' 간판을 달아야 교인들이 온다."고 할 정도로 장로교회의 자부심이 강하지만, 그 자부심이 결국 교만이 되어서, 교회가 크고 교단이 클수록 교만하여 작은 교회 작은 교단을 무시하는 경향이 있는 것도 사실이다.

배웠다는 자부심 즉 교만, 가졌다는 자부심 즉 교만, 잘생겼다는 자부심 즉 교만, 내가 제일 잘한다는 자부심 즉 교만….

이 자부심이라는 것은 자기 스스로의 교만함이 없이는 불가능한 것이기에, 자부심이 있을 때 교만이 찾아오는 것이라고 할 수 있다.

그러나 또한 이 자부심은 자신의 존재가치와, 낙심하지 않고 좌절하지 않는 도전 정신 또한 가지게 되는 좋은 것이기도 하다. 그래서 우리는 자부심을 가지더라도 교만이 찾아오지 않도록, 그 자부심이 교만이 되지 않도록 잘 다스려야 할 것이다.

Chapter 77 '목사'와 '선교사'

"목사님으로 불러야 합니까? 선교사님으로 불러야 합니까? 어떤 것을 더 원하세요?"

언젠가 어떤 모임에서 만난 한인이 이렇게 조심스럽게 물었다. 그 분은 어떤 선교사님을 '목사님'으로 불렀더니 싫어하셨다고 해서, 나에게 어떻게 불러 주는 것이 좋은지 묻는 것이었다.

나는 목사가 된 것을 감사하게 생각한다. 나 같이 부족한 사람을 구원하시고 은혜 주신 것도 감사한데, 영혼 구원하는 주의 일을 하는 목사가 되게 하신 것에 깊은 감사를 가진다. 더불어서 책이나 말로만 들었던 '선교사', 외국에 나가서 외국인들에게 외국말로 복음을 전하는 '선교사'가 되었다는 것 또한 너무 감사하게 생각한다.

어떤 사람은 목사임에도 목사라는 것보다는 학위 받은 '박사님'으로 불리는 것을 더 좋아한다는 사람도 있어서 자신을 소개할 때는 꼭 '박사'라고 한다는데, 나는 '박사 아닌 박 박사'보다도 더 좋은 이름 '목사'가 얼마나 좋은 이름인지 그 이름에 감사하고, 그렇게 불리는 것에 진심으로 감사한다. '선교사'는 또 어떤가? 외국에서 외국어로 외국인에게 복음을 전하는 자가 된 것이 너무나 감격스럽다. 그래서 나는 '목사'로 불려도 좋고, '선교사'로 불려도 좋다. 어느 것 하나 서운하지 않고 감사하게 생각한다.

*

한국에서는 일반적으로 교인들이 목사를 대접한다. 교인과 함께 식사 자리를 가져도 교인들이 목사를 초대하여 대접하기를 즐긴다. 그러나 멕시코에서는 정 반대이다. 선교지에서는 현지인들에게 아무리 내가 목사라고 해도, 그들은 선교사로 부르고 목사 아닌 선교사로서 대한다. 그들은 미국인 선교사에 대한 개념들이 강하다. 미국인 선교사들이 처음에 중·남미, 멕시코에 들어와서 많은 일을 했다. 교회, 학교, 신학교도 세우는 등 많은 일을 하면서 멕시코 사람들에게(물론 한국 사람들에게도 외국인 선교사에 대한 이미지가 비슷하겠지만) 선교사는 주는 사람이고, 그들로부터 받는 것을 즐긴다는 이미지가 강하다. 선교사는 한 없이 주는 사람이고, 멕시코 사람들은 받아야 하는 사람이었다.

물론 여기에 반발해서 멕시코 장로교단(Iglesia nacional presbiteriana, 멕시코 국내 장로교)은 아예 교단 이름 자체에 멕시코 국내 교단이라고 표기하면서 외국인에 대한 반감을 표시하기도 했지만, 하여튼 외국인인 미국인 선교사가 멕시코에 들어와서 멕시코 장로교단을 세운 것도 부정할 수 없는 역사적 사실이다.

그래서 일반적으로 선교사는 주는 사람이다. 그래서 나도 이들과 교제를 가질 때 나누어 주는 사람이 되었다. 물론 무조건적으로 주면서, 이분들에게 자립심을 갖지 못하게 하는 것을 원하지 않아서, 나는 이들이 독립을 하고, 자립을 하도록 도와주고, 도와 줄 때도 선별해서 정말 필요한 사람에게 주려고 노력을 한다. 만일 내가 선교사로서 이들과 어울리면서 무엇인가 주지 않는다면 이들은 더 이상 나와 관계를 가질 수 없게 되리라는 것도 사실이다.

*

나는 현지인들과 어울리면서 그들로부터 수없이 도와 달라는 소리를 듣는다. "아이가 아파서 병원에 못 가고 있다. 병원비가 없다." "아이의 학교 학비가 없다." "교회 지붕이 무너졌다." "먹을 것이 없어서 굶고 있다." "아내가 아프다." "지방에서 왔는데 차비가 없다." 등등 여러 경우의 말을 통해서 도와 달라고 한다. 그러면 무조건 도와주어야 한다. 정말 없는 사람이 도와달라고 하면 외면할 수 없다. 그래서 나는 아예 차 안에 동전을 가지고 다니면서 길 가에서 차를 타고 다니다가 도움을 요청하는 거리의 사람들에게 동전으로 도와준다. 또 현지인 목사와 교인들과 어울릴 때는 정말 도울 필요가 있는 사람에게 주기 위해서 반드시 지갑에 약간의 돈을 가지고 간다.

그러나 때론 정말 돈이 없는 경우가 있다. 이때는 가급적 그들을 안 만나려고 나가지 않는 경우도 있다. 심지어는 식당에서 현지인들과 같이 밥을 먹어도 그들은 으레 내가 계산할 것으로 생각한다. 그렇게 멕시코나 중·남미 현지에서는 선교사는 주는 사람이 된다.

*

또한 나는 신학교에서 강의 할 때나, 교회에서 초청해서 설교나 집회를 인도할 때 전혀 사례비를 받지 않는다. 그렇게 나와 많이 접하여, 나를 아는 사람들은 내가 으레 그렇게 했기에 그런 줄 알고 주지 않는다. 그러나 레이노사에서 강의했던 멕시코 신학 대학교(Universidad teologica de mexico)에서 한 학기 강의 후에 미리 사례비를 안 받는다고 했는데도 사례비로 3,000뻬소(당시 미화 300달러)를 주었다. 할 수 없이 나는 그것을 그 자리에서 학교에 장학금으로 내 놓았다.

한번은 몬떼레이에 있을 때 1,000명 가량 출석하는 감리교회에서 설교 요청이 와서 주일 낮 예배에 설교한 적이 있었다. 설교 후에 어떤 사람(아마 재정부원)이 고맙다고 하면서 손에 조그만 봉투를 쥐어 주었다. 무엇인가 보았더니 300뻬소(당시 미화 약 30달러)였다. 그 큰 교회에서 준 것이므로 받아도 되었지만, 선교사로 파송되어 한국에서 선교비를 받기에 선교지에서는 현지인들에게 사례비 등의 어떤 물질적 대가를 받지 않기로 원칙을 정한 것이기에 그 원칙을 지키려고 다시 현지인 목사에게 헌금으로 돌려주었다.

뿌에블라에서는 처음 경험한 일이 있었다. 그것은 나의 비자를 도와준 엔리께(Enrique) 목사가 자신의 교회에서(주일 낮 예배 약 500-600명 출석) 목요일 저녁 예배 때(멕시코에서는 지방마다 예배 시간이 다른데, 뿌에블라에서는 다른 지방과 달리 수요일 저녁이 아닌 목요일 저녁에 저녁 예배나 기도회가 있었다.) 나에게 설교를 부탁했다. 그래서 저녁 8시 예배 시간에 설교를 했는데, 설교 후에 엔리께(Enrique) 목사가 교인들에게 오늘 설교한 목사를 위해서 헌금을 하라는 광고를 하는 것이 아닌가. 그것은 나만을 위해서 특별히 하는 것이 아니라, 초청하여 설교하는 목사에게 늘상 하는 것처럼 보였다. 그러자 찬송을 부른 후에(그때 참석 인원은 60~70명) 20~30명이 어린아이를 포함해서 한 사람씩 나와서 강단 앞의 헌금 바구니에 헌금을 하는 것이었다. 그리고 예배 후에 가려고 하는데 한사코 기다리라고 하더니 예배시간에 헌금한 것을 사례비라며 주는 것이었다. 내가 보기에도 봉투는 제법 두툼했고, 헌금할 때 보니까 아이들은 동전도 하지만 어른들은 100, 50, 20뻬소씩 제법 많이 헌금을 했는데 그것을 모두 나에게 준 것이다. 그런 경우는 처음 보았다. 교인들이 초청한 강사 목사를 위해서 정성껏 헌금을 하는 것을 보았다. 그렇지만 물론 그 사례비도 담임목사에게 그대로 돌려주었다.

가끔 한국에 들어가서 교인들에게 대접을 받을 때면 미안한 생각이 든다. 너무 받기만 하는 것 같아서 말이다. 주는 것이 몸에 밴듯하여 받기만 하는 것이 부담이 되기도 한다. 주님이 "주는 자가 받는 자보다 복이 있다"라고 했듯이 선교사로서 나누어 줄 수 있음에 감사를 한다.

그런데 지난주에 내가 처음으로 현지인들에게 얻어먹었다. 신학교 종강을 하고 식당에 가서 학생 전체가 멕시코 전통음식 따꼬(TACO)를 먹기로 했다. 당연히 식사 후에 내가 내려고 했는데, 한사코 학생들이 너무 감사하다고 하면서 자신들이 돈을 모아서 음식 값을 내는 것이었다. 그래도 마음만 받고 내가 내겠다고 했는데도, 너무나 강력하게 받지 않아서 결국 그곳에서 처음으로 내지 못한 일이 생겼던 것이다. 이런 경우는 처음이었지만 한편으로 그들의 기쁨과 감사를 보았기에 마음은 뿌듯했다.

Chapter 78 선교사의 기쁨과 고통

1) 선교사의 기쁨

"나도 비행기를 타고 싶다."

내가 처음 김포공항에 간 때는 아마 21살쯤인 것 같다. 같은 교회 (성화교회, 지금은 청파동교회로 이름이 바뀌었다.)에 다녔던 친구이자 청년회 회장(당시 고려대 철학과를 다녔는데)이 독일로 유학을 간다고 해서 환송하기 위해 교회 청년들과 함께 김포공항에 난생 처음으로 갔던 것이다. 그때 나는 친구가 비행기 타는 것이 그렇게 부러울 수 없었다.

나는 그때 경기상고 졸업 후(졸업 전부터 회사를 다님) 회사를 다녔었고, 회사를 나온 뒤에는 트럭 운전수 조수로, 일일 공부 등으로 아르바이트하면서 돈 벌기에 급급했던 때였다. 그러므로 나로서는 어려운 환경에서 돈을 벌어야 했기에 공부한다는 자체가 사치로 느껴졌었던 때였다. 그래서 친구가 공부하러 가는 것이 부럽기도 했지만, 사실 내가 더욱 부러워했던 것은 비행기 타는 것이었다. 공부는 이미 나와는 다른 사람들의 것으로 생각한 시기였기 때문일 것이다.

그런데 그 꿈이 선교사가 되면서 이루어진 것이다. 그것도 사역지가 한국에서 가까운 동남아시아가 아니라, 머나먼 중·남미이기에 최소한 비행기로 서울에서 LA까지 12시간 이상 타고, 또 다시 갈아타고 가야만 하는 곳이기에 비행기를 참으로 많이 타게 된다.

나는 비행기 타는 것이 좋다. 그리고 즐긴다. 많은 이들이 장거리이기에 허리도 아프고 힘들다고 하지만 나는 그 시간을 무척 즐기면서 비행기를 탄다. 가만히 앉아서 승무원이 주는 음식을 먹고, 물이나 음료수 등을 요청하면 언제든지 서비스 해주고, 책을 보기도 하고, 영화를 보기도 하고, 창가에 앉아서 높은 하늘에 떠있는 구름을 내려다보는 등, 나는 비행기 타는 것이 지겹지가 않다. 비행기 안에 있으면 나는 가만히 있는데도 하늘에 떠 있고, 하늘을 날아간다. 그리고 시간이 지나면 아무리 먼 곳이라도 도착을 하게 된다. 비행기를 만들도록 인간에게 지혜를 주신 하나님의 은혜에 놀라지 않을 수 없다. 선교사가 되었기에 비행기를 타는 이 기쁨을 맛보는 것이 아닐까 싶다.

*

비행기뿐인가? 선교사로 나왔기에 여기저기 돌아다니는 기쁨도 맛보고 있다. 2008년에 처음으로 시카고 선교사대회에 참석하고, 친구 목사가 있는 캐나다로 가서 나이아가라 폭포도 구경하고, 또한 큰 아이를 전혀 생각도 못했던 미국 대학으로 유학을 보내고, 정말 나는 선교사로서 누린 것이 너무도 많다고 생각한다.

가끔 한국에서 "선교사가 얼마나 힘이 드십니까?" 하는 위로의 말을 전할 때면 나는 나름대로 어려움도 있었지만 하나님께 받은 것이 더 많아서 "오히려 부족한 사람을 선교사로 불러주셔서 감사한 일이 많습니다."라고 고백을 한다. 사실 그렇다. 잃은 것보다 힘든 것보다 괴로웠던 것보다 받은 것이 더 많아 감사하다는 것이 솔직한 나의 심정이다.

사실 선교사로서의 기쁨이 그런 개인적인 것만은 아니다. 내가 한국말도 아닌 외국어로 외국인들에게 복음을 전하여 교회들을 세우고, 그들이 나를 통해서 예수님을 믿고, 세례를 받고, 또 어떤 외국인 현지인 청년들의 결혼주례까지 하게 되고, 그렇게 외국인들이 믿게 되고 점차 일꾼들이 되어가는 모습들을 볼 때마다, 얼마나 기쁜지 말로 표현하기 힘들 정도이다. 외국인들인 현지인 한 사람 한 사람을 주님께로 이끌 수 있었던 이 놀라운 기쁨에 비하면 사실 앞에서 언급한 개인적인 기쁨들은 아주 부수적인 조그마한 것들일 것이다. 정말 천하보다 귀한 한 영혼, 그것도 외국인을 주님께로 인도하는 것이 얼마나 큰 기쁨인지 모른다.

나의 사역으로 인해서 토마스 선교사가 한국에 와서 복음을 전하다 순교한 것, 캐나다 멕킨타이어 선교사가 한국의 풍토병으로 목숨을 잃은 것, 그 외에 복음의 불모지였던 한국에서 수많은 선교사들이 엄청난 악조건의 험한 상황 속에서 목숨을 내놓고 복음을 전하였던 것에 대해 조금이나마 빚을 갚는 심정이다.

2) 선교사의 고통

콜롬비아에 있을 때 아내가 둘째 아이를 임신했었는데, 그때 아내가 입덧하면서 먹고 싶은 한국음식들을 못 먹고, 고생하면서 전혀 먹지를 못하여 영양실조에 걸렸다. 결국 임신한 아이에게 영향이 가서 출산 두세 달 전부터는 의사의 조언대로 매일 소의 간을 먹으면서 고생하기도 했다. 또 아내가 온몸에 피부병이 생겨 병원에 갔더니 그때 콜롬비아 의사의 진단으로는 외로움과 고향에 대한 향수병으로 인해서 피부병이 생겼다고 한다. 얼마 지나지 않아 피부병은 다 나았지만 그때 머리에 진물 같이 것이 나고, 가려움증이 생겼는데 그것으로 고생이 심했다. 당시 콜롬비아에서 처방 받은 '베따삐록스'(Betapirox)라는 샴푸(오직 한정된 약국에서만 판매)를 쓰기 시작했는데, 희한하게 그 샴푸를 쓰면 머리에 진물도 나지 않고 가렵지도 않았다. 그래서 멕시코에 있는 지금까지 그 샴푸를 쓰고 있다. 한동안 여러 가지 다른 샴푸와 비누 등을 다 써보고, 한국에서 있을 때도 별별 샴푸를 다 써보았지만 이상하게 아내는 '베따삐록스'(Betapirox)를 안 쓰면 다시 머리에 진물이 나면서 가려움 속에 고통을 받는다.

또 큰 아이가 현지인 학교에서 적응을 못해서 울면서 괴로움을 호소했을 때나, 작은 아이가 멕시코 학교에서 친구들에게 따돌림 당하고 놀림을 당할 때는 부모로서 너무 마음이 아팠다.

또 선교하면서 현지인들로부터 위협을 당한 일은 부지기수이다. 특히 내가 그토록 사랑하며 양육했던 현지인들이 나를 외국인이라고 하며 등을 돌리고 자기들끼리 똘똘 뭉쳐 대적할 때는 정말 말할 수 없는 비애감을 느꼈다. 내가 아무리 노력해도 그들과 같은 마음을 가진 같은 나라의 사람이 될 수 없다는, 그래서 어쩔 수 없이 그들에게 나는 '외국인'이라는 것을 깨달았을 때는 외로움에 너무 괴로웠다.

그들과 언어와 문화가 다르고 법을 잘 몰라서 현지인들에게 속임을 당하여 생기는 물질적인 손해와 정신적인 고통, 또 몸이 아프지만 치료를 잘못해서(한국 같으면 간단한 것도 여기서는 제대로 치료를 못하거나 잘못해서 더 고생하기도 한다.), 몸이 더 망가짐을 느낄 때(의료보험이 없어서 일반으로 치료하는데, 그때마다 돈이 많이 들어서, 꼭 필요할 때 못 가고 겪는 아픔들), 물질적인 어려움을 당할 때(한국이면 누구에게 빌릴 수도 있지만, 선교지에서 돈을 빌릴 수도 없는 곳에서 당하는 물질적인 어려움들이 생길 때)도 마찬가지의 고통을 느낀다.

그리고 한국에서 가족들의 안타까운 소식을 듣고도 가지 못하는 경우나 상황 때문에 겪는 고통도 있다. 갑자기 현지에서 한국의 가족들이 보고 싶어서 외로움이 밀려 올 때도 있고, 또 현지에서 당하는 스트레스와 마음의 상처들을 기도와 말씀 묵상 외에, 한국 같으면 세미나 같은 곳에서 목회자들을 만나서 배우고 대화하면서 풀 수 있을 텐데, 전혀 그런 교육적인 혜택을 받지 못하고 대화를 나눌 상대조차 없어서, 혼자서 끙끙 앓아야 하는 일이 비일비재하다. 이 모든 것을 누구의 도움 없이 혼자의 힘으로 해결해야 하고, 그런 상황 속에서 괴로움과 외로움이 밀려올 때가 너무 많다. 이런 것들이 선교사의 고통이라고 할 수 있을지 모르겠다.

Chapter 79 낯가림이 심한 내성적인 사람이 선교사로

사실 내가 목사가 되고 선교사가 된 것 자체가 기적 같은 일이라고 생각한다. 사실 나는 내성적이고 낯가림이 심해서 다른 사람들 앞에서 말도 제대로 못했었는데, 많은 사람들 앞에서 설교하고, 아는 사람이 아닌 모르는 사람들을 늘 만나야 하고, 늘 새로운 환경들을 접하는 선교사가 되었으니 이것이 기적이 아닌가.

나는 실제로 지금까지 공부하면서 한 번도 손을 들고 "선생님께 질문 있습니다!"라고 해 본 적이 없는 아주 소심하고 내성적인 사람이다. 그뿐인가? 자기소개조차도 못하고, 누구 앞에 서기만 하면 얼굴이 빨개지면서 말을 더듬는 것이 바로 내 모습이었다. 그랬던 사람이 후원교회인 과천교회 같은 큰 교회에서 많은 사람들 앞에 서서 설교를 했으니, 참 기적과 같은 일이다.

또한 멕시코의 빈민가 광장에서 200명, 때로는 300명을 모아 놓고서, 전혀 모르는 사람들 앞에서 담대히 그곳 언어로 수없이 설교를 하였다. 말 한마디 못하고 얼굴만 빨개지고 말을 더듬거리던 사람인데,

대중 앞에서 설교를 하고 있으니 참 놀라운 사실이다. 그것도 한국말이 아닌 스페인어(에스빠뇰)로 외국인들 앞에서 복음을 증언하고 있으니 나로서는 이것이 기적 중에 기적이라고 생각한다.

그러나 사실 나는 지금도 강단에 올라 갈 때나, 사람들 앞에 서게 되면 엄청 떨리고 가슴이 두근거린다. 그저 나는 하나님 앞에 "주님! 저 혼자 내버려 두지 마세요, 지금 이 시간 성령님께서 함께 하셔서 힘을 주세요. 담대히 복음을 증언하게 해주세요!"라고 간구하고 있다. 멕시코 사람들 앞에 설교할 때나 강의할 때는 "주님께서 이 시간 말씀해 주시고 나는 감추어 주세요!"라고 고백하는 기도가 나의 기도 18번이다. 항상 이 기도를 하면서 강단에 서고, 사람 앞에서 설교를 한다.

그러면 정말 기적과 같은 일이 벌어진다. 강단과 그 어떤 곳이든, 교회든, 광장이든, 길거리든, 강의실이든, 어디서든지 복음을 증언하려고 서기만 하면 담대해지고 떨리지 않고 당당하게 복음을 증언하게 된다. 이것은 바로 성령님께서 나와 함께 하심을 느끼기 때문에 담대해 질 수 있는 것이다. 이것이 또한 하나님께서 나와 함께 하시는 하나의 증거가 될 수 있을 것이라고 생각한다. 나와 같이 낯가림이 많은 부족하고 미련한 사람을 선택하셔서 주의 사명을 감당하게 하신 하나님의 은혜가 그저 놀라울 뿐이다.

단기선교때 거리광장에 모인 사람들에게 설교하는 모습

Chapter 80 멕시코 교회 문화

만일 한국 사람이 멕시코 교회에서 그 사람들과 함께 예배를 드리면 얼마 안 가 숨넘어가고 몸이 뒤틀려서, 앉아 있을 수 없을 것이다. 왜냐하면 그들이 주일 낮 예배 시간이 보통 3시간이 넘어가기 때문이다. 일반적으로 그들이 주일 낮에 예배드리는 모습은, 한 시간 동안 춤을 추면서 열정적으로 박수치고 드럼과 전자오르간으로 볼륨도 크게 틀어 놓고 찬양을 드린다. 정말 고막이 찢어질 정도로 크게 틀어 놓고 열정적으로 찬양을 드린다. 그리고 개인들이 나와서 간증하는 시간들이 있는데(미리 준비된 사람이 아니라 아무나 자유롭게 나올 수 있다), 보통 한 사람이 나오면 최소 10분은 지나간다. 그리고 이어서 다 같이 기도드리는 중보 기도의 시간을 가지고, 마지막으로 설교는 짧으면 40분이고 길면 한 시간 정도 한다.

그리고 어떤 교회는 마지막 시간에 헌금을 하는데, 목사가 강단 밑에 서 있고 교인들이 봉투에 헌금을 담아 가지고 앞으로 길게 선다. 그리고 차례가 올 때까지 기다리다가 차례가 되면 목사 앞에 가서 목사가 들고 있는 둥근 바구니에 헌금을 넣으면 목사가 기도를 해 준다. 이렇게 순서를 가지니 예배가 보통 3시간을 훌쩍 넘긴다. 또 일반적으로 교회들마다 교인들이 십일조 하는 순서와 일반 헌금 하는 순서가 다른데, 먼저 십일조를 나와서 하고, 다음에는 일반 헌금을 한다. 어떤 교회에서는 그 따로 하는 십일조가 담임목사의 사례비가 된다. 그 십일조가 얼마가 나오든 그것이 목사의 생활비가 된다는 것이다.

미국교회의 특징은 예배 전에 한 시간 가까이 성경공부를 하지만, 멕시코 교회의 특징은 열정적으로 찬양을 드리는 것이다. 모든 나라의 교회문화가 서로 다른 것을 느낀다. 만일 한국에서 이렇게 예배를 드렸다간 지루하고 힘들다고 할 것이다.

그러나 멕시코 사람들은 노래를 좋아하고 춤을 좋아하는 민족이기에 예배에서 찬양을 가장 중요시 한다. 그래서 어느 교회이든(아무리 가난한 교회더라도), 드럼, 전자오르간, 기타는 반드시 비치하고 있다. 이것이 교회의 필수 장비가 된다.

한국에서 드리는 새벽기도회를 이곳 멕시코 교회에서 시도하면 또한 교인들 모두 나오지 않을 것이다. 그들은 저녁 식사가 늦고 거의 늦게 잠을 자기에 아침 일찍 일어나는 것은 결코 쉬운 일이 아니다. 더불어 주말 저녁에는 밤늦게까지 음악을 틀어 놓고 숯불에 고기 구어 먹으면서 춤을 추면서, 시간을 보내기에, 그들이 아침에 일찍 일어나는 것은 상상하기 힘들다.

콜롬비아에 있을 때에 추수감사주일을 지키려고 했지만, 그들은 추수감사주일은 미국교회의 문화이기에 따를 수 없다고 해서 결국 지키지를 못했다. 성경에는 맥추절과 오순절을 지키라는 말씀이 있지만, 추수감사주일은 없고, 또 미국이 신대륙에 와서 첫 추수 감사 주일 지킨 것에 대한 인상이 강해서 반미 감정이 있는 콜롬비아 사람들이 지킨다는 것 자체가 불가능했다. 그래서 그런지 멕시코에서도 추수감사 주일이 없다. 있다면 미국인 선교사가 목회하는 곳에서는 가능하다. 이곳 뿌에블라에는 상대적으로 다른 지역보다 미국인 선교사들이 목회하는 교회가 많이 있다.

이렇게 나라마다 교회문화의 특징이 있다. 이것을 부인하고 무시하고 선교를 한다면, 소위 제국주의 선교 식민지화를 시키는 것과 같다. 선교는 그 나라에 '복음'을 심는 것이지 결코 선교사의 자국의 교회

문화를 심는 것이 아니기에 선교지의 문화를 이해하고 그들에게 문화를 접목시켜 복음을 전하는 것이 중요한 것이다.

Chapter **81** 같지만 다르고,
다르지만 같은 중·남미 국가

나는 페루에서 언어를 공부하고, 콜롬비아에서 선교하였고, 지금은 멕시코에서 선교를 하고 있다. 모두 같은 언어를 사용하는 같은 가톨릭 문화권이다. 페루에서는 언어를 현지 대학생과 침례교 신학교인 '세미나리오 바우띠스따'(Seminario Bautista)에서 배웠지만, 콜롬비아에 처음 도착해서는 콜롬비아에서 유명한 사립대학인 '하베리아나 대학교'(Universidad Javeriana)에서, 그리고 한국의 서울대학교와 같은, 국립대학인 '나씨오날 대학교'(Universidad Nacional de Colombia) 언어과정에 등록하여 일 년간 언어를 배웠다. 그리고 언어뿐 아니라 그 나라의 역사에 대해서 더 공부하기 위해서 '라 그란 꼴롬비아 대학교'(Universidad La gran Colombia) 교육과학대학에 정식 입학하여 1년간 공부하기도 했다. 이곳은 한국의 사범대 같은 교사양성학과였는데 중·남미 사람들의 교육 방법이나 철학 그리고 중·남미 역사에 대해서 배울 수 있었다.

그러나 선교사로서 학업을 병행하기가 쉽지 않았다. 공부만 하는 유학생이 아닌 선교사이기에, 대학 측에서는 외국인이라고 조금도 봐주지 않고 내국인과 똑같이 모든 과정을 엄격히 해서 별도의 시간을 내서 공부하기가 어려웠고, 선교사로서 선교하는 것보다 더 공부에 열중하는 것 같아 마음이 편치 않아서 중도에 학업을 포기했다. 그러나 공부를 하는 중에 언어뿐 아니라, 중·남미 역사에 대해서 많은 것을 배울 수 있었다.

그렇게 중·남미의 여러 나라에서 살면서 나름대로 배우고 선교를 하였는데, 재미있는 것은 가까워 보이는 그들 나라에서 공통점뿐 아니라 서로 다른 점들이 많이 있음을 보고 당황하기도 하였다. 그것은 전체적으로 중·남미는 같은 언어인 스페인어(에스빠뇰)를 쓰고, 같은 종교권인 가톨릭 문화권이라서 거의 분위기가 같아 보이지만, 나라마다 특성이 있고 다른 것이 꽤 있다는 사실이다.

같은 언어인 에스빠뇰(스페인어)을 쓰지만, 서로 다르게 쓰는 말이 많다. 예를 들면 '임대하다, 세를 놓다'라는 동사가 각각의 나라에서 다르게 쓰이는 것을 보게 된다. 페루에서는 '알낄라르'(Alquilar)를 쓰고, 콜롬비아에서는 '아렌다르'(Arrendar)를 쓰며, 멕시코에서는 '렌따르'(Rentar)라는 서로 다른 동사를 쓴다. 즉 같은 언어이지만 위와 같이 서로 다르게 써서 의미 전달이 다르며, 상황에 따라서 다른 단어를 쓰기 때문에 의미 전달도 달라서 당황한 적이 많이 있다.

그래서 한국에서 스페인어를 전공한 사람들이 한국어를 스페인어로 번역하는 것을 보면(호적등본 및 각종 증명서 번역을 했을 때), 그 번역한 사람이 어느 나라에 유학해서 배운 사람인지를 알 수 있다. 스페인에 유학한 사람과 중·남미에 유학해서 공부한 사람들이 쓰는 단어와 문장들이 서로 다르고, 또 같은 중·남미라도 어느 나라에서 배운 것인지 번역 상에 각각 다르게 나타나기 때문이다.

또한 종교적으로 같은 가톨릭이면서도 각각의 나라에서 각각 서로 다른 성자숭배와 지방의 토속적인 종교가 결합되어 약간 색채가 다른 가톨릭의 모습을 보게 된다.

그러나 그렇게 중·남미의 수많은 나라들이 서로 다른 점이 많이 있음에도 불구하고 "같다"라고 표현할 수 있는 것은 그들의 공통인 "스페인"과 "가톨릭"이라는 것에 서로 인식을 같이 하고 있기 때문이다. 그래서 그런지 하나의 공동체라는 것을 인식해서 서로 간에, 다른 어떤 다른 권역별 나라들보다 끈끈한 것이 또한 사실이다.

2010 남아공 월드컵에서 한국과 우루과이 시합이 있었다. 아깝게 한국이 졌는데, 그 다음날 멕시코 친구 목사에게 연락이 왔다. 그러면서 하는 말이 한국이 우루과이에게 졌는데 "미안하다"는 것이었다. 한국이 멕시코한테 진 것도 아닌데, 그들은 우루과이도 같은 나라라는 동질감 때문에 우루과이에 진 것을 두고서 내게 "미안하다"라고 한 것이다. 그 멕시코 친구는 틀림없이 한국과 우루과이 축구할 때 우루과이를 응원했을 것이다. 이렇게 그들은 어떤 일들이 있을 때 자신의 나라와 중·남미 나라를 동일시하면서 중·남미 국가를 응원한다는 것이다. 그렇게 그들은 끈끈하게 동질감을 갖고 있다.

중·남미와 스페인과는 또 다른 느낌이 있다는 것을 이번 2010년 남아공 월드컵을 통해서 알게 되었다. 결승전에서 스페인과 네덜란드가 경기를 했는데, 많은 멕시코 사람들이 스페인을 싫어한다는 것을 알게 되었다. 사실 의외였다. 왜냐하면 멕시코 사람들을 비롯한 중·남미 사람들은 거의 모두가 메스띠조(Mestizo)라고 불리는 스페인계와 원래 아메리카 대륙에 거주한 원주민들과의 혼혈인들이기에 자신들의 조상을 아메리카의 원래 원주민이기보다는 스페인이라고 이야기하고, 또 스페인계 백인 피가 조금 더 많이 있어서 피부가 백인 계통이면 그것을 자랑스럽게 생각하는 것으로 알고 있었는데, 축구 경기를 통해서는 그들 스스로도 무자비하게 침략하고 빼앗고, 피를 섞게 한 스페인 사람들을 은연중에 싫어한다는 것을 알게 된 것이다. 그렇게 스페인과 중·남미와는 또 다른 분위기를 느끼게 한다.

*

그러나 중·남미의 스페인어를 쓰는 나라의 사람들 간에는 동질감을 많이 갖고 있다. 그래서 나는 멕시코 사람들에게 선교사로 갈 때는 다른 문화, 종교권인 아시아나 아프리카로 가기보다는 중·남미로 갈 것을 권유한다. 그들이 중·남미에 선교사로 나간다면 다른 대륙 사람이 그들에게 선교할 때 당하는 언어나 문화 충격을 받지 않을 것이고, 같은 인종(메스띠조 Mestizo, 혼혈인)과 같은 문화의 동질감으로 인해서 중·남미의 어느 나라를 가든 '외국인'이란 냄새가 나지 않고 현지에 잘 적응하며 사역할 수 있기 때문이다.

한국에서도 경상도나 전라도, 충청도 등 지방마다 말이 서로 다르지만, 한국 사람들은 자세히 들어보면 이해가 되고 거의 다 알아듣는다. 이와 마찬가지로 멕시코 사람이 중·남미의 다른 나라에 가도 언어가 조금씩 다르지만 조금만 주의하면 다 알아 들을 수 있다고 한다. 언어뿐인가 문화나 음식 모든 것들이 그들에게는 전혀 낯설지가 않다는 것이다. 그래서 복음을 전하기가 쉬운 것이 사실이다.

실례로 멕시코에서 페루 사람이나 아르헨티나 사람이 와서 선교를 하는데, 그들을 선교나 선교사라고 부르지 않고 단순히 교회를 개척하여 목회를 하는 목회자로 불러도 될 정도이다. 언어와 문화가 같기에 전혀 외국인 냄새가 안 나고, 그들 속에서 목회를 잘하는 것을 보았다. 또 현지인들도 그들을 외국인처럼 대하지 않고, 목회자도 교인들 대할 때 외국인이 아닌 자국인처럼 대하므로 너무나 편하게 목회하는 것을 보았다. 그래서 따로 본국에서 선교비를 받지 않고 마치 자기 나라에서 개척을 하듯이, 타국에서 개척을 해서 교회를 섬겨 자립할 수 있는 경우를 많이 보았기에, 나는 멕시코 사람들에게 중·남미로 선교사로 나가는 것이 얼마나 큰 장점인지를 설명하고 중·남미로 갈 것을 가르치고 권유하고 있다. 특히 중미에서는 멕시코를 대국으로 인정하기 때문에, 멕시코 사람들이 중미로 나간다면 전혀 거부감을 갖지 않고 복음을 증거할 수 있는 것이다.

*

그래서 같지만 다르고, 다르지만 같은 중·남미의 모습은 하나의 거대한 공동체의 모습과 같기에, 이를 염두에 두고 선교사들도 중·남미의 한인선교사들이 하나의 성경공부 교재나 찬송가, 복음성가를 만들어서 같이 사용한다면 얼마나 좋을까 생각을 해보기도 했다. 나라마다 거리가 멀어서 자주 만나지는 못하겠지만 중미나 남미별로 전체 모임이나 세미나를 가지면서 전체 중·남미의 선교를 위해서 함께 노력한다면 하나님의 나라가 중·남미 전체에 아름답게 퍼져 나가지 않을까 생각해 본다.

Chapter **82** "총각입니까?"

이 말은 30대 때, 콜롬비아에서 콜롬비아 사람들로부터 내가 많이 들었던 말이다. 지금 40대 때는 이런 말을 별로 듣지 못하지만, 지금 40대 후반의 나이를 멕시코 사람들에게 이야기 하면 놀라워한다. 너무 젊다는 것이다.

이렇게 이야기하면 내가 "왕자 병"이 있거나 잘난 척 한다고 말할지 모르겠지만, 사실 중·남미 사람들은 동양 사람들의 나이를 잘 가름하지 못한다. 그것은 우리도 마찬가지다. 우리의 시각으로 멕시코 사람들을 비롯한 중·남미 사람들을 보면 나이가 많아 보이는데, 실제 나이는 엄청 적은 경우를 많이 본다. 사실 우리도 그들의 나이를 외모로 짐작할 수 없는 것이다.

*

사실 멕시코를 비롯한 중·남미 사람들은 '성문화'가 너무 개방적이라서 불과 14, 15세 나이에도 엄마가 되고, 아빠가 되기도 한다. 그들은 아주 일찍 성숙해서 그들의 10대가 우리의 20대로 보이기도 한다. 멕시코 친구 목사가 자기가 본 최연소의 여자 엄마는 12, 13세라는 말에 무척 놀라기도 했다.

도시 빈민가에서 종종 10대 중반의 아이들이 엄마가 되고, 아빠는 누군지도 모르거나 도망가서 혼자서 아이를 키우며 어렵게 살아가는 모습들을 보고는 너무나 안타까웠다. 그들이 30대가 되면 우리의 50대처럼 보이고, 또 자신이 10대 때 했던 것처럼 자신의 자녀들도 똑같이 그렇게 일찍 아이를 가지게 되어 일찍 늙는 모습을 흔히 보게 된다.

지난주에는 주차하고 나오는데 20대 정도 되는 주차 요원이 나에게 '호벤'(Joven)이라고 부른다. 호벤(Joven)은 '젊은이, 청년'이라는 말인데, 나보다 나이 어린 청년이 나보고 '청년'이라고 부르기에 웃어야 할지 울어야 할지 난감했지만, 하여튼 내게 젊다고 하니 감사한 일이라고 생각하기도 했다.

멕시코 사람이 나이를 물어볼 때마다 내 나이를 이야기 하면, 그들은 놀라면서 젊다고, 왜 그렇게 나이를 안 먹느냐고 하면서 비결을 가르쳐 달라고 한다. 가끔은 이들에게 뭐라고 말해야 할지 고민이 되기도 하지만, 고기를 즐겨 먹는 이들에게 실제적인 도움을 주는 충고로 고기와 콜라를 너무 많이 먹지 않는 것이 비결이라고 말하기도 한다.

"젊어지고 싶은 한국인은 누구든지 멕시코로 오세요. 그러면 젊다는 소리를 많이 듣는답니다."

Chapter 83 목적이 달랐던 출발 그리고 상반된 결과

가끔 내가 선교하는 지역에 오는 분들은 거의가 일단 미국을 한 번 본 다음에 멕시코를 온다. 그래서인지 거의 같은 질문을 한다. "여기는 한국의 60, 70년대 수준이다." "왜 이렇게 빈부 격차가 심하냐?" "왜 나라가 발전이 없느냐?" 등등의 질문이다. 더군다나 미국과 바로 붙어 있는데 "왜 멕시코를 비롯한 중·남미는 이렇게 못 사는가? 같은 아메리카 대륙인데 왜 그렇게 차이가 나는가?"라는 질문을 반복하는 것이다.

*

나는 이렇게 대답을 한 적이 있다. 그것은 "출발이 잘못되었기 때문입니다."라고 말이다.

미국은 신대륙을 발견한 후에 그 땅으로 청교도들이 신앙의 자유를 찾아서 시작을 하였기 때문에 '신앙'으로 새 출발하였지만, 멕시코를 비롯한 중·남미는 스페인 사람들이 '금'을 찾으러 와서 약탈하고 착취하면서 시작했기 때문에, 그 출발이 '금'과 '착취'였던 것이다. 그렇게 출발이 조금 달랐지만, 지금의 결과는 미국은 세계 초일류의 강대국으로 성장했지만 멕시코를 비롯한 중·남미는 약소국과 가난한 나라로 될 수밖에 없었다고 역사적 사실을 들어 설명을 한 적이 있다.

그렇게 출발이 중요하다고 볼 수 있다. 멕시코를 비롯한 중·남미는 스페인 사람들, 특히 남자 군인들(역사학자들은 스페인 사람들이 먼 신대륙으로 가서 약탈하는 것이 위험하다고 꺼리고 또 정치적으로 반대를 하자 불만이 나오지 않도록 교도소의 죄수들과 흉악범들을 군인으로 보냈다고 한다.)이 들어와서 금을 약탈하고, 그곳에 있던 남자 원주민들은 죽이거나 노예로 삼아 노동력을 착취했고, 여자 원주민들은 성 노예화해서 새로운 인종인 메스띠조(Mestizo, 혼혈인)를 만들어 놓았다고 한다. 이런 역사적 배경으로 출발이 달랐기에 결과는 엄청난 차이를 보게 되었다고 말할 수 있는 것이다.

그래서 결과만 중요한 것이 아니라, 첫 출발(어떤 동기를 갖는)이 중요하고, 과정 또한 중요하다. 바른 동기를 가지고 올바른 출발과 올바른 과정을 밟을 때, 정당하고 합당한 좋은 결과를 얻을 수 있다는 것을 말해 주고 싶다.

Chapter 84 "애니깽"의 한인들

멕시코 하면 떠오르는 '애니깽'이란 옛 조선인을 가리키는 말이다. 여기에는 슬픈 멕시코 이주 역사가 있다.

아주 오래 전인 1905년 4월 4일에, 남자 802명, 여자 207명, 어린이 20명을 포함한 총 1,033명의 조선인이 영국 상선 일포드 호를 타고 제물포를 떠나 요꼬하마를 거쳐 멕시코 유카탄의 에니깽 농장으로 갔다. 이미 3년 전에 시작된 하와이 사탕수수 농장의 노동자로 이민을 간 것이 시초였는데, 이후 일본인 중개업자의 농간에 의해 미국의 하와이가 아닌 멕시코로 그들을 그곳으로 보냈던 것이다. 결국 이 일은 단 한 번의 멕시코 이주로 끝나버려, 그 후 한국과는 아주 단절된 상황에서 조선인이 멕시코에 거주하게 되었다.

한국에선 보통 '애니깽'으로 알려진 에네껜(Henequen, 알로에 일종)은 유카탄 반도의 특산물로 뿔께(Pulque)라는 술의 원료로 쓰이는 것이다. 이 에네껜 농장의 노동자들로 멕시코 한인 이주 역사가 시작된 것이다.

이들은 처음에 계약노동을 맺고 왔지만, 거의 노예로 살다시피 하는 작업을 했다. 적은 인건비에 제대로 먹지 못하면서도 하루 종일 일해야 했고, 또 작업환경이 아주 열악한 가운데 심한 고생을 했다. 그럼에도 불구하고 그들은 당시 나라 없는 설움 가운데서도 임시정부로 돈을 모아 보내며 조선의 독립운동을 벌였던 참으로 자랑스러운 우리 조상들이라고 할 수 있다.

미국의 하와이로 이주한 조선인은 사진으로 보고 같은 조선인과 결혼하고 조금씩 돈을 벌어 미국의 다른 주로 이주할 수도 있었지만, 멕시코에 이주한 이들은 당시 조선과는 국가적으로 단절되어 있는 상황이었으므로 할 수 없이 멕시코 여인들과 결혼을 하여 뿌리를 내렸고, 그 결과 그들의 후손들(지금 현재 한인 3, 4, 5세) 약 3만여 명이 멕시코 각지로 흩어져 살아가고 있다. 특히 에네껜 농장이 있던 지역인 메리다 지역에는 약 2,500명 정도가 아직도 거주하고 있다고 한다.

그들은 소수를 제외하고는 아직도 어렵게 사는 이들이 많이 있다. 돈을 벌거나 성공한 사람들은 다른 지역으로 이주를 했고, 현재 그곳에 남아 있는 사람들은 주로 어렵게 사는 사람들이다. 그들 3, 4세들의 성(姓)은 현재 우리의 성과 같은 사람도 있지만, 당시 멕시코인 농장 관리인들이 한국 사람의 성을 부르기 어렵다고 해서 고 씨를 '꼬로나 Corona', 최 씨를 '산체스 Sanches', 김 씨를 '낑 King', 허 씨를 '히메네스 Jimenes' 식으로 바꿔 부르기도 하여, 그 결과 어떤 사람들은 단지 외모는 약간 동양적이라고 추측만 하고 자신이 한인의 후손인 것도 모르고 사는 사람들도 꽤 많이 있다고 한다.

멕시코 하면 떠오르는 애니깽은 이렇게 과거 슬픈 한국의 역사를 그대로 보여 주는 말이다.

오늘을 사는 우리 한국인들은 이들 과거의 슬픈 역사를 잊지 말아야 한다. 또한 어렵고 힘든 가운데서도 나라를 위해 독립운동하며 자신의 나라를 잊지 않았던, 그렇게 자랑스럽게 살아온 한인들의 아름다운 역사 또한 계속 지켜 나가야 할 것이다.

Chapter 85 빠스또르(Pastor, 목사)…?

'빠스또르'라는 말은 에스빠뇰로 '목사'이다. 멕시코에서는 장로교 목사들을 쁘레스비떼로(Presbitero)라는 말을 쓰기도 하고, 레베렌도(Reverendo) 라고도 하지만, 일반적으로 빠스또르(Pastor)라고 한다. 그런데 멕시코는 90%가 가톨릭 신자이기에 이 빠스또르(Pastor)가 개신교 목사라는 것을 모르는 사람들이 꽤 있다.

*

한 번은 몸이 아파서 병원에 갔는데 나이 지긋한 의사가 나에게 무엇 하는 사람인지를 물었다. 그래서 목사라고 했더니, 한참을 쳐다보고 이해가 안 되는 표정을 짓더니 다시 물었다. 그래서 다시 '빠쓰또르'라고 대답했더니 한 동안 말이 없었다. 그래서 내가 다시 이렇게 말을 했다. "소이 빠스또르 데 라 이글레시아 쁘레스비떼리아나(Soy pastor de la iglesia presbiteriana, 저는 장로교 목사입니다)."

'빠스또르'라는 말은 목사이지만, 또 독일의 유명한 쉐퍼드 개의 이름 역시 에스빠뇰로 빠스또르 알레만(Pastor alreman)으로 불리는데 그 개를 줄여서 빠스또르 Pastor라고 부르기도 한다. 그러므로 그 의사는 개신교 목사를 잘 모르는 데다가 내가 말한 빠스또르란 말이 분명히 개 종류 이름인데, 개 이름을 자신의 직업으로 말하고 있으니까 이해를 하지 못한 것도 당연한지 모른다. 그럴 정도로 개신교가 약한 곳이 멕시코다.

*

그래서 나는 이곳에서 전도할 때든, 택시를 타든, 식당에서 누구를 만나든 나를 소개할 때면 "빠스또르 초이(Pastor Choi)"라고 한다. 그러면 그 말을 모르는 사람들은 자연히 그것이 무엇인지 궁금해 하면서 관심을 갖게 된다. 또는 빠스또르(Pastor)가 무슨 뜻인지 안다고 하더라도, 믿지 않는 사람들이 대부분이기에, 동양인 목사라고 하면 신기해 하면서 이렇게 묻는다. "너희가 믿는 하나님은 누구냐?" 그러면 나는 그때부터 "내가 믿는 분은 바로 예수님입니다." 하면서 사도행전 4장 12절을 인용하여 "천하 인간에 구원을 받을 만한 이름을 우리에게 주신 일이 없다."라고 하면서 "오직 예수님"을 전하면, 수긍하고 복음을 받아들이는 것을 종종 보았다.

그래서 누구에게든 이곳에서 먼저 나를 소개할 때면 항상 "빠스또르

(Pastor)"라고 하여 복음을 전하는 데 접근하는 방법으로 사용하고 있다.

나는 복음을 전하는데 좋은 점이 또 있다. 동양인이기에 특히 빈민가에 들어가면 사람들이 호기심으로 쳐다본다. 그런 곳에는 동양인인 외국인이 들어오는 것이 쉽지 않기 때문이다. 일차적으로 사람들이 쳐다보고 관심을 갖는 것이 복음을 전하는 데 얼마나 좋은지 모른다.

사실 처음에는 사람들이 나를 뚫어져라 쳐다보니까 쑥스럽기도 하고 창피하기도 해서 시꺼먼 안경을 쓰고 다니기도 했지만, 그래도 그들은 내가 외국인임을 쉽게 알아본다. 여기서 깨달은 것이 있다. 우리가 이 땅에 외국인으로서 살아가는 데 있어서, 이 땅에서 구별된 삶을 살아 믿지 않는 사람들이 나를 그리스도인으로 알아보는 하나님의 자녀가 되어야 함을 늘 깨닫게 된다.

Chapter 86 "수십 번도 더 이사해서 더 이상 세는 것을 중단했다"

한국에서는 '전세'라는 제도가 있어서 목돈이 있으면 한 번에 돈을 넣고 몇 년을 걱정 없이 살 수 있으므로 목돈이 그대로 남아 있는데, 중·남미는 그런 전세 제도가 없다. 집을 사든지 아니면 매월 돈을 내야 하는 월세로 사는 것이다. 집을 계약할 때는, 월세로 한 달, 또는 두 달, 세 달치를 보증금을 지불해야 하고, 계약이 끝나면 이 보증금은 돌려주게 되어 있지만 거의 받지를 못한다. 이런 저런 흠을 핑계 대고, 칠을 새로 하기에 그 보증금으로 그것으로 대신하여 반환하지 않기 때문이다.

선교지에서는 매월 돈을 내야 하는 월세를 사는데, 돈이라는 것이 들어오는 때보다 나가야 하는 때가 너무 너무 빨리 온다는 것을 실감한다.

*

나는 선교지에서 수도 없이 이사를 다녔다. 선교지에서 돈을 아낄 수 있는 것은 먹는 식비와 월세이다. 다른 것은 어쩔 수 없이 지출하게 되는 비용이기에 할 수 없다. 또 아프지 말아야지 한번 아프면 금방 100불 이상이 지출되기에 나는 선교하기 위해서는 그 지출비용을 줄여야 했다. 내가 있었던 선교지는 공교롭게도 사회적으로 불안전해서 치안이 안정되지 못해 도둑, 강도 등이 많은 곳이었다. 그래서 안전한 곳을 얻으려면 당연히 좋은 동네로 가야 했지만 그런 곳을 얻으려면 월세가 비쌌다.

그런 관계로 안전하면서도 돈이 적게 드는 곳을 찾기 위해 여러 곳을 이사 다녀야 했다. 때로는 지출을 더 줄이기 위해서 조금 안전하지 못한 원룸으로 이사를 갈 수밖에 없었는데, 결국 그런 곳에서는 도둑이 들기도 했다.

*

한국에서 어느 분이 이런 질문을 한 적이 있다. "선교사님도 집에 가정부가 있으십니까?" 이 질문은 물가가 싼 동남아에서 사역하시는 선교사님들 가정에 가보면 가정부가 있기에 내게도 있을 것으로 생각하고 물은 것이다. 또 인도네시아에서 사역하는 여성 선교사는 당연히 고용을 위해서, 또 복음도 전하기 위해서, 가정부나 운전수도 따로 둔다는 말을 들었다. 이는 중·남미에서는 꿈같은 이야기다. 물론 중·남미 가운데서도 물가가 싼 나라에서는 가능할지 모르지만, 내가 있는 멕시코에서는 거의 불가능한 이야기다. 그만큼 물가가 비싸기 때문이다. 하지만 비교적 물가가 싼 콜롬비아에 있을 때도 나는 가정부를 둔 적이 없다. 매월 집세를 내는 집을 싼 곳으로 옮기는 것이 선교비를 아끼는 가장 좋은 방법이기에 나는 할 수 없이 이사를 자주 다녀야 했다.

이사를 자주 다니다 보니 이제 요령이 생겨서 살림을 많이 가지지 않는 것이 좋고, 또 살림살이를 많이 구입하지 않는 것이 유익이라는 것을 알게 되었다. 그럼에도 이사를 가기 위해 짐을 싸게 되면 어디에서 나오는지 짐이 많이 나온다.

내가 신학 공부할 때, 어느 교수님이 "목사는 언제든지 떠날 준비를 해야 한다."라고 하셨는데, 이 말은 목사가 목회하는데 욕심을 버리고 순전한 마음으로 교회를 섬기라는 뜻이었겠지만, 정말 목회자는 목회뿐 아니라 살림살이 등, 모든 면에서 욕심을 버려야 함을 선교사로 나와서 뼈저리게 느끼고 배우게 되었다.

*

"우리는 수십 번도 더 이사해서 더 이상 세는 것을 중단했다."

이 말은 아내가 이사를 너무 자주하였다고 푸념을 할 때, 나에게 들으라고 일부러 큰소리로 하는 말이다. 누구든 이 말을 듣게 되면 더 이상 이사가 힘들다고 말하지 못한다. 그러나 내가 "어쩔 수 없었지..."라고 자조 섞인 말을 해보지만, 선교사로 나와서 안정적으로 살아가지 못했음에 대해서는 아내와 아이들에게 미안한 마음을 늘 갖고 있다.

그럼에도 불구하고 올해도 일 년 계약이 끝나면 어쩔 수 없이 다시 이사를 해야겠다. 왜냐하면 이곳 멕시코 뿌에블라에서는 생활비가 너무 많이 들어서 비용을 줄여야 하기 때문이다.

Chapter 87 양심 시험

"시험 감독해야 합니다."

지난 학기 종강을 하고 마지막 시험 시간에 내가 시험 감독을 하지 않고 강의실 밖에 있는 것을 보고는, 신학교의 비서인 자넷(Yanet)이 깜짝 놀라서 나에게 한 말이다. 나의 대답은 이랬다. "나는 지금 학생들에게 양심 시험을 보고 있습니다."

나는 서울장신 1학년 때 잊을 수 없는 경험을 했다.

*

마지막 강의가 끝나고, 시험 시간에 시험지를 나누어 주기 전에, 교수님이 학생들에게 이렇게 말을 했다. "여러분은 목사가 되려고 신학교에 들어 왔습니다. 그리고 여기는 선지동산입니다. 여기서 시험을 볼 때 시험점수 더 받으려고 여러분의 양심을 속이지 마십시오. 목사가 될 사람이 양심을 속이면 자격이 없는 것입니다." 그리고 문제지를 학생들에게 나누어 주고는 강의실을 나가셨다.

나는 그 교수님을 잊을 수가 없었다. 사실 나도 중고등학교 때는 아무런 죄의식 없이 소위 '컨닝'을 한두 번 한 적이 있다. 옆 사람 시험지를 살짝 쳐다보거나, 앞 친구에게 가르쳐 달라고 하기도 하였는데, 그때는 전혀 죄의식 없이 그런 부정행위를 했었다. 그러나 신학교에 들어와서는 나름대로 공부를 열심히 하고 시험을 보았다. 선지동산에서 목사가 되겠다고 들어온 신학교에서 부정행위를 절대 할 수는 없었다.

내가 학교 다닐 때 가장 약한 것은 영어였다. 영어 점수는 항상 낮았고 겨우 겨우 과락만 면했는데, 그 학기에 학점을 따기 위해서는 반드시 들어야 하는 필수 과목이 '고급영어'였다. 드디어 시험시간에, 나는 그 과목을 통과하기 위해서 나올 만한 문장을 아예 통째로 외웠다. 영어 문장을 해석하는 시험이었는데, 나는 영어기초가 약하였기에 고육지책으로 택한 방법이 통째로 외우는 것이었다. 그런데 하필 그 시험에서 나온 것은 내가 시험공부 하지 않은 곳에서 나왔다. 헛다리를 짚은 것이다. 그때는 정말 하늘이 노랗게 보였다. 그런데 하필 그때 교수님이 시험 전에 "당신들은 목사가 되려고 선지동산에 왔다. 그러면 양심을 속이지 말아야 하지 않겠는가?"라고 말씀하셨는데, 나는 그 교수님의 말씀이 전적으로 옳다고 생각했다.

그렇게 시험 같은 조그마한 것에 아무런 죄의식 없이 내 양심을 속인다면 다른 큰 것도 속일 수 있을 것이라고 생각하여, 더 열심히 공부하지 못한 것에 대한 회개의 기도를 하고, 시험지에 나의 이름을 쓰고, 제일 먼저 강단 앞으로 나와서 백지 시험지를 놓고 강의실을 떠났다. 그래서 당연히 나는 그 과목에 F가 나올 줄 알았다. 그런데 웬걸, 70점이 나와서 그 과목을 통과한 것이다. 그 교수님은 나의 양심을 점수로 매겨 주셔서 통과시켜 주셨던 것이다.

그후로 나는 신학교 다닐 때, 항상 최선을 다해서 공부를 했고, 단 한 번도 컨닝 같은 부정행위를 하지 않았다. 하나님 앞에서 양심을 속이고 싶지 않았던 것이다.

그런 나의 경험을 바탕으로 선교지에 나와서 신학생들에게 강의하고 시험을 볼 때면, 시험 감독을 하지 않고 감독 없이 시험을 보게 한다.

그리고 "하나님 앞에서 시험보라."라고 말한 후에 칠판에 이렇게 적고 나온다. "엔 끄리스또(en Cristo, 그리스도 안에서)." 항상 우리가 무엇을 하든지 주님 안에 한다면, 부정행위나 잘못된 것, 어떤 모양이라도 하나님이 기뻐하시지 않는 것은 안할 것이다. 무엇보다도 내 양심을 속이지 말아야, 좋은 목사가 될 수 있을 것임을 믿기 때문이다.

시험 시간에 나의 가르침을 따라서 정직하게 시험을 보고 양심을 속이지 않는, 단 한 명의 학생이라도 나온다면 나는 그로 인해서 행복할 것이다. 그 한 명의 좋은 목사가 앞으로 멕시코에서 좋은 지도자가 될 수 있으리라 믿기 때문이다.

Chapter 88 축구에 목숨을 거는 나라

콜롬비아 교회청년들 축구팀을 조직 후 기념촬영

나는 1994년 월드컵축구가 끝난 뒤에 콜롬비아로 들어갔다. 그 후 나는 1998년, 2002년, 2006년, 2010년 남아공 월드컵까지 선교지에서 월드컵을 보게 되었다.

콜롬비아와 멕시코를 비롯한 중·남미는 축구를 빼고는 이야기가 안 되는 축구에 열정과 정열이 있는 나라들이다. 이 나라에서 월드컵은 정말 대단한 관심을 갖는 것으로, 어떤 사람들은 월드컵을 보기 위해 일 년 동안 돈을 모아서 축구 여행을 가기도 한다. 그렇게 중·남미에서의 축구는 국가적이고, 국민적인 스포츠라서 아주 열광적으로 응원하고, 또한 선수만이 아닌 온 국민이 축구를 즐기는 것이다.

*

1994년 월드컵에서 콜롬비아가 미국과 축구 시합을 했는데, 그만 콜롬비아 선수가 자살골로 미국에게 져서 16강 진출을 하지 못했다. 이 일로 그 자살골을 넣은 선수가 콜롬비아에 돌아와서 총 맞아 죽는 사건이 생겼다. 그렇게 축구에 죽고, 축구에 산다고 표현할 수 있을 정도 중·남미 사람들은 축구에 열광적이다.

한국에서는 프로팀끼리의 경기에도 거의 관중들이 없고, 관계자들과 소수의 사람들과 그 팀의 서포터스들만 경기장에 가지만, 콜롬비아나 멕시코에서는 대표팀 경기는 물론, 일반 자국 프로팀 경기라 하더라도 그 지방에는 축제가 되어서 자동차에 프로팀 깃발을 걸고 경적을 울리면서 아주 요란하고 시끄럽게 보내면서 축제가 된다. 뉴스를 보지 않아도 축구 시합이 있는지 알 수 있는 것은, 길가에 축구 구단의 깃발이 걸려 있고, 많은 차에 깃발을 걸고 다니기 때문이다. 그리고 경기장은 관중으로 가득 찬 가운데 열광적으로 경기가 진행된다. 만일 그 지역의 프로팀이 이기게 되면 길가에 나와서 차에 경적을 울리면서 시끄럽게 온 동네가 떠나갈 듯이 승리를 자축한다.

동네 주변에서도 늘 축구하는 아이들을 비롯하여 청년들과 성인들의 축구 경기를 쉽게 볼 수 있다. 공터 등 조그만 공간만 있어도 누구나 공을 가지고 와서 축구를 한다. 그렇게 축구는 이들에게 온 국민이 좋아하는 정말 국민 스포츠이다.

　한국과 중·남미 국가의 응원하는 것에는 차이점이 있다. 한국에서의 거리 응원은 2002년 한국월드컵 때 생긴 것이지만, 한국은 국가대표 시합이 있으면 거리에 몰려 나와 광장 같은 곳에서 함께 모여 소위 '길거리 응원'을 한다. 그런데 콜롬비아나 멕시코 사람들은 시합이 있으면 모두 집으로 가고, 소수의 사람들은 술집이나 음식점에 대형 TV로 보면서 응원을 한다. 그래서 거리는 아주 조용하고 한산하다. 특히 월드컵 때는 다니는 차도 거의 없고 거리에서 사람을 볼 수가 없다.

　그러나 경기가 끝난 다음의 모습은 정반대이다. 중·남미에서는 그 도시의 프로팀이나 대표팀이 지게 되면 조용히 집으로 돌아가지만, 반대로 승리하게 되면 밤새도록 술판이 벌어지고, 차는 경적을 울리고 돌아다니며, 동네마다 거리마다 난리가 난다. 이 때 사고가 많이 일어난다.

　선교지에서 월드컵 축구를 보면서 한국팀과 선교지의 나라가 축구시합을 하지 않기를 위해 늘 기도했다. 만일 한국과 축구를 해서, 한국이 애매한 심판 판정이나 페널티킥으로 이긴다면 한국 사람들에 대한 시선이 경멸적으로 바뀌게 되는 것을 느낀다. 이것은 그들이 축구에 열광적이고, 목숨을 거는 사람들이고, 오직 애국심이 평상시에는 없다가 축구경기가 있을 때만 발휘되기에 자신의 나라가 축구에 진다는 것은 곧 대단한 수치로 생각하기 때문이다.

*

　2002년 한국에서 열린 월드컵은 선교지에서 대단한 화제가 되었다. 내가 있던 멕시코 몬떼레이 지역 신문에 한국이 16강, 8강, 4강

올라갈 때마다 신문과 방송에서 한국에 대한 기사를 실었는데, 한국 사람들이 한 교민의 집에서 모여 축구 보는 것을 특집기사로 실릴 정도였다.

2010년에는 남아공월드컵 개막전에 남아공과 멕시코가 경기를 했는데 집집마다 응원하는 소리로 난리들이다. 역시 거리는 한산하고 집집마다, 가게마다, TV 켜놓고 온통 눈과 귀가 축구에 가 있다. 멕시코가 16강에 들어가자 더욱 난리들이다. 그런데 인터넷으로 한국의 소식을 보니 한국 또한 원정 월드컵 사상 처음으로 16강에 들었다고 난리들인데, 오히려 열기는 축구를 엄청 좋아하는 멕시코보다 한국이 더 센 것 같다. 한국에서 길거리마다 나와서 경기를 응원하고 뒤풀이를 한다고 하면서, 추한 행동들과 사고가 나는 모습 등이 중·남미를 닮아 가는 것 같은데, 월드컵과 축구는 전 세계 사람들에게 많은 즐거움을 주기도 하지만, 단순한 스포츠 경기에 대한 실망을 떠나서 지나친 관심으로 사고가 나거나 다치지 않을까 걱정이 되기도 한다.

단지 축구로 인해서 한순간의 기쁨이나 만족이 아닌, 주님으로 인한 영원한 즐거움과 기쁨이 전 세계에 퍼지기를 소원한다.

Chapter 89 '사역'과'사업'

한국에 있을 때 믿지 않는 사람으로부터 "목회사업은 어떠십니까?"라는 질문을 받은 적이 있다. 믿는 사람들도 가끔은 '사역과 사업'을 혼동하여 '목회 사업, 선교 사업'으로 생각하고 물어오는 때도 있다.

*

나는 사역과 사업을 구분하고자 한다.

'사업'은 어떤 이익을 얻기 위해서 하는 비즈니스나 일이다. 그러나 '사역'은 시키는 자가 있어서 그 시키는 일을 하는 것을 말한다. 즉 사역은 하나님이 시키시는 일, 주의 일을 하는 것을 말한다.

다시 좀 더 쉽게 구체화 한다면, 사업은 물질적인 일이고, 사역은 영적인 일이라고 할 수 있다. 그러므로 '목회 사역, 선교 사역'은 바로 영혼을 구원하는 일을 말한다. 그래서 영혼 구원 하는 일을 하는 사람을 '사역자'라고 하는 것이다. 우리는 '사업가'가 아닌 '사역자'들이다. 그래서 하나님의 일을, 영혼 구원하는 일을 하는 사람들이다.

*

선교지에 있다가 한국에 왔을 때 가끔 이런 질문을 받은 적이 있다. "교회는 몇 개 개척하셨습니까?" "예배당, 건물은 있습니까?" "선교센터는 있습니까?" 아마도 이는 한국에서 목회하는 목사에게 "교인이 몇 명 있습니까?", "자기 건물이 있습니까?"라고 묻는 질문과 같은 의미의 말일 것이다.

선교사에게 '사역'은 영혼을 구원하는 일이기에, 그것이 결코 몇 개의 교회를 건축하고, 얼마나 멋있는 선교센터가 있는가가 중요한 것은 아닐 것이다. 그러나 선교 '사업'을 한다면, 한 영혼 구하는 일에 관심을 쏟기보다는, 여러 군데서 돈을 모아서 몇 개의 교회를 건축하고, 얼마나 크고 멋있는 선교센터를 세우는가가 더 중요할 것이다.

*

처음에 볼리비아에 갔을 때, 나는 한국인 선교사들을 선교지에서 처음 보았다. 말로만 듣고 책에서만 보아왔던 선교사의 사역을 볼 수 있다는 기대감도 사실 한국에서 출발할 때부터 가지고 있었다. 그러나 나는 그곳에서 선교사들을 보면서 주의 일을 하는 '사역자'가 아닌 비즈니스를 하는 훌륭한 '사업가'들을 보게 되었다.

그들은 특정 지역 출신임을 내세워, 다른 지역의 선교사를 서로 비방하고, 한국의 여러 교회들을 방문하고, 또 미국의 한인교회에 다니면서 낙후되고 가난한 볼리비아에 교회와 대학교를 지은다고 광고하여 엄청난 선교비를 끌어 모아 건물들을 짓고, 또 다시 한국에 가서 자신이 지은 건물들과 실적들을 자랑하며 자신의 선교를 과시하고, 자신의 업적을 세우는 아주 훌륭한 사업가들이었다. 가난한 원주민들을 사랑하고 그들의 영혼을 구원하고 그들을 치유하고 도우려고 하는 것이 아니라, 자신들이 하는 사업을 통하여 업적을 내세우고 자랑하며 과시하는, 그리고 불쌍하고 가난한 원주민들을 자신들이 하는 훌륭한 사업의 하나의 도구로써 이용하는 정말 순수하지 못하고, 정직하지 못하고, 진실하지 못한 모습을 통해서 나는 그들의 '사역자'가 아닌 훌륭한 '사업가'로서의 단면들을 보았던 것이다.

나는 외국에, 선교지에 처음 가서 본 한국인 선교사들에게서 매우 실망하였지만 볼리비아의 순박한 원주민들의 모습에는 크게 반했다. 볼리비아 원주민 여인에게 내가 처음으로 머리를 자르는 미용 봉사를 했는데, 처음 시도하며 잘랐기에 서툴고 엉망이었지만 전혀 화를 내지 않고, 내가 땀을 흘리면서 열심히 자르는 그것만으로도 감사하게 생각하며 미소 지으며 나를 위로하며 감사의 말을 전했다. 그들의 말을 전혀 모르는 외국인이지만 친절하고 사랑스럽게 대하는 원주민들, 눈이 똘망똘망한 아이들, 또 전혀 언어가 통하지 않는데도 손짓 발짓으로 대화하며 나를 이해하려고 애쓰는 그들의 모습에 반하여서, 순박한 그들의 영혼을 위하여 선교사가 되겠다고 다짐을 하였었다.

선교사는 그들의 영혼을 사랑하고, 그들에게 하나님의 자녀로서 이 땅에서 그리스도인으로 함께 살아가도록 길을 안내하고 돕는 역할을 해야 함을 선교현장에서 깨달았다.

*

사업을 하는 선교사들은 그 사업을 자랑하기 위하여, 외부에서 손님들이 오면(단기선교 등) 자신이 건축한 교회들을 순례시키듯이 구경시키면서 자신의 선교 영역이 넓은 것을 자랑한다. 물론 훌륭한 사역자이면서도 훌륭한 사업가로서 양쪽을 다 잘하는 선교사도 분명히 있을 것이다. 그러나 하나님의 일, 영혼을 구하는 일을 하는 것이 '선교'이고 '사역'이기에, 현지에서 외국인 한 영혼 한 영혼을, 내 영혼, 내 민족의 영혼만큼 사랑하고 돌보는 것이 바로 선교사의 사역임을 강조하고 싶다.

부디 많은 사람들이 '사업가'가 아닌 '사역자'의 길을 가는 선교사들에게 기도와 격려가 있기를 바란다. 또한 정말 많은 목회자들과 선교사들 특히 선교 지망생들이 '사역'에 관심을 가지고 주님의 일을 감당하기를 진정으로 바란다.

우리가 '사업'에 관심을 가진다면 세상 사람들은 목사와 선교사에게 손가락질을 할 수 있지만, '사역'에 관심을 가진다면 박수를 보내며 교회와 목사와 선교사를 인정하고 존경할 수 있으리라 믿는다.

Chapter 90 '선교사'와 '손님 접대'

언젠가 어느 선교사의 부인이 자신의 고민을 메일로 내게 문의한 적이 있다. 내용은 다음과 같다.

"사랑하는 목사님 (선교사님),
교회와 가정에 주님의 평화가 넘치기를 기도합니다.
다름이 아니라, 한 가지 질문을 하려고요.
사모님들께서 함께 답을 주셔도 좋겠구요.
단기 선교팀에서 청소년(youth)들을 데리고 목사님께 왔다면,
선교 센터에서 팀과 선교사들이 함께
아침식사(간단한 아메리칸 아침식사 정도임)를
준비해서 식사를 할 때, 어른들만 늘 준비를 하도록
단기 팀이 분위기를 만든다면, 선교사님은 어떻게 하시겠습니까?
괜찮은 것인지? 아닌지 알고 싶습니다.
K 선교사 올림"

사실 위의 선교사는 순수하셔서 어떻게 해야 할지 고민이 되어 내게 질문을 한 것 같다.

나의 선교 생활을 돌이켜 보면, 내게도 참으로 많은 사람들이 방문했고 그들을 접대한 것이 기억난다. 때로는 단기 선교팀으로 방문하고, 때로는 지나가는 손님으로 들리기도 했다. 언젠가 미국에 사는 한인 부부가 여행 차 이 지역을 관광하는데 내게 안내해 주었으면 좋겠다는 연락이 왔다. 그들은 다운타운을 지나가다가 한국 사람을 만났더니 "최 목사님을 찾아가라."고 해서 연락을 했다는 것이다. 그래서 전혀 모르고 처음 만났지만 그들이 그 도시를 떠날 때까지 안내를

해 주고 대접을 하기도 했다.

또 언젠가는 다른 지역에서 선교하던 선교사님이 방문했다. 나는 그 분에게 한인교회에서 설교를 부탁하고, 사례비도 넉넉하게 챙겨 주었고, 뿐만 아니라 교인들에게 광고하여 설교하신 분이 선교하는 데 선교비로 동참하실 분이 있다면 나가실 때 자유롭게 헌금하시라고 광고하여 부족분을 헌금에서 채워서 미화로 1,000달러나 되는 금액을 선교비로 드리기도 했다. 또 선교사 훈련 동기가 여행 중에 방문하였을 때도 같은 방법으로 나의 집에서 머물게 하면서 안내를 해 주고, 한인교회에서 설교하게 하고 선교비도 챙겨 드렸다.

*

나는 이렇게 누구든지 내게 방문하는 사람을 그냥 보낸 적이 없다. 심지어 콜롬비아에 있을 때는, 다른 선교사에게 방문했던 손님들까지 대접하였다. 어느 목사님(교수)은 자신을 초대했던 선교사보다 나의 집에 있는 것이 좋다고 하면서 자신을 초대했던 선교사에게 양해를 구하여 나의 집에 며칠 있겠다고 해서, 안방을 내어 드려 주무시게 하면서 대접하기도 했다.

누구든지 나에게 도움을 내밀면 그 도움을 거절한 적이 없었다. 안내를 해 주었고, 반드시 한 끼 이상은 대접을 해 주었다.

언젠가는 뿌에블라에 정착한 뒤에 나를 많이 도와준 이영우, 이화숙 집사님과 자녀들을 식당에 초대하여 대접하고, 다시 한 번 감사한 마음으로 집에 초대해서 식사를 대접한 적이 있었다. 그런데 그들은 나의 집에 와서는 "목사님 집에서 식사 초대 받기는 처음입니다."라며 놀라워했다.

나는 목회를 할 때도 목사이기 때문에 교인들에게 대접을 받으려고 하지 않았고, 대접을 하려고 노력했다. 특히 어려운 사람이라면 그 가정에 필요한 것들을 챙겨 주기 위해 힘썼다. 외국에서는 가장 중요한 것이 김치 같은 한국 음식이기에 그런 것들을 수시로 챙겨 주었다. 아내 또한 남을 대접하는 것을 소홀히 하지 않고 잘했다. 교인 집에서 식사 초대를 받으면 반드시 아내는 식사 후에 설거지를 하며 섬기는 것을 잘 감당했다.

그 뿐인가! 나는 안 믿는 사람이라도 아프다고 하면 찾아가서 병원에 데려다 주고 통역해 주고(현지에는 현지 말을 못해서 아파도 병원에 가지 못하는 한인들이 많이 있었다.) 믿는 사람이든 안 믿는 사람이든 나에게 도움을 요청하면, 아니 요청하기 전에 그들을 찾아가서 대접하고 돕는 일을 기꺼이 했다.

*

그러나 사실 선교지에서는 너무나 많은 사람들을 만나기 때문에 접대하고 섬기는 것이 힘든 것은 사실이다. 때로는 선교사를 자신에게 당연히 접대할 사람으로 여기는 이들도 있다. (심지어는 먼데서 방문한 손님이기에 집에서 우리는 그렇게 매번 잘 먹지 못하지만 있는 것 없는 것을 정성스럽게 차려서 접대를 하면, 선교사가 매일 이렇게 먹으니 너무 잘 먹고 잘 산다고 하면서 돌아서서 빈정대는 사람도 있다.) 어떤 때는 선교 현지가 위험한 곳이기에 안전한 곳에 집을 얻어 살게 되는데, 방문한 사람의 비용을 생각하여 불편을 감수하고도 선교사 집에 머물게 해주곤 하는데, 그런 선교사의 정성을 알아주는 사람도 있지만, 어떤 사람은 현지 사정을 잘 모르면서도 선교사가 좋은 집에 산다고 돌아가서 뒷말을 하는 경우도 있다. 사실 그런 사정들 때문에 선교사가 현지 방문한 사람들을 대접하고 접대하는 것을 부담스러워하고 꺼려

하는 것이 사실이다.

*

때로는 내가 이렇게 나누고 섬겼지만, 나의 도움을 받은 사람으로부터는 푸대접을 받을 때도 있었다. 내가 한인 목회를 할 때 방문한 선교사에게 설교 하게 하고 선교비도 챙겨 주었지만(그 선교사는 한국에 담임목사로 부임해 갔다.) 내가 안식년 때 한국에 있었는데도 나를 자신의 교회로 불러 설교 한 번 시키지 않았다(나는 그분에게 무슨 사정이 있을 것이라 생각하지 절대 서운하게 생각하지는 않는다). 또 내가 선교지에서 그렇게 정성스럽게 대접했던 목사님조차도 내가 한국에서 어려움을 당하고 있을 때에 한번 "어떠냐?"고 물어 본적이 없었다.

멕시코 몬떼레이에서 한인교회 목회할 때는, 외국에 살면서 안타까운 일이나 어려운 일을 당한 사람을 돕기 위하여, 나와 아주 가깝게 지내는 분에게 어렵게 말을 꺼내 취직을 부탁하여 그분의 공장에서 일을 할 수 있도록 도와주기까지 했다. 그러나 도와 준 이로부터 돌아온 것은 나와 그 분의 사이를 이간질 시켜서 나를 곤궁에 빠뜨리는 것이었다. 선교지에서 만난 한인들은 해외에 이주해서 현지의 어려운 환경 속에서, 생존을 위해서 열심히 살아가다보면 마음이 각박하여 상대방에게 상처를 주고, 자신도 마음을 닫고 살아가는 경우가 많다.

*

때로는 아내가 이렇게 말을 하며 내게 편잔을 주기도 한다. "당신이 그렇게 남을 돕고 섬겼지만, 그렇게 도와준 사람들이 어떻게 그렇게 할 수 있느냐? 그렇게 미련하게 살지 말라."

그러나 나는 남을 대접하는 것을 좋아한다. 없어서 문제이지 있다면 나누고 대접하는 것이 좋다. 사실 주님께서 내게 은혜 베푸시고, 내게 주신 것과 사랑 베푸신 것에 비하면 아무것도 아닐 것이다.

그리고 나는 하나님께로부터 받은 것이 너무 많은 사람이다. "주는 자가 받는 자보다 더 복이 있다."라고 주님이 친히 말씀하셨는데, 줄 수 있는 것이 좋은 것이다. 설령 나에게 도와준 사람으로부터, 그 사랑의 보답이 되돌아오지 않더라도 오히려 감사하다. 왜냐하면 하나님나라에서, 그리고 이 땅에서도 반드시 어떤 모양으로도 하나님께서 상 주실 것을 믿기 때문이다. 주님의 은혜로 하나님의 자녀가 되고, 구원 받은 것만으로도 감격스럽고 감사하며, 지금까지 받은 은혜만으로도 족하여 더 이상 바랄 것도 없지만, 또 솔직히 날마다 새롭게 하나님의 은혜 없이는 살아갈 수 없음을 고백하며 주님의 상을 늘 기대하며 살아간다.

*

나는 정말 솔직히 "내가 대접하면 나에게 이렇게 돌아올 것이다"라고 생각하며 계산적으로 돕는 것이 아니라, 그저 순수한 마음으로 도움이 필요한 사람들과 어려운 사람들을 도와주고 대접하려고 힘썼다. 그것이 바로 목사의 사명이고, 그것이 바로 주님의 사랑을 받은 빚진 자의 마음이라고 생각하기 때문이다.

apter 91 한 번 생각해 본, 더 나은 선교사가 되려면…

한국인 선교사들은 대부분 부부가 함께 선교사로 나간다. 간혹

여자 혼자서 선교사로 나가는 경우도 있긴 하다. 그러나 그 경우도 현지에서 현지인들과 결혼하기보다는 혼자 살면서 선교하는 경우가 많다. 한국인 선교사가 현지에서 현지인들과 결혼하고 선교하는 경우는 거의 없다. 물론 있을 수 있겠지만 나는 들어본 적이 없다. 그리고 그것을 한국의 후원교회나 선교본부에서 반기지도 않는다. 설령 결혼을 하게 되면 약간 부도덕하게 보기도 한다.

그러나 멕시코 뿌에블라에는 특히 미국인 선교사들이 멕시코 여자들과 결혼한 선교사가 많이 있다. 또 반대로 멕시코인 목사가 캐나다나 미국인 여자와 결혼을 하여 자국에서 목회와 선교를 하는 경우도 있다. 이들은 대체로 멕시코에서 자리를 잡아 목회와 선교를 잘하고 있고, 멕시코에서도 큰 교회들을 목회하고 있다. 그들의 자녀들은 물론 고등학교까지는 멕시코에서 교육을 시키지만, 대학은 미국과 캐나다(자신의 나라)로 보내서 교육을 시킨다. 하지만 자녀들이 미국과 캐나다에서 교육을 받아도 대개는 다시 멕시코로 돌아와서 살아가는데 그것은 부모들이 멕시코에 뿌리를 내리고 살아가기 때문이다.

나의 비자를 도와준 엔리께(Enrique) 멕시코 목사의 부인도 캐나다 사람이다. 그 목사님 내외와 식사를 같이 하면서 사모님에게 물은 적이 있다. "당신은 남편이 은퇴하면, 캐나다로 갈 것인가?, 당신네 나라에 가고 싶지 않은가?" 이 질문에 사모님은 간단하게 "No"라고 대답했다. 그것은 이제 아이들도 결혼하여 멕시코에 자리 잡고 있고, 집도 있는데(이곳에 땅을 사서 집을 지었다.) 구태여 자신의 나라로 갈 이유가 없단다. 은퇴하더라도 멕시코에서 살아 갈 것이라고 아무 주저 없이 말을 했다.

　그래서 생각을 해 보았다. 한국인 선교사들은 주로 나이가 든 다음에 파송을 받게 된다. 예장 통합측 같은 경우는 30세가 되어야 목사안수를 받고, 선교사 파송을 받는다. 원래는 30세가 안 되어도 선교목사로 안수 받을 수는 있지만 실제 그런 경우는 드물다. 그러므로 이때의 나이는 대개 결혼을 한 나이이다. 오히려 총각이 목사 안수 받고 혼자 선교사로 가겠다면 파송에 걸림돌이 된다. 그러므로 결혼을 해서 온 가족이 선교지에 와서 선교를 하는데, 나이가 듦에 따라 고국 생각이 나고, 돌아가고 싶고 해서 선교를 오래 하지 못하는 경우를 자주 보았다.

　그렇지만 만일 총각이나 처녀 때 와서 선교하면서 이곳에서 현지인들과 결혼을 하여 살아간다면 언어나 문화 등 모든 면에서 잘 적응을 하고 훌륭하게 선교를 할 수 있으리라 생각해 본다. 20대나 30대 중에서 신대원을 졸업하고 진정으로 선교의 뜻이 있고, 타문화를 받아들이고 이해할 수 있는 사람이라면, 결혼 전에 현지에 가서 선교를 하면서 자연스럽게 현지인을 만나서 결혼을 하고 그 문화에 적응하면서 선교를 계속하는 것이 좋지 않을까 생각해 본다.

　물론 한국의 정서는 가정이 없는 선교사를 파송하기를 주저하는 것으로 알고 있다. 그러나 생각을 바꾸어서 총회나 교회의 선교가 아닌 현지화를 통한 현지에 하나님의 나라가 확장되는 진정한 선교를 원한다면 결혼하지 않고, 선교의 뜻을 품어 현지 문화에 잘 적응할 수 있는 사람들을 선발하여 선교사로 파송한다면 정말 효과적인 선교를 잘 할 수 있지 않을까?

*

　그리고 실제로 선교사가 자녀들이 많이 있는 것은 선교하는 데 장애가 많다. 아이들 교육 때문에 아무도 가지 않는, 가야 할 선교지를 가지 못할 때가 많다. 정말 선교를 준비한다면, 아이를 낳지 않고 부부가 선교사로 헌신한다면 좋을 것 같고, 그리고 아이를 정말 원하면 현지에서 현지 아이를 입양해서 키운다면 정말 멋있는 선교를 할 수 있지 않을까?

　나는 입양을 못했지만, 그리고 총각으로 선교사로 와서 현지인과 결혼 하지 못했지만, 정말 현지에서 선교사로서 헌신을 하고 사역을 하려면 그런 방법이 좋지 않을까, 생각해 보았다.

Chapter 92 기다림의 문화

　나는 콜롬비아, 멕시코에 살아가면서 기다림에 대해서, 인내심에 대해서 참으로 많은 것을 배웠다.

　이곳 사람들은 시간개념이 별로 없다. 옛날 한국에도 '코리안 타임'이 있어서 약속시간에 항상 늦게 오는 습관이 있었는데, 이들이 바로 그런 식이다. 정한 시간에 정시에 오는 사람들이 거의 없다. 그렇다고 내가 약속시간보다 늦게 갈 수는 없다. 나는 항상 정시보다 최소 10분 먼저 가서 기다리지만, 그들은 30분 이상 늦는 것은 예사이니 기다리는 것이 너무 지루할 때가 많다.

　또 스페인어에 '운 모멘또(Un momento)', '운 라또(Un rato)'라는 말이 있는데, 모두 '잠깐'이라는 뜻이다. 그런데 이 '잠깐'이라는 말이 한 시간도 좋고, 두 시간도 좋다. 한번은 치과에 간 일이 있는데, 치과 간호사가 "운 라띠또(Un ratito)" 한다. 잠깐만 기다리라는 말이지만, 그 말을 믿고 기다린 지 2시간 만에 진료실에 들어간 적도 있다. 이들은 손님이 와도 자신들이 하던 일(전화 받는 일, 먹는 일 등) 다 하고 나서 손님을 맞는다. 모든 것에 급한 것이 없는 습성을 가진 사람들이다.

*

그래서 빨리 빨리에 익숙한 한국인들은 현지인들과 마찰이 많다. 한국인을 사장으로 둔 멕시코 종업원들은 한국 사람들을 향해서 아주 '두로(duro, 지독)' 하다고 이야기하고, 한국 사람들은 멕시코 종업원을 향해서 게으르고, 일 잘 안하고 너무 느리다고 한다.

한 번은 멕시코 사람과 이야기를 하면서 "왜 멕시코 사람들은 시간 약속을 잘 안 지키는가?" 하고 물었다. 그랬더니 그 멕시코 사람이 하는 말이 "시간 약속을 3시에 하면 3시가 되었을 때 상대방도 준비를 하기에 3시가 되었을 때 나가려고 일반적으로 준비한다."는 것이다. 즉 상대방도 그 시간에 맞추어서 나가려고 하기에 늦게 나갈 수밖에 없다는 것이다. 늦는 것도 상대방을 배려해서 늦는다는 것이다. 상대방이 늦을 것이기에 나도 늦게 나가는 그들은 급할 것이 하나도 없는 천성적으로 느긋한 사람들이기에 그들의 문화를 이해하고 맞추는 것이 필요하다.

Chapter 93 인구의 80% 이상이 가톨릭 신자면
그 나라는 천국이 되어야 하지 않을까?

멕시코에서 한국 사람을 가끔 만나게 되면 대화의 화제가 "마피아, 살인, 강도, 납치 등등"이 주요 소재이다. 지난 월요일에 아이 학교가 개학을 하면서 학교에서 공문을 보내 왔는데 납치가 더욱 많이 발생하기에 등하교 할 때 주의사항을 알려 주는 등 조심하라는 내용이다. 그러나 멕시코 사람들을 만나게 되면 이런 소재의 이야기는 금지된 말처럼 한 마디도 하지 않는다. 그것은 자존심이 강한 멕시코 사람들에게 그런 이야기를 하는 것은 대화와 교제의 단절을 의미하는 것이기 때문이다.

지난 7월에도 이 도시에서 얼마 안 떨어진 곳에서 네 명의 죽은 사람의 목이 발견된 사건이 있었는데, 이런 것들은 이제 신문과 방송에서도 나오지 않는 사소한 사건이 되어 버렸다. 지방도로에서 마피아들이 경찰복을 입고 지나가는 차를 세워 돈과 차량을 훔쳐 가는 일은 이제 애교에(사람을 죽이거나 납치하지 않았기에) 가깝다고 볼 수 있다. 며칠 전에는 중·남미 전역에서 미국으로 밀입국하려고 멕시코에 밀입국한 사람들 가운데 72명(여자 14명 포함)이 시체로 발견된 것은 그나마 뉴스거리가 되었는지 멕시코 신문과 방송에서 다루었다. 더욱 충격인 사실은 서류가 없이 멕시코로 밀입국한 그들에게 자신들의 조직에서 암살자로 일하지 않는다고 죽였다고 보도하는 신문 기사를 읽고는 정말 안타까움과 탄식이 나올 수밖에 없었다.

생명을 존중하는 종교인 가톨릭이 국민의 80%이상을 차지하는 종교국가인 멕시코에서 이렇게 사람의 생명을 등한시하고 죽이고, 납치하고, 암살하는 일들이 빈번하게 일어나는 것은 어쩐 일일까? 많은 사람이 같은 종교를 가지고 있으므로 형제자매로서 더욱 진한 동포애를 가지고 서로 사랑해야 하지 않을까? 그들이 믿는 종교의 가르침으로 범죄는 줄어들고 정말 천국과 같은 나라가 되어야 하지 않을까?

그럼에도 그런 종교를 가지지 않은 나라보다도 더 많은 범죄율을 보이는 것은 정말 이해할 수가 없다. 정말 종교의 역할이 무엇인가? 종교가 어떤 영향을 국가와 사회에 끼쳐야 하는지를 다시 한 번 돌아보게 된다.

오늘도 나는 신학교에 가서 학생들에게 앞으로 좋은 종교 지도자가 되어서 멕시코 교계뿐 아니라 멕시코 사회를 변화시키고 사람들을 바르게 이끌 수 있는 좋은 지도자가 되라고 외쳐보았다. 비록 힘없고 부족한 한 사람의 말이지만 정말 그들을 통해서 하나님의 나라가 이 땅에 아름답게 세워지기를 소망해 본다. 특히 뿌에블라 성서신학교(Seminario Biblico de Puebla)는 젊은 학생들이 많아서 그들을 통해서 멕시코의 미래를 기대해본다. 멕시코의 정치 경제 사회가 달라지고 변화되기를 소망한다.

Chapter 94 선교강국이라는 한국교회를 향한 하나님의 시험

전 세계에 선교사 파송순위가 미국 다음으로 한국이라고 한다. 그래서인지 한국교회는 말끝마다 선교를 강조하고 '선교하는 교회'를 추구하고 있다. 나는 정말 한국교회가 하나님의 명령과 뜻에 따라 선교를 실천하는 교회인지를, 하나님이 아브라함을 시험했듯이, 한국교회를 향하여 2가지 커다란 사건을 통해서 시험하셨다고 생각한다.

*

첫째는 1997년의 IMF 때 하나님께서 한국교회를 향해서 물질적인 시험을 하셨다고 생각한다.

국가적으로 커다란 경제적 위기 속에서 환율이 엄청나게 오르는 국가적 위기 상황에서조차 정말 한국교회가 주님의 지상명령인 선교를 사명으로 알고 감당하려는가? 물질적 경제적으로 어려운 위기 가운데서도 선교의 사명을 감당하려고 하는가? 이 IMF의 위기는 하나님의 선교에 대한 시험이었다고 나는 생각한다.

1997년 이전에는 미화 1달러가 원화 600~700원대였다. 그러나 외환위기로 인해서 2,000원대까지 치솟았다. 당시에 국가뿐 아니라 회사가 부도나고, 정리 해고되어 수많은 사람들이 힘들었고, 그런 상황에서 금 모으기, 달러 모으기 등을 하며 전국적으로 나라를 살리려는 애국 운동이 일어나는 때이어서 달러를 해외로 송금하면 마치 나라를 사랑하지 않는 것처럼 생각되는 그런 상황이었다.

이런 상황 속에서도 정말 선교의 사명을 인식하는 교회는 다른 것은 줄이더라도 선교비는 줄이지 않고 선교를 중단하지 않았지만, 남이 하니까 나도 하는 식으로 선교의 흉내만 내는 교회, 말로만 선교를 부르짖었던 교회, 하나님의 뜻보다는 세상 사람들의 눈을 더 인식하는 교회, 현실에 안주하는 교회, 물질을 하나님보다 더욱 사랑하는 교회들은 이 커다란 물질적 시험에서 빠져 벗어나지 못하고 넘어져서 선교를 중단했던 것이다.

＊

　둘째는 아프가니스탄에 단기선교로 갔던 샘물교회 청년들이 납치되어 배형규 목사님을 비롯해서 두 사람이 죽임 당한 사건을 통한 시험이라고 생각한다.

　이 뉴스는 전 국민에게 엄청난 충격을 주었다. 기독교가 남의 종교를 폄하하고 인정하지 않고 독불장군 식으로 선교한다고 하면서 국가와 국민에게 많은 상처를 주었다고 인식하게 되어, 수많은 언론매체를 통하여 기독교와 선교를 비판하기 시작했다. 이 사건을 통하여서 많은 교회들은 단기선교와 선교에 대해서 회의를 품고, 다시 생각하는 계기가 되어서 선교를 축소 아니면 중단하거나, 선교사 파송을 줄이는 결과가 나타났다. 물론 단기선교를 사전에 충분히 준비를 하지 않고 현지 문화를 이해하지 않고, 또 현지인들을 배려하지 않고, 일방적이고 강압적인 물량주의로 한다는 것은 고쳐야 할 부분이다. 하지만 단기선교도 나름대로 잘 준비하여 현지 선교사와 협력 속에서 현지인들을 사랑과 관심 속에서 열정을 가지고 진행한다면 새로운 활력소가 선교사에게나 현지인들에게도 될 수가 있고, 단기선교에 참여한 사람들도 도전을 받는 좋은 선교의 한 방법이 되기도 할 것이다.

　　＊

　하나님께서는 우리 한민족에게 복음을 주셔서 밝은 빛을 주셨다. 역사 속에서 수많은 외세의 침략을 겪었고, 양반과 상놈과 노비의 차별 속에서 소망이 없어 보였던 민족을 하나님께서 불쌍히 여기셔서 일제의 식민지에서 독립을 허락하셨고, 기적과 같은 경제발전도 주셨고, 평등한 사회가 되도록 인도해 주셨다.

특히 식민지와 전쟁을 겪으면서 완전히 피폐되었고, 항상 남의 원조를 받았던 나라가 이제는 남을 도와주는 나라가 된 것은 세계 역사상 그 유례를 찾아보기 힘들다. 또 한국에 수많은 신학교가 있고, 그 신학교마다 수많은 사람들이 입학하려고 높은 경쟁률을 보이는 나라도 세계에서 찾아 볼 수 없다.

*

하나님께서는 우리에게 복음의 빚진 자로서 선교의 사명을 감당하기를 바라신다. 아무리 한국의 비기독교 단체나 반기독교 단체들이 기독교를 폄하하고, 선교하는 것에 대해 반대한다 할지라도 복음의 빚을 갚는 선교는 중단도 퇴보도 할 수 없다. 오히려 더 많이 우리를 필요로 하여 오라고 손짓하는 수많은 나라들에게 가서 선교해야 할 것이다.

나는 한국인 선교사가 전 세계 어느 나라, 어느 도시마다 있어서 그곳의 가난한 사람들을 돕고, 현지인들을 잘 훈련시키고 현지 지도자를 양성함으로 훈련 받은 그들이 스스로 자국민에게 복음을 전하게 하는 일꾼이 넘치는 은혜가 있기를 기대해본다. 하나님께서는 우리를 오늘도 부르신다. "누가 우리를 위하여 갈꼬?" 이 부름에 항상 응답하는 한국교회가 되기를 기도한다.

Chapter 95 선교 보고

"재미있게 아주 잘 들었습니다."
내가 한국에서 선교보고 하는 설교를 들은 후에 어떤 목사님이 내게 하신 말씀이다. 나는 선교보고를 할 때마다 하나님께서 함께 하셔서 하신 일들 가운데 기뻤던 일들, 선교지에서 승리한 일들, 감사한 일들을 주로 설교하였다. 그래서 나의 선교보고는 재미있고 웃음이 넘친다.

한 번은 나를 잘 아끼는 후배 목사가 내 선교보고 하는 설교를 듣고 이런 말을 하였다. "선교사님, 좀 어렵고 힘들었던 이야기, 고통스러웠던 이야기들을 중심으로 설교를 하셔야지, 그렇게 좋은 이야기만 하시면 선교비를 보낼 마음이 들겠습니까?" 요즈음은 선교사가 많이 있어서 선교사로부터 많은 선교보고를 듣게 되는데, 선교사의 고통스럽고 어려운 이야기, 힘든 이야기를 중심으로 설교를 해야 선교비를 보내려는 마음이 들지 나처럼 재미나고 웃음이 넘치는 설교를 하면 선교비가 안 간다는 말이다.

솔직히 나는 여러 군데서 선교비를 많이 받는 선교사가 아니다. 설교뿐 아니라 정기적으로 선교사는 의무적으로 선교보고를 하고, 선교 통신을 두세 달에 한 번씩 보내게 되는데, 그때마다 후원교회나 성도님에게 한 번도 "어렵고 힘드니까 선교비를 후원해 주십시오.", "이런 저런 곳에 선교비가 필요합니다."라는 식의 선교 통신을 보낸 기억이 거의 없다.

어느 때인가는 너무나 물질적으로 어려움을 겪고 힘들었을 때였는데, "선교하는데 물질이 없어서 선교 못하는 일이 없도록 선교 후원이 늘어날 수 있도록 기도해 주십시오."라는 선교편지를 한두 번 보낸 적은 있다. 그러나 그렇게 선교통신을 보내도 후원이 달라지는 것은 없었다. 그래서 더더욱 나는 하나님께 간구하고 하나님께 모든 것을 맡기고 하나님의 도우심을 구할 수밖에 없었다.

*

　선교지에서 만난 어떤 한국인 선교사는 40여 개의 교회에서 선교 후원을 한다고 내게 말을 하면서, 그 비결로 자기는 동기 목사를 비롯해서 아는 목사님을 만날 때마다 "좋은 교회는 나를 선교 후원하는 교회이고, 나쁜 교회는 자기에게 선교 후원하지 않는 교회입니다."라고 하는 것이란다. 아주 자신 있고 당당하게 선교 후원을 모집하는 그 선교사가 한편으로는 부럽기도 했다. 나는 아주 가까운 동기에게조차도 한번도 "선교비 후원해 주라."는 말을 하지 못했다. 솔직히 말하기가 어려웠다. 나는 "다른 사람을 도와주라."는 말은 자신 있게 하지만, 나 자신을 위해서 "도와주십시오."라는 말은 정말 하지 못하겠다. 어쩌면 선교사의 자격이 부족한 것인지 모르겠다. 하나님의 일을 하고, 하나님이 기뻐하시는 선교를 하는 것이기에 당당하게 말을 해야 하겠지만, 나는 사람들에게 도와 달라는 말을 하기 힘들었고, 그래서 지금까지도 "하나님께 아시니 하나님께서 인도해 주십시오."라는 기도만 더 많이 하고 있다.

*

　그러나 하나님께서 지금까지 선한 길로 인도해 주셨다. 하나님께서 나를 선교사로, 주의 종으로 부르셨기에, 당연히 하나님께서 책임을 지시고 인도해주실 것을 믿는다. 정말로 하나님께서는 순간순간 힘들고 어려울 때마다 도우시고 인도해 주시고 위로해 주시고 채워 주셨다. 선교보고 할 때마다, 설교할 때마다 나는 감격스러운 하나님의 은혜를 전하지 않을 수 없었고, 슬픔과 어려움보다는 기쁨과 감사의 이야기를 전하지 않을 수 없었다. 왜냐하면 선교지에서 선교사로 사역하면서 하나님께로부터 받은 은혜가 너무 크고 많기 때문이다.

나처럼 부족하고 미련한 사람을 부르시고 주의 사명을 맡기시고, 감당하게 힘을 주신 것에 너무 감사하다. 그저 항상 나의 부족함으로 하나님의 영광을 가리지 않기를 기도할 뿐이다. 지금까지 선교하게 하신 것이 너무 감사하다.

*

이사야 41장 10절 "두려워 말라 내가 너와 함께 함이니라 놀라지 말라 나는 네 하나님이 됨이니라 내가 너를 굳세게 하리라 참으로 너를 도와주리라 참으로 나의 의로운 오른손으로 너를 붙들리라" 이 말씀은 내가 처음 주님을 영접하고 믿음을 가질 때부터 지금까지 선교사로 부르심을 받아 사명을 감당하는데 큰 힘이 된 귀한 말씀이다. 항상 도우시고 힘이 되어 주시고 붙들어 주신 하나님께 감사한다.

Chapter 96 멕시코의 두 얼굴

멕시코 선교사이기에 교인들로부터 "멕시코는 어떤 나라입니까?" 이런 질문을 받을 때가 많다.

멕시코가 어떤 나라인지를 한마디로 설명하기는 매우 어렵다. 지난 11월에(2010년)에 한국에서 있었던 G-20 일원으로 당당히 어깨를 나란히 한 멕시코는 천연 자원도 풍부하고, 특히 석유 생산량이 세계 5위의 나라이며, 은 생산량은 세계 1위이고, 인구는 1억 1천만 명이 되는 거대한 나라로서, 국가의 크기는 한반도의 9배가 되고, 경제 규모는 세계 11위의 나라(한국은 13위)이므로 정말 대국이라고 할 수 있는 나라이다. 더군다나 미국과 국경을 맞대고 있어서 항상 미국과의 교두보를 확보하는데 중요한 나라라고 할 수 있다.

*

　이런 면에서 보면 멕시코는 더욱 발전하고 성장할 엄청난 잠재력을 지니고 있는 나라라고 할 수 있다. 그러나 잠재력과 현재의 규모만으로도 대국 취급을 받아 마땅한 나라이지만, 치안이 우리의 상상을 초월할 정도로 부재하고, 마피아나 갱단에 의해 살인과 납치, 도둑, 강도가 많은 나라인 것을 보면 우리의 머리로서는 정말 이해하기가 힘든 나라이다.

*

　멕시코의 지방자치단체 중 20%가 마약 갱단의 지배 아래에 있다는 정부의 공식 발표가 있었다. 그래서 멕시코 전역 2천 4백여 개의 지방자치단체 가운데 4백여 곳은 경찰의 도움을 기대할 수 없는 곳이다. 2010년 9월에는 멕시코 서부 미초아칸(Michoacan) 주(州)에서 마약 갱단들이 고속도로에 매복해있다 도로를 달리던 차량을 막고 무차별 총격을 가해 연방경찰 12명이 숨지는 등 범죄 수법이 예상을 뛰어넘으며 날로 지능화되고 있는 실정이다. 과거에는 갱단이 총격이나 검거망을 좁혀오는 군경에 저항하는 정도가 대부분이었으나 이제는 점점 공권력에 선제공격을 가하는 형태로 변모하고 있다. 더 나아가 공권력에 대한 대항을 뛰어 넘어서 마약 조직 마피아들과의 대립으로 인한 살인과 폭력이 도를 넘어 섰고, 일반 시민들을 향한 납치, 살인, 강도 등이 심각할 정도이다.

　세계적으로 손꼽히는 휴양도시인 서부 아카풀코(Acapulco) 시(市) 당국은 최근 시 외곽에서 집단 매장된 채 발견된 시신 18구의 신원이 9월말 무장 괴한에 납치됐던 국내 관광객들로 확인됐다고 11월 7일

EFE 통신이 전했다. 피해자들은 서남부 미초아칸 주(州)에서 올라 온 관광객들로 당시 호텔을 찾아 돌아다니다 괴한에 납치됐으며, 일행 중 2명이 극적으로 탈출해 당국에 신고하면서 그 피랍 사실이 알려졌었다. 아카풀코는 멕시코뿐만 아니라 미국과 유럽 지역의 외국인 관광객들이 자주 찾는 휴양지 중 하나인데도, 올해 들어 온갖 잔혹한 범죄가 벌어지고 있는데, 아마도 마약 갱단 '라 파밀리아'(La Familia, 가족이라는 뜻)가 아카풀코마저 '접수'한 것으로 보인다. 아카풀코는 남미지역에서 생산된 마약이 미국으로 밀반입되기까지 거쳐 가는 주요 길목이기에 갱단이 이곳을 장악했을 것이다.

정치적으로 마약과의 전쟁을 벌이고 있지만, 결국 고래등 싸움에 새우가 터지는 격으로 선량한 시민들만 고통을 당하는 형편이다. 세계적인 휴양지인 아카풀코(Acapulco)를 비롯해서 칸쿤(Cancun) 등 유명한 휴양지에 잉카, 아즈텍 문화 등 유적지가 많아서 관광만으로도 많은 수입을 얻을 수 있는 잠재력이 큰 나라이지만, 신변의 위협 때문에 관광객이 점차 줄어드는 상황에 처한 멕시코가 안쓰럽기도 하다.

그래서 멕시코는 두 얼굴을 가진 나라라고 말할 수밖에 없다. 이것이 현재 멕시코의 참 모습이다.

Chapter 97 "멕시코 교회는 선교사를 보낼 힘이 없습니다"

지난 학기에는 다른 어느 때보다 힘든 학기를 보냈다. 미국인 선교사가 50년 전에 세웠고 지금도 미국 선교사가 학장을 맡고 있으

강의듣는 신학교 학생들과

며, 교수들 대부분이 미국인 선교사로 운영되는 뿌에블라 성서 신학교(Seminario Biblico de Puebla)에서 가르치는 사역을 하고 있다. 아무래도 이 신학교는 미국 선교사의 지원 아래 있기에 젊은 학생들 특히 고등학교를 막 졸업하고 입학한 어린 학생들이 많이 있다. 미국인이 운영하는 곳이기에 학위에 대한 기대와 함께 학업에 대한 열망이 다른 신학교보다 많이 있어서 수준이 다른 신학교보다 높다고 할 수 있다. 그래서 나도 젊은 신학생들을 통해서 현재의 멕시코의 교회 상황과 젊은이의 사고방식을 배울 수가 있었다.

이 신학교에서 선교학을 가르칠 때마다 그들을 통해서 멕시코 교회와 교인들이 스스로 자립하고, 또한 같은 언어와 같은 문화권인 중·남미 선교에 멕시코 교회가 앞장을 서서 선교사를 파송하고 선교를 후원하는 교회가 되기를 바라는 간절한 마음으로 임하고 있다. 이것이 내가 선교학을 가르치는 목적인데, '선교'에 대해서 가르칠 때마다 그들이 항상 하는 말은 "멕시코 교회의 수준이 미약하기에 교회가 능력도 충분하지 못한 상태에서 어떻게 외국에 선교사를 파송하고 선교헌금을 할 수 있겠습니까?"라는 것이다. 즉 멕시코 교회는 선교사를 보낼 힘이 없다는 것이다. 그러나 이런 주장은 사실 멕시코 기독교 교세가 부족하고, 교인이 부족하고, 헌금이 부족하기 때문만이 아닌 것 같다. 그들 가운데 많은 이들이 이웃과 외국인에 대한 관심과 사랑이 부족하고, 더군다나 나라밖의 외국인에게 도와야 하고 선교해야 한다는 것에 관심을 갖지 못하고 있으며, 더 나아가서는 선교에 거부감마저 갖고 있는 것을 발견할 수 있었다.

*

사실 역사적으로 스페인이 중·남미를 점령하여 스페인계 백인들과 원주민 여인들 사이에서 태어난 사람들이 멕시코를 비롯한 수많은 중·남미에서 국가와 한 민족(Mestizo, 메스띠조, 스페인계와 원주민계의 혼혈인)을 이루고 있다. 그런 이유로 해서 서로 간에 동질감과 같은 민족성이 없는데, 오늘날에는 가진 자와 없는 자 간의 엄청난 빈부 격차로 인해서 국가 간에도 더더욱 동질감과 민족성을 발견하기 어렵게 심화된 것이 중·남미 국가의 현실이기도 하다.

그래서 그 젊은 사람들의 생각과 비전은 나라 밖을 벗어나지 못할 뿐만 아니라, 주변의 가난한 이웃을 불쌍히 여기지만 나와는 상관이 없는 사람으로 보고 있는 것이다. 멕시코인들이 그들에게 다가가야 하고, 도와야 하고 복음 전해야 할 대상이라고 생각하기보다는, 자신들과는 무관하게 보고, 그저 자신들의 현재와 미래만 생각하는 안일함에 젖어 있는 것을 보고는 나는 안타까움에 그들에게 호소했다.

한국의 예를 들며, 한국장로교회가 7명의 목사를 처음 배출하고 독노회를 세워 첫 선교사를 파송하였고, 100여 년 전 정치, 경제적으로도 너무나 어려운 상황이었음에도 외국 선교사의 원조를 바라지 않고 한국인 스스로 자립하는데 전력하였고, 더 나아가서 선교의 빚을 갚고자 어려운 가운데에서도 전 세계에 선교사를 파송하여 오늘에 이른 것을 설명했다. 그러나 멕시코교회는 한국의 선교보다 더 오래전인 1827년에 디에고 톰슨(Diego Thompson) 침례교 목사 부부가 처음으로 멕시코에 선교를 시작한 이래, 미국 교회는 멕시코와 국경을 맞대고 있어서 지리적으로도 가까워서 옛날부터 지금까지 엄청난 물질을 쏟아 부으면서 선교가 이루어졌지만, 현재까지도 수많은 멕시코 교회는 자립하기는커녕 지금도 많은 외국 선교사들이 멕시코에서 선교하고, 또 선교가 필요한 지역이 되고 있음이 오늘의 현실임을 지적하면서, 나는 그들에게 "앞으로도 언제까지 외국으로부터 교회 건물을 짓는데 원조를 받고, 외국 선교사만을 바라보는 교회가 되어서야 되겠는가? 멕시코 곳곳의 소외된 가난한 빈민 지역과 시골 원주민들이 사는 지역에, 멕시코 교인들의 헌금으로 교회를 세우고, 일꾼들을 파송하고, 또한 중·남미의 다른 나라들의 어려운 곳으로 물질적인 지원을 보내고, 자국 선교사를 파송하는 나라가 되어야 하지 않겠는가?" 안타까워하며 역설하였다.

*

한 학기 동안 강의하면서 젊은 학생들이 나의 가르침과 반대되는 수많은 의견들을 내고, 또 자신들의 나라와 교회를 이해하지 못한다는 비판적인 질문을 할 때는 나 혼자서 벽에 대고 이야기 하는 것 같은 느낌이 든 적도 있었다. '나 혼자 열심히 떠들어봐야 아무런 소용이 없는 것 아닌가? 이미 굳어진 그들의 마음과 생각을 바꿀 수 없을 것이다.'라는 자조적인 생각도 해보았지만, 나는 굽히지 않고 진정 멕시코 교회를 위해서 부흥하고 자립하고 선교하는데 멕시코인들 스스로의 노력과 헌신이 꼭 필요함을 시간이 날 때마다 역설하였다.

한 학기가 끝나가면서 그 열매가 나타났다고 생각한다. 그들의 마음이 조금씩 바뀌어 비판적이고 반대되는 질문보다는 수긍하는 분위기가 많아졌다. 마지막 강의가 끝난 후 한 학생이 다가와서 나의 강의에 감동을 받았다고 하면서, 자신을 포함한 신학생 몇 사람이 멕시코 교회가 변화되고 선교사를 파송하는 교회들이 될 수 있도록 일주일에 한번 기숙사에서 모여서 기도회 모임을 갖게 되었다고 전해 주는 것이 아닌가. 나는 다시 한 번 멕시코 선교의 소망을 갖게 되었다. 중·남미 곳곳에 수많은 멕시코인 선교사들이 파송되어 중·남미의 복음화가 한국의 복음화 수준을 뛰어 넘어서고, 멕시코를 비롯한 중·남미가 선교 수입국이 아닌 선교 수출국이 되기를 바라는 희망을 다시 한 번 가져 보게 되었다.

이제 막 시작된 소수의 기도회 모임이지만 그들 스스로가 선교의 중요성을 조금씩 깨닫게 된 것이 큰 전진이라고 생각한다. 더 나아가서 이런 모임이 뿌에블라 전역과 멕시코 전역으로 번지기를 바라는 마음 간절하다.

캐나다 선교사의 신학교 학생들과 종강 파티

Missions in Mexico

PART 07 존경하는 어머니

MISSIONS IN MEXICO

Chapter 98 "가방 끈이 짧다"

"가방 끈이 짧다."

이 말은 내가 안식년으로 한국에 들어갔을 때, 어머니께서 여전도회 연합회에서 자신에게 "가방 끈이 짧다."라고 말한 것을 들었다고 하시며 내게 하신 말씀이다. 나도 학력을 가방 끈에 비유한 그 말은 그때 처음 들었다.

충청도의 풍양 조 씨 가문에서 유교의 전통을 섬기셨던 외할아버지와 할머니 밑에서 장녀로 태어나신 어머니는 처음엔 유복했지만, 할아버지의 가정을 돌보지 않고 남을 도와주는 선한 성품으로 인해서 있는 재산을 다 탕진하셨다고 한다. 그 후 어머니는 할아버지가 만주로 가시는 바람에 함께 따라가셨다가 해방을 맞아 고향에 돌아 오셨지만, 곧 6·25 전쟁으로 고생을 하게 되면서 맏딸로서 할머니를 도와 집안일과 밑의 6남매 동생들을 돌보시는 바람에 학업을 제대로 하지 못하셨다. 그래서 초등학교도 졸업을 못하시고 중퇴를 하셨다. 그런 이유로 어머니 스스로도 믿음 생활하시기 전에는 많이 위축되어 결혼식과 장례식 등 축의금, 부의금 봉투를 어머니가 직접 쓰지 않고 나에게 부탁하셨었다.

*

어머님께서 나중에 하신 말씀 중에 기억에 남는 것이 있다. 우리가 처음 신앙생활을 했던 청파동의 대한신학교 건물에 있었던 청파중앙교회에서 세례를 받을 때 목사님과 장로님이 세례 문답을 하시는데 목사님이 어머님을 향해서 이런 질문을 하셨단다. "학교는 어디까지 나오셨습니까?" 세례문답을 하는데 학력을 묻는 이런 질문이 과연 필요한 것인지, 정말 어처구니없다. 전혀 필요 없는 질문인데 그 목사님은 그런 질문을 세례 문답식에는 꼭 하셨단다. 그때 어머니는 너무나 창피한 마음이 들어 "중학교 중퇴했습니다."라고 대답하셨다는데, 그때 하신 거짓말 때문에 늘 마음에 아파하며 담아두고 있다고 나에게 말씀하셨다.

어머니의 학력은 초등학교 중퇴지만, 어머니의 믿음은 대학교, 대학원을 나온 사람들보다 더 높고 더 깊고 더 진실해서 내가 아무리 목사이지만 나조차도 감히 따라갈 수 없는 경지의 믿음을 지니셨다고 생각한다.

어머니의 성경암송과 해박한 성경지식은 내가 따라갈 수 없을 정도이다. 어머니의 기도 또한 내가 아무리 해도 따라 갈 수 없다. 3~4시간 동안의 깊이 있고 진실하게 하시는 기도와 새벽기도회에 갔다가 오셨어도 집에서 성경보시고 기도하시는, 정말 깊이 있는 신앙생활은 내가 도저히 따라갈 수 없고, 비교할 수조차 없다.

어머니께서 신앙에 입문하신 후로는 어머니의 학력을 전혀 부끄럽게 생각하지 않으시고 오히려 그 약한 것을 당당하게 내세우고 자랑하여, 주님을 찬양하고 높이고 자랑하는 것을 볼 수 있었다. 늘 앞장서서 남을 돕고, 신앙생활에 늘 진실하시고, 목사님을 한결 같은 마음으로 잘 모시고, 교회 일에 늘 충성하셨다. 또 돈이 많은 사람도 제대로 헌금 생활을 못하는데, 어머니는 언제나 돈이 생기면 다른 데 쓰기보다 무조건 먼저 하나님의 것을 챙기시고, 앞장서서 건축헌금, 선교헌금 등을 분에 지나칠 정도로 하시는 본을 보이시니, 정말 어머니의 믿음의 깊이는 깊고, 믿음의 끈의 길이는 길으시다.

*

어머니가 출석하시는 연희동 교회에서는 물론, 여선교회 회장을 하시면서 자연스럽게 참석하며 활동하셨던 서울서노회 여전도회 연합회에서조차도 어머님의 인품과 신앙을 인정하셔서 이제는 어느 누구도 어머니의 학력이 없으심을 업신여기는 자가 없을 정도이다.

오죽하면 권사로 은퇴 하실 나이가 다 되자 그렇게 가방 끈이 짧다고 말을 한 여전도회 연합회에서도 어머니께서 사업부장, 선교부장, 지회지도부장을 맡으면서 훌륭하게 잘 봉사하신 것을 인정하여, 회장님을 비롯한 임원들이 어머니를 회의록 부서기로 2년 간(2008-2010) 더 봉사하실 수 있도록 임원으로 추천하였고, 많은 사람들이 투표로 인정하여 뽑혀서 많은 여전도회 연합회 일을 감당하셨고, 지금은 사업부 고문으로 여전히 봉사를 하고 계신다.

내가 목사가 되고 주의 일을 할 수 있는 것 또한 어머니의 기도와 사랑이 없이는 정말 아무것도 할 수 없다고 고백할 정도로 어머님의 은혜에 깊이 감사한다. 그래서 나는 이렇게 말을 하고 싶다. "어머니의 가방 끈은 짧다고 사람들은 말을 하지만, 그 믿음 끈의 길이는 잴 수 없을 정도로 길다."

그렇지만 가방 끈이 긴 사람들이 남을 무시하고 교만하고 교회를 어지럽히는 것을 많이 보게 된다. 그들의 긴 가방 끈으로 인해서 많은 사람들에게 고통을 주는 경우가 있다. 그 배움의 길이가 긴 것으로 더욱 하나님께 영광을 돌리고 이웃과 사회, 교회에 덕을 끼쳐야 하는데, 오히려 그것으로 남을 이용하고 교만하며, 자기의 명예를 높이고, 자신의 사리사욕만 채우는 것을 자주 보게 된다. 그러므로 교회 안에서는 가방 끈의 길이로 사람을 판단하는 것이 아니라 믿음 끈의 길이로 해야 할 것이다.

사실 교회가 세상보다도 더 학력을 내세우고, 자랑하는 것이 많다는 것이 안타까울 따름이다. 그러나 결국 하나님께서 인정하시는 것은 가방 끈이 아닌, 믿음 끈의 길이라고 확신한다. 그런 교회가 세상에 널리 퍼지게 되기를 기도한다.

*

내가 과천교회에서 선교사 청빙이 되어 그동안 개척하여 섬겼던 교회(새화평 교회)를 떠나게 되었을 때, 마지막으로 어머니께 이런 말을 드렸다. "어머님께서 제가 선교사 나가는 것을 반대하면 선교사를 포기하고 한국에서 목회하겠습니다." 이 말은 혼자 계신 어머니를 두고 장남이요 하나 밖에 없는 아들이 훌쩍 떠나는 것이 내 마음에 걸렸기 때문이었다. 그때 내 진심은 어머니가 반대하면 나가지 않을 생각이었다. 그때 어머니께서는 "하나님께서 아들을 선교사로 보내시는데 어떻게 내가 반대하겠니?"라고 말씀하셨다.

어머니는 늘 그러셨다. 항상 먼저 하나님의 마음을 헤아렸고, 하나님의 뜻을 생각하셨다. 하나님이 반대하고 싫어하시는 것이라면 어떠한 것이라도 하지 않으셨다. 그렇게 믿음으로 사시고 계신다. 어머니는 연약한 여자의 몸이지만, 어떤 강한 남성보다도 강하셨고 대범하셨다. 늘 믿음으로 자식을 담대하게 가르치셨다.

Chapter 99 '멘토'가 되어 주신 어머니!

나는 항상 이런 말을 스스로에게 하며 원망을 한 적이 많다. "왜 나에게는 '멘토' 되는 목사님이 안 계실까?"

사실 그랬다. 나의 모교회인 성화교회((현 청파동교회), 원래는 청파중앙교회〈예장 대신 측〉에서 처음으로 신앙생활을 했지만, 그때 그 청파중앙교회에서 K 목사님을 나가시게 하는 바람에 나는 그 K 목사님을 따라 나와서 만리동 시장 상가에 개척한 교회인 성화교회에 다녔다.)에서나 또는 내가 교육전도사 때부터 섬겼던 교회들에서도, 나를 아껴주고 또 좋은 조언 등으로 내 뒤를 봐주었던 목사님은 한 분도 안 계셨다.

*

나는 21살 때 예수님을 영접한 후에, 목사로서의 하나님의 부르심이 있었지만 사실 마음속에서는 계속 거부하고 있었다. 그것은 먼저 내 자신의 부족함으로 주의 종으로서의 사명을 감당할 수 없음을 잘 알고 있었기 때문이고, 또 목사가 되기보다는 돈을 벌어 고생하시는 어머니와 가정을 일으켜야 할 생각만을 가지고 있었기 때문이다. 하지만 계속되는 마음에 부르심의 재촉 속에, 그것이 과연 하나님의 뜻인지를 확인하기 위하여 기도원에 가서 3일간의 금식 기도를 한 후, 예배 중에 하나님의 부르심을 확인하게 되었으니 더 이상 거부할 수가 없었다.

결국 목사가 되겠다고 결심한 후에 당시 내가 다녔던 성화교회 담임목사님이신 K 목사님께 이 말씀을 드렸더니, 우리 교회가 예장 대신측(청파중앙교회)에서 나와서 개척하여 예장 통합측으로 가입을 했기에 예장 통합측 신학교로 가라고 하시며 서울장신을 추천해 주셔서 서울장신에 입학을 하게 되었다.

나는 인문계 고등학교가 아닌 상업고등학교(경기상고)를 나왔기 때문에 대학에 들어가려면 예비고사(현재의 수능)를 보아야 했는데 그러려면 학원에 가서 인문계 공부를 다시 해야 했다(내가 상고에서 공부한 것들은 상업과 주산, 부기 등 취업에 관련된 것들이었다). 대학에 들어가려면 모든 것을 다시 처음부터 공부해야 했지만, 학원에 등록할 돈조차 없었던 나로서는 당시 예비고사가 아닌 성경과 상식, 영어시험을 보고 입학하는 서울장신에 입학을 하기로 하고 시험을 보았고, 합격을 하였던 것이다.

그때 K 목사님도 시험 준비를 잘 해서 신학교에 입학만 하라고 하시면서 추천을 해주셨기에, 신학교에 합격을 하면 목사님께서 교회에 말해서 학비를 대줄 것으로 기대했지만, K 목사님은 서울장신에 합격한 후에도 일절 말이 없으셨다. 그 K 목사님은 나뿐만 아니라 당시 성화교회에서 여러 사람의 신학생이 나왔지만 그들에게 한 푼도 학비를 대준 경우가 없었다.

조금은 서운했다. 고3 때 첫 직장에 다니면서 받은 첫 월급(1980년 당시 십만 원)을 모두 첫 열매로 건축헌금을 했고(어머니께 첫 월급을 드리자 첫 열매는 하나님께 드려야 한다면서 첫 월급 전액을 건축헌금으로 드리셨다.), 주일학교 총무, 또 아동부 부감으로, 성가대 대원으로, 청년회 총무로, 그리고 교회에 필요한 각종 현수막 및 결혼식과 절기예배

등 강단 위에 쓰는 글씨를 비롯하여 포스터와 각 교회 기관들의 필요한 광고 등을 일일이 내가 쓰면서(당시 장년 400-500명 출석하였던 교회에 사무원이 없어서 내가 사무원처럼 교회의 거의 모든 사무적인 일들을 담당하다시피 했다.) 말없이 봉사하곤 했다.

그러나 그렇게 열심히 봉사를 했던 모 교회의 K 담임목사님조차 나의 멘토가 되지 못했다. 그때 나는 사실 누구에게 인정을 받으려고 교회 봉사를 한 것이 아니고, 정말 하나님의 은혜가 너무 감격스럽고 너무 벅차서 그 은혜 속에서 주님을 위하여 봉사를 했었다. 교회에 관리 집사님이 계셔서 그분이 교회 청소를 하였지만, 그래도 나는 주일 아침 새벽 예배드리고 나서 아동부 예배실을 따로 청소하고, 강단을 닦으면서 마치 주님의 몸을 닦는 심정으로 찬송을 부르면서 청소했고, 아동부 예배 전까지 아이들을 위해서 기도하고, 매주 토요일이면 아이들을 전도하기 위하여 북 치고 다니면서 교회 근처 만리동 시장 일대를 누비는 등 정말 열심히 봉사를 하였었다.

첫 교육전도사로 봉사했던 경기도 신장(지금의 하남시)의 조그만 개척 교회(신장 동신교회)의 심종섭 담임목사님(현재 은퇴하심)은 내가 그 교회에서 교육전도사로 재직 중에 결혼했는데, 그때 주례를 서주셨던 좋은 분이시다. 또 나를 선교사로 파송한 과천교회의 김찬종 목사님은 교계에 워낙 큰 어른이시고 배포가 크신 분으로서 엄격하신 가운데서도 때론 자상하게 격려해 주시는 분으로서 내가 목회하고 선교하는데 많은 것을 배울 수 있었다.

그러나 이 두 분을 제외하고는, 전도사나 부목사로 섬기며 봉사했던 교회마다 담임목사님에게 늘 견제를 당하고 질투만 받아왔던 것 같다.

※

　나와는 정반대로, 가까운 동기생 목사는 신학교 다닐 때부터 자신을 뒤에서 봐주는 목사님이 있어서 학비를 대주고, 또 전도사로 사역하게 하고, 또 어느 교회로 소개해 주어서 보내주고, 항상 목회하는 데 조언을 해주고 인도해 준다는 말을 들으면서 엄청 부러워했었다. 그런 좋은 멘토 되시는 목사님이 있는 것을 부러워하며 "나는 왜 없을까?, 임지 문제도, 학비 문제도, 진로문제도 상의할 목사님이 나에게는 왜 없을까?" 하며 원망을 했었다.

※

　그러나 곰곰이 생각해 보면 나에겐 "멘토" 되는 목사님은 안 계셨지만, 어느 목사님보다도 훌륭하게 멘토가 되셨던 어머니가 계셨다. 어머니의 훌륭한 신앙과 겸손한 믿음과 섬김은 정말 늘 나의 본이 되셨다.

　목회를 하면서도 믿음이 좋다는 사람들을 수없이 보았다. 그러나 기도를 많이 한다고 하는 사람들은 자신의 기도를 믿고 교만하며 기도가 하나의 자신의 무기가 되어 남을 정죄하였고, 또 학력이 좋다는 사람들은 그 학력으로 남을 업신여기고, 판단하고 비판하기에 바빴다. 또 믿음이 좋다는 사람들이 있지만 그들의 행위는 정말 믿음이 부끄러울 정도로 행위가 바르지 못한 사람들을 종종 보았다.

　그러나 정말 나의 어머니처럼 겸손하고 늘 같은 마음으로 충성하고 봉사하고 기도하며 겸손하신 분을 만나보기 어렵다. 여전도회 연합회에서 부장으로, 임원으로 현재는 사업부 고문으로 활동하시면서, 연합회에서 수많은 목사님의 설교를 들으시면 항상 내게 은혜 받은 말씀들을 전해 주신다. 그 전해 주시는 말씀 속에 내 자신이 은혜를 받았고, 어머니는 그 말씀을 단지 말로서만이 아닌 행동으로도 본이 되시는 분이시다.

그런 어머니야말로 나의 진정한 "멘토"가 되었음을 이제야 뒤늦게 깨닫게 되었다.

정말 나만큼 행복한 사람도 드물 것이다. 좋은 신앙의 어머니를 가진, 좋은 멘토를 늘 가까이 모시고 있는 행복한 사람임을 고백한다.

Chapter 100 선교사 파송을 하신 어머니!

콜롬비아에 선교사로 갔다 온 후에, 한국에서 목회할 것으로 기대했지만 실패했다. 그것은 그때 나이가(37세) 어정쩡해서 부목사로도 가기는 나이가 많았고, 담임목사로 가기에는 어린 나이였기 때문이었다.

그때 내가 부목사 청빙 광고를 보고 이력서를 낸 교회에서 연락이 와서 찾아간 서울의 Y 교회에서 K 담임목사님이 이렇게 나에게 제안을 했다. "우리 교회 바로 뒤편으로 대단위 아파트가 이제 들어서서 입주를 곧 하게 되는데, 교회가 전폭적으로 지원해 주겠으니 전도를 해서 하나의 교구로 만들어라." 즉 교구 담당 목사가 아닌 전도목사로서 전도를 해서 새로운 교구를 만들라는 제안이었다.

그 당시 나는 여러 곳에 이력서를 냈지만 연락이 없었는데, 단 한 군데의 교회에서 이런 제안을 해온 것이었다. 그래서 나는 개척하는 셈치고, 열심히 하자는 마음을 먹고 부목사로 부임을 했다.

나는 이것도 하나님의 뜻으로 믿고, 정말 열심히 감당했다. 교인들에게 전도훈련을 시키기 위해서 교회에 광고하여 자원자를 받아서, 전도폭발을 훈련하여 개인전도 훈련을 시켰고, 과천교회 전도대인 일

선전도대를 방문케 하여 아파트 축호 전도의 방법과 담대함을 교인들이 배우게 하였고, 기도 훈련을 통하여 담대하게 전도할 수 있도록 많은 훈련을 하였다. 그 후에는 담임목사님이 새 신자를 맡으라고 해서, 새로 나온 분들과 한번 등록하고 나오지 않는 분들을 만나기 위해서, 그리고 양육하여 교인으로 만들기 위해서 밤늦은 시간(밤11시)에라도 일 때문에 늦게 귀가하시는 분들을 만나고 기도하고, 심방하고, 양육하여 다른 교구로 보내기도 했다.

한 번은 천도교에서 열심히 신앙생활을 하여 그 종교단체에서 전도사(?) 위치까지 하신 분이 있는데, 그 분을 전도훈련 팀이었던 권사님들과 함께 찾아가서 전도하고, 예수님을 영접하게 한 후에 다들 무서워하는 그 집안의 수많은 우상단지를 내가 내어다가 불태우기도 했는데, 그 분이 그 후로 교회에 나와서 열심히 신앙 생활하는 것을 보고는 참 보람을 느끼기도 했다.

그러나 그렇게 열심히 한 것이 화근이었다. 오히려 담임목사에게 밉보이게 된 것이다. 점차 나와 교인들 사이가 가깝게 되어가자 그것을 못 마땅히 여기며, 질투를 하신 K 담임목사님께서 조용히 나를 불러 이렇게 제안을 했다. "지방의 한 교회 담임목사로 추천해 줄 테니 가겠느냐?" 즉 다른 교회로 가라는 것이었다. 말이 추천이지 반드시 그 교회로 부임해 가는 것도 아니었다. 그 의도는 교회를 나가라는 것이었다. 이제 교회에 부임한 지 3~4개월 밖에 되지 않았는데 나가라고 사인을 한 것이다. 그 후로 직간접적으로 나에게 주는 압박은 참으로 커다란 스트레스가 되었다.

이제 온 지도 얼마 안 되었는데 나가라고 하니, 정말 너무나 괴로운 나날들이었다. 내가 담임목사와의 관계를 교회에 말하게 되면 교회가 시끄러워질 것은 자명했다. 나는 '부목사'라는 직책은 자기 목회가 아니고 담임목사의 목회의 동역자로 담임목사를 도와야 하는데, 만일 담임목사가 싫다고 하여 나가라고 하면 나갈 수밖에 없는 존재라는 것을 잘 알고 있기에, 교인들에게 목사님과의 관계를 이야기하지 않고, 나가는 이유를 밝히지 않고 조용히 6개월 만에 사임을 하고 나왔다.

나는 시끄럽게 싸우고, 다투는 것을 무척 싫어한다. 내가 희생을 해도 교회가 조용하고 평화스러운 것을 원해서 결국 조용히 물러난 것이다. 물론 교회에서 여러 번 교인들이 나의 집까지 찾아와서 사임을 철회할 것을 요구했지만, 나는 단지 다른 교회로 가려고 한다고 하면서 그 이유를 정확히 밝히지 않고 조용히 떠났다.

*

그렇게 나온 후에 1년을 방황했다. 결국 하나님께서 나를 다시 선교사로 보내시기 위한 계획임을 알게 되어 멕시코로 선교지를 정하고 파송 받으려고 다각도로 노력하였지만, 어느 교회도 후원교회가 되어 주지 않았다.

그때 선교사를 청빙한다는 기독공보의 광고를 보고 광주에 있는 교회에 이력서를 냈는데, 목사님과 당회에서 결정되었다고 하며 선교사 파송을 하겠지만 내가 원하는 멕시코가 아닌 한국과 가까운 필리핀으로 가라고 해서 부득불 거절할 수밖에 없었다. 필리핀으로 가려면 언어(영어)를 다시 공부해야 했고, 또 언어와 그 나라의 문화에 적응하는데 시간이 너무 많이 필요했기 때문이다. 그리고 무엇보다도 필리핀에는 너무나 많은 한국인 선교사가 있었으므로 거기에 내가 가야 할 필요성을 못 느꼈기 때문이다.

*

　결국 꽤 많은 시간이 지났는데도 파송과 후원을 해 주는 교회가 없을 때, 어머니가 이렇게 말씀하셨다. "내가 늘 기도하면서 하나님께 나에게 물질을 주시면 선교사를 파송하고 후원하는 일을 하겠습니다."라는 기도를 했는데, 하나님께로부터 "먼저 네 아들부터 보내라."는 응답을 받았다는 것이다. 그러면서 아들 최 목사가 선교사로 갈 수 있도록, 어머니가 다니시는 연희동교회 노사곤 목사님(현재 원로목사님)께 부탁을 드리자, 목사님께서는 흔쾌히 선교사 파송하는데 필요한 서류 지원을 약속해서서 결국 다시 멕시코로 재 파송을 받을 수 있게 되었다.
　이렇게 어머니는 담대하셨다. 하나 밖에 없는 아들을 당당히 선교사로 보내는데도 주저하지 않았고, 자신은 굶어도 선교하는 아들 선교사에게 선교비를 보내시면서 선교사 파송하는데 앞장서시고 후원해 주신 분이 바로 어머니셨다. 그렇게 어머니는 바로 나의 가장 든든한 파송처요, 후원자이기도 하다.
　그래서 내가 다시 멕시코에서 선교할 수 있었던 것은 전적으로 어머니 덕분이고, 어머니가 나를 선교사로 파송하신 것이라고 해도 과언이 아니다.

*

　나는 '어머니'를 생각하면 너무나 죄송스러운 마음뿐이다. 혼자 계신 어머니를 두고 멀리 타국에서 선교하고 있으니, 특히 어버이 주일에 설교할 때면 마음이 편치 못하였다. 목사가 불효를 하는데 교인들에게 부모를 공경하라고 하는 것은 어불성설이 아닌가? 내가 하지 못하는 것을 교인들에게 하라고 설교한다는 것은 위선이고 가식이 아닌가?
　늘 어머님의 은혜가 감사하고, 어머니 같은 좋은 분의 자식인 것에 감사드린다.

Chapter 101 자식으로부터 존경받는 어머니

부모님은 마땅히 자녀들로부터 존경받아야 할 것이다.

내가 선교사로 나온 다음에 어머니께서는 선교사로 나와 있는 내게 가끔씩, 아니 자주 선교지로 전화를 주셨다. 그런데 언젠가부터 자식이 먼저 어머니께 전화를 드려야 하지 않겠나 하는 생각이 들어서, 최소 일주일에 한 번은 먼저 전화를 드린다. 뒤늦게 철이 든 것인지 모른다. 전화를 하면서 나와 아내는 어머니께 "어머니! 사랑합니다. 존경합니다.!"라고 큰소리로 말한다. 이 말은 진정 나와 아내가 어머니에게 드리는 입에 발린 말이 아니라 어머니를 사랑하고 존경하는 마음의 표현이다. 그 말을 할 때면 어머님께서 어린아이처럼 좋아하시는 것을 보면서, 진작 먼저 전화를 드리고, 먼저 마음을 표현하지 못하는 것이 너무 죄송스러웠다.

나도 자식을 키우면서 '내리사랑'이라는 것을 느껴본다. 자식이 그 한없는 부모님의 은혜를 기억하고 감사할까? 자식은 그저 부모님으로부터 받는 사랑과 관심이 당연한 줄 알고 때로는 부모님의 사랑과 관심을 귀찮아하며, 잔소리로 알아들을 때가 많이 있다.

어머니는 진정 사랑으로 자식을 키우셨다. 철없는 나를 늘 사랑으로 키우셨다. 어디 하나 어머니는 빠짐이 없으신 훌륭한 분이시다.

무엇보다도 믿음으로 자녀 양육을 시키셨다. 중 고등학교를 다닐 때 나는 학교에 가기 전에 성경 한 구절이라도 읽지 않으면 학교에 가지를 못했다. 반드시 성경을 읽고, 또 어머니께서 기도를 해주셔야 학교에 갈 수가 있었다. 또 가끔 주일날은 교회에 가기도 싫었지만, 중고등부 예배에 빠지는 날에는(어머니께서는 반드시 전도사님에게 확인을 하셨다.) 어머님께 혼나는 날이 된다. 그렇게 자상하신 분이시지만 교회에 가지 않으면 벼락을 내리셨다. 그러나 사실 가끔 교회에 빠질 수 있는 기회가 있었다. 그때 다니던 청파중앙교회(예장 대신측)에서는 어른들과 중고등부가 매월 5째 주가 있는 주일날에는 함께 본당에서 예배를 드렸는데, 이때는 너무나 많은 사람이 모이니까 내가 가지 않아도 표가 안 나서 교회에 빠질 수 있는 유일한 기회가 되었다. 이때는 만화가게에 가서 헌금으로 주신 돈으로 만화를 보기도 한 기억이 있다. 그렇게 철이 없었지만, 어머니께서는 늘 새벽기도에 갔다가 오시면 반드시 내 머리에 손을 얹고 기도를 해주셨다. 항상 어머님의 기도 속에서 자랐기에 고등학교를 다닐 때도 술과 담배를 몰랐다. 아니 도저히 할 수가 없었다. 당시 친구들 가운데는 술과 담배를 하는 친구가 많았지만, 나는 어머니의 사랑과 기도 속에서 삐뚤어진다면 '어머님이 슬퍼하실 것'을 생각하니 도저히 잘못된 길로 갈 수가 없었던 것이다.

*

그렇게 어머님의 기도 속에서 교회에 다녔지만, 결국 때가 되매 내가 21살 때 하나님께서 나를 만나 주셨다. 그전에는 그냥 의미 없이 어머니가 가라고 하니까 습관적으로 교회에 다녔지만, 그때 주님을 만나 스스로 하나님의 자녀임을 고백한 것이다. 그때의 감격적인 순간을 아직도 잊을 수가 없다. 아무도 관심이 두지 않았던 나를 주님께서 사랑하시고 심지어 죽으시기까지 한 그 은혜에 나는 두 손을 들고 감사할 수밖에 없었다.

그리고 나의 모든 것이 바뀌었다. 나만의 인생을, 그렇게 덧없이 살아가려 했던 의미 없는 삶이 이제는 주님을 위한 삶으로 바뀌게 된 것이다. 이것은 전적으로 어머니의 사랑과 기도였기 때문이라고 고백한다.

그렇기에 나는 세상의 누구보다도 어머니를 존경하고, 어머니를 사랑한다. 그런 어머니의 자식이 된 것이 또한 자랑스럽다.

*

항상 자녀들 앞에서 할머니 이야기를 하게 된다. 늘 하나님을 제일 사랑하고 그 다음은 할머니이고 다음에 너희들을 사랑한다고 말한다. 할머니 말씀에 순종하라고 말하고, 아이들에게 항상 할머니께 안부 전화를 드리게 한다. 어떤 때는 막내 아이가 가끔 심통이 나서 이런 말을 하기도 한다. "아빠는 항상 할머니만 생각해! 우리들도 좀 생각해봐!" 그러나 사실 내가 자식을 대할 때마다 어머니의 사랑을 잊을 수 없음을 다시 고백하게 된다. 내가 아무리 내 자식에게 사랑을 베풀어도 어머니가 내게 보여 주신 것만큼은 하지 못한다. 그만큼 어머니의 사랑이 크시기에 하나님께 감사한다.

사랑하는 어머니!
존경하는 어머니!

Chapter 102 아버지 같은 이모

나에겐 아버지가 없다. 그러나 이모가 아버지처럼 나를 옆에서 지켜봐 주었다. 이모는 평생 독신으로 살면서 어머니 옆에서 어머니를 돕고 나를 도와주었다. 어머니는 예전에는 매일 나가서 생활전선으로 뛰어 다니셨고, 지금은 거의 매일 교회 일로 전도하고 심방하시고, 어려운 사람들 돌보시고, 여전도회 연합회 일로, 교도소 전도로, 독거노인 돌보시느라고 집에 계시는 날이 거의 없으시다. 그런 어머니 옆에서 어머니 식사를 챙겨드리고, 집안 청소도 하시는 분이 이모시다.

나에게 아버지가 없었기에 이모는 나를 불쌍히 여겨서 아버지처럼 늘 챙겨 주셨다. 그래서 이모는 나에게 아버지처럼 든든한 분이시다.

*

이모가 콜롬비아에 방문하였을 때, 내가 현지인 교회에서 이모에게 세례를 베풀었다. 그때까지 믿음을 가지시긴 하셨지만 세례를 받지 않으셨고, 이모도 꼭 나에게 세례받기를 원하셔서 세례를 베풀게 되었다. 그래서 이모는 내게 아버지 격이기도 하지만, 나는 이모의 영적 지도자인 세례 집례자이기도 한 묘한 관계이다. 콜롬비아 현지인 교회에서 콜롬비아 교인들이 모인 자리에서, 이모에게 한국말로 세례 문답 서약을 하고 세례를 베풀었고, 콜롬비아 교인들이 같은 형제자매의 마음으로 축하해 주었는데, 참으로 감격스러운 순간이었다.

내가 선교함에 있어서 어머니를 혼자 두고 외국에 나와 있음으로 걱정이 많지만, 이모가 늘 어머니 옆에 있기에 그나마 덜 걱정이 되고 마음이 놓인다. 2009년 안식년으로 한국에 있을 때 처음으로 환갑이 넘으신 이모의 생신을 한 번 챙겨 드릴 수 있었는데, 모처럼 이모에게 효도한 듯 싶었다. 이모는 나에게 아버지와 같은 존재이다. 좋은 이모를 둔 것이 얼마나 행복한지 모른다.

뿌에블라로 단기선교로 오신 분들과 함께

PART 08 첫 번째
안식년 이후부터

MISSIONS IN MEXICO

Chapter **1** 2004. 04. 16.
멕알렌 제일교회 담임목사 서광종 단기선교 여행 후 남긴 글

멕시코를 들어서자 '끼기긱' 소리와 '빵빵'거리는 소리가 여기저기서 나고 자기가 먼저 가겠다고 진행을 막고 있는 차들을 자주 볼 수 있었습니다. 라틴계열이라서인지 급한 성격으로 인해 자기 우선인 운전습관이 그대로 드러나는 그 험한 곳을 곡예운전해서 '몬떼레이'를 다녀왔습니다. 멕시코에서 경제규모가 2번째로 큰 도시이고 현대적인 도시에서 사역하시는 멕시코 최창운 선교사님과 침례교 목사님들이 오셔서 그곳 한인교회 교인들과 단기선교를 다녀왔습니다.

마을을 들어서자 뽀얀 연기가 일어났습니다. 흙바람이지요. 집이라고 해도 판자로 벽만 만들어서 살고 있었습니다. 울타리가 쳐져 있는 교회터에 200명이 넘는 사람들이 모여 있었습니다. 우리 일행 중에 집사님들 4분이 머리를 자르고 한편에서는 아이들에게 사탕을 나누어 주고 한편에서는 최창운 목사님이 유창한 멕시코말로 찬양과 설교를 하셨습니다. 찬양은 '오직 예수'입니다. 이들이 다 카톨릭교인이니까 마리아도 아니고 성자도 아니고 '오직 예수'라는 것이지요. 그 찬양을 앞에 나와서 부르는 사람에게는 새 신발을 하나씩 나누어 주었습니다. 신발을 받으려고 열심히들 '오직 예수'를 불렀습니다.

저는 아이들에게 사탕을 나누어 주었는데 한 명씩 손을 잡고 눈을 보며 '예수님은 사랑입니다.'라고 했는데 즉석에서 배운 멕시코말의 발음이 이상했는지 아이들이 나를 이상하게 바라보기는 했지만 눈이 마주 칠 때는 표정이 부드러워지는 것을 느낄 수 있었습니다.

먼지가 너무 많고 물이 없어 감지를 못하니 머리가 쇠줄처럼 되어 버렸습니다. 머리를 잘라달라고 긴 줄을 섰는데 다 잘라주지를 못했습니다. 목사님의 '오직예수'라는 설교가 끝나고 준비해 간 옷들을 나누어 준다고 하자 사람들이 다 그곳으로 몰렸습니다. 옷과 가방과 면도기, 머리수건 이런 것들을 받은 사람들은 '무쵸 그라시아스(고맙습니다)'라고 하며 인사들을 합니다.

단기선교를 마치고 최창운 목사님의 선교 보고를 들었습니다. 한인교회가 멕시코 빈민들에게 좋은 일을 하는 것이 소문이 퍼져서 멕시코 현지의 방송에서 특별취재를 해서 방영한 것을 비디오로 볼 수 있었습니다. 자랑스러운 한국인이지요. 목사님의 에스파뇰 실력도 대단하셨고 집사님들의 머리 자르는 솜씨도 대단했습니다. 그리고 그 많은 물품을 제공하신 분들도 대단하십니다. 저희는 아무 것도 없이 그저 따라가기만 했지만 많은 은혜를 받고 왔습니다.

Chapter 2 항상 늦는 시간약속과 주말마다 시끄러운 음악과 노는 소리

멕시코에 있으면서 약 중남미에서 거주한 지 24년이 되어 가지만 아직도 적응하기 어려운 것이 두 가지이다.

첫 번째는 시간약속이다. 이들과 약속을 하면 제시간에 오는 경우가 거의 없다. 보통 30-40분씩 늦기가 일쑤다. 나는 한국에 있을 때나 선교사로 나와서도 10-20분 전에 일찍 약속 시간 전에 나가는 것이 버릇이 되어서 항상 일찍 나간다. 이제 나를 잘 아는 현지인 목사는 나의 정확한 시간 약속과 한번 한 말은 반드시 지키는 것을 보고 아무리 오래전에 한 약속이라도 확인없이 나와의 약속을 지킨다.

나도 이젠 요령이 생겨서 약속시간 전에 도착하여 시간이 되면 전화를 한다. 그래서 오는 중이라면 조금 더 기다리면 되고, 오는 중이 아니라면 그것은 약속을 잊어 버렸거나, 아니면 이제 출발하려고 해서 1시간에서 늦으면 2시간 걸려야 만날 수 있는 것이다. 그러나 전화를 해도 안 받는다면 그 약속은 오지 않는 것으로 알고 30분 있다가 자리를 뜬다. 그리고 나중에 전화를 하면 자신이 지키지 못한 것을 미안해 한다.

두 번째는 주말 새벽 1시, 2시면 어김없이 큰 음악소리에 노래하고 큰 목소리로 이야기하는 소리로 잠을 깨게 된다. 한국은 워낙 술집이 많고 놀 장소가 많아서 집은 항상 조용하지만 이곳에서는 그런 곳이 많이 없고 대신 집에서 이렇게 친구들을 모아 놓고 음식을 먹고 노래를 부르면서 시간을 보낸다. 자녀들이 15살이 되는 생일잔치, 또 좋은 일이 있든지 아니면 매주 금요일 저녁이나 토요일 저녁이면 마리아치(Mariachi)라는 거리 음악대를 불러서 크게 악기를 불고 춤추고 노래한다.

갑자기 자다가 이런 소리가 나면 잠을 다 깨지만 주변의 다른 이웃들은 하나도 불평하는 이웃이 없다. 자신들도 다 그렇게 하기 때문에 누구를 원망할 이유가 없는 것이다.

Chapter 3 엔진 뚜껑이 사라지다

주유소에서 기름을 넣고 엔진오일 체크하기 위해 본네트를 열었다가 깜짝 놀랐다. 왜냐하면 엔진 오일 넣는 뚜껑이 없어진 것이다. 세상에 뚜껑이 없어진 상태에서 운전을 하였기에 오일이 넘쳐서 본네트와 엔진이 기름이 범벅이 되었다. 생각을 해보았다. 이곳에서 내가 열쇠와 함께 차를 맡긴 곳이 어디에 있을까? 차를 세차할 때와 주차할 때 (이곳에서는 주차장이 넓지 않기에 주차할 때 차 열쇠를 함께 맡겨야 하는 곳이 많다.) 열쇠와 함께 맡긴 곳이 있었다. 결국은 둘 중에 한곳에서 그들이 뚜껑을 빼간 것이다. 참 너무나 기가 막혔지만 그나마 더 이상 늦지 않게 발견한 것이 다행이었다.

차 안에 가방이나 물건을 넣고 주차를 하게 되면 차 유리를 깨고 물건을 가지고 가고, 나의 경우는 차의 유리를 깨고 차에 붙어 있는 라디오를 빼간 경우도 있었고 아침에 나와 보니 차 뒷 유리를 돌로 던져서 뒷 유리가 깨어진 경우도 있었다.

가끔 한국 방문하였을 때 차 안에 네비게이션 등을 놔두고 어디든 주차해도 아무런 이상이 없는 것을 보고 깜짝 놀라기도 한다. 멕시코에 습관이 되어서 한국에서 가끔 차를 타고 내릴 때 가방이나 옷을 가지고 내린다거나 문을 꼭 잠그고 내리는 습관이 나올 때 저절로 웃음이 나오기도 한다.

Chapter 4 지진을 경험하다

　3월 20일 오후 낮 12시에 내가 살고 있는 4층 건물의 아파트에서 지진을 심하게 경험하였다. 집에 있는데 갑자기 온 몸이 흔들리면서 소리가 나기 시작했다.(물건이 떨어지고 부딪히는) 이상하다 하면서도 이것이 지진인줄 생각을 못했다. 10초 동안 계속되는 상황에서 열쇠를 들고 (이곳은 열쇠 없이 나가면 문이 잠기기에 다시 열쇠 없이는 문을 열수가 없다) 나가는 순간 밖에는 이미 사람들이 나와 있는 것을 보는 순간 지진이구나! 하고 그제서야 지진을 확신했다.
　내가 콜롬비아에서도 지진을 경험했는데 그때는 차안에서 지진을 경험했다. 차가 심하게 움직이는 상황에서 옆의 차에서 사람들이 지진이다! 라고 소리쳐서 알게된 경우도 있었다.
　콜롬비아에서도 지방 소도시 전체가 지진으로 파괴가 된 적이 있었고 멕시코도 화산지대라 크고 작은 지진들이 많이 일어난다.
　지진을 경험했을 때 한동안은 가만히 있는데도 어지러워 내가 움직이는지 건물이 움직이는지 모르는 그런 상황이 되었다. 참 지진이라는 것이 얼마나 무서운지 한 번 경험한 후에는 조그만 움직임에도 심하게 반응하는 것을 보게 된다.

Chapter 5 한류 열풍을 멕시코에서 느끼다

　정기적으로 미자립 교회를 방문하여 자립하도록 돕기로 한교회가 있다. 그 교회에 한 16살 된 현지인 여학생이 있는데 이 학생은 나를 볼 때마다 한국 가수와 노래, 드라마에 대해서 열심히 이야기 한다. 한국을 동경하고 심지어 한국 남자와 결혼하겠다고 말을 한다. 한국 음식에 대해서 이야기 할 때는 나도 모르는 한국 음식에 대해서 말을 할 때가 많고, 또 한국 연예인에 대해서는 나보다 더 잘 안다. 그렇게 대화를 할 때는 마치 내가 멕시코 사람 같고 그 여학생이 한국인 같다. 이런 일들이 전에는 없었는데 요근래 몇 년 사이에 이런 한국 열풍이 뜨거움을 느끼게 된다.

선교사 처음 나왔을 때는 한국에 대해서 알지도 못하고, 관심도 없었었는데 요즈음에는 한국의 국력이 많이 높아졌음을 느껴 자부심도 갖게 되고 그러한 관심으로 인해서 선교하기에 좋은 점이 많아졌다. 그것은 한국에 대해서 알기를 바라는 사람들의 관심이 선교사를 가까이 하기를 바라고 이야기를 하고 싶어 하기에 더불어서 복음 전하는 것이 더 쉬워진 것이다.

이제는 한국 문화와 언어를 교회에서 가르치고 빈민가의 어린이들을 모아 놓고 그들에게 한국어를 가르쳐 준다고 하면서 자연스럽게 복음을 전할 수 있다.

Chapter 6 세계 1위 부자 까를로스 슬림 한국 방문

세계 최고 부자인 멕시코 텔멕스 회장 까를로스가 한국을 방문했다. 그리고 그의 인터뷰 기사가 2012년 4월 9일 신문에 크게 보도 되어 읽어 보았다. 거기에서 나는 멕시코의 부자들의 기부에 대한 생각을 단편적으로 읽어 볼 수 있었다. 슬림은 "기부로 빈민을 해결할 수 없다. 최고의 기부는 일자리를 창출하는 것이다. 일자리를 많이 제공하는 것이 부자, 기업인의 역할이다." 그의 말은 일리가 있는 말이다.

그러나 멕시코는 70% 이상이 빈민들이다. 그들에게 일자리를 모두 제공하는 것 불가능하고 멕시코의 빈민들은 상대적 빈곤이 아닌 절대적 빈곤으로 고통 받는 사람들이 많은 나라이기에 소수의 엄청난 부를 가진 사람들이 기부를 통해서 나누어 주지 않고는 그들은 절대로 일어설 수가 없는 것이다.

슬림이 말하는 것처럼 일자리를 제공하는 것이 빈민을 구제하는 것이라고 한다면 그러면 수많은 빈민가에 빵 공장이나 흔한 또르띠야(밀가루나 옥수수로 만든 전병으로 멕시코인의 주식) 만드는 공장이나 조그만 가게 조차 왜 세우지 않는가? 진정 일자리가 빈민을 탈출하는 것이라고 생각하였다면 그런 사회적 기업이라도 세워서 일하게 하고 그들의 먹는 것을 해결해 주어야 할 텐데도 그들은 기부에 대해서 인색하기 보다는 아예 생각조차 없는 것이다. 그것은 슬림이 인터뷰 기사에서 말했듯이 그들이 가장 가치 있게 생각하고 소중하게 생각하는 것은 "가족"이다. 즉 가족 외에는 이웃도, 국가도 생각하지 않는 것이다. 사회와 절대적 빈곤에 허덕이는 사람들에게 그들의 미래를 위한 교육에 기부를 통하여 나누는 것이 부를 가진 사람들의 책임일 것인데 그들은 그 책임을 "가족" 외에는 하지 않는 것이다. 다시 말해 그들의 가족이외는 아무도 관심의 대상이 아닌 것이다.

한번은 내가 몬떼레이에 있을때 신문사를 통하여 기부를 하였는데 그 때 멕시코 사람들이 이렇게 물어왔다. "왜 신문사에 기부하느냐? 하려면 직접 하는 것이 좋다. 왜냐하면 신문사에 기부하면 그들이 자신들이 나누어 갖지 빈민들에게 직접 나누어 주지 않는다." 그들은 친구도 끼리끼리인 자신들과 같은 부류만 친구고 이웃이라고 생각하기에 진정 어렵고 힘든 사람을 돌보는 데는 관심이 없다.

이곳 뿌에블라에서 집을 구할 때 깨끗한 아파트단지(이곳에서 아파트 단지라고 해봐야 1층에 2가구씩 4층 건물 3-4개가 있다.)가 있는데 주변 도로는 흙으로 뒤덮인 곳을 보았다. 관리 사무소에서 그 아파트를 지은 사람을 만나서 이야기할 때 물어보았다. "왜 주변 도로는 포장을 하지 않고 깨끗하게 하지 않는가?" 그는 "주변 도로는 주 정부가 해 주어야 하는 것인데 주 정부가 하지 않고 민원을 제기하면 나보고 하라고 하는데 내가 미쳤는가? 아파트 건축하는 것도 돈이 많이 들었는데 왜 내가 하는가?" 멕시코의 대부분은 사회 기간 사업이 되어 있지 않다. 정부나 주정부가 해야 할 도로를 정리하고 치안을 확보하는 일등에는 관심이 없다. 그 많은 세금을 걷어서 도무지 그런 곳에 쓰지 않고 어디에다 돈을 쓰는지 알 수가 없다. 물론 한 예로 도로를 정비한다고 하면서 예산을 확보한 금액을 정치인들과 관리 감독관들이 나누어 쓰고 돈이 없어서, 한국 같으면 한 달이면 끝날 공사를 1년 6개월이 걸려도 끝나지 않는 것을 볼 수 있다. 돈이 엉뚱한 곳으로 빠져 나가니 돈이 있는 사람이 자신의 재산의 가치를 위해서 주변 도로를 정비하는 것을 할 수 있을 텐데 도무지 주변 이웃에게는 신경을 쓰지 않는다. 내 재산만 지키면 된다는 생각이 만연하기 때문이다.

몬떼레이에 있을 때 부자들을 만나서 이야기할 때마다 느낀 것은 그들은 도시의 빈민가 어디를 이야기하면 그들은 전혀 모른다. 도시의 마을마다 빈민가들이 있지만 괜찮은 동네에 사는 사람들은 빈민가에 관심이 없다. 가볼 관심도 필요도 못 느끼고 가야할 이유도 없다. 자신과 가족, 그리고 자신들의 끼리끼리의 공동체만 친구로 알기 때문이다.

까를로스 슬림의 인터뷰 기사를 통해서 멕시코 사람들의 "기부관"을 정확히 알 수 있었다.

*

2013년 5월 17일 조선일보에서 세계최고부자 순위를 공개하면서 1, 2위가 바뀌었다며 나온 기사가 슬림과 멕시코 부자의 상태를 대변한다고 볼 수 있다.

"세계 1, 2위 부호의 대외 이미지는 상반된다. 게이츠가 세계 최대 규모(기금 362억달러)의 공익 재단인 '빌&멜린다게이츠 재단'을 이끌며 모범적 부호로 찬사를 받는 데 비해, 슬림은 독점 사업으로 멕시코 국민을 착취한다는 비판을 받고 있다."

Chapter 7 교회 개척준비에서 실패한 일

4-5개월간 토요일마다 현지인이 어린이 교육 사역을 하는 빈민가에 공을 들였다. 매주 빵과 음료수를 사서 나누어 주고, 그들과 함께 줄넘기도 하고 한국어도 가르쳐 주면서 그들과 친분을 나누고 조금씩 복음성가도 가르쳐 주고 하면서 그곳에 교회를 세울 계획을 가졌다. 그곳이 교회가 없는 지역이기에 더욱더 교회를 개척하려고 하였다.

그 빈민가의 어린이에게 스페인어와 산수를 가르치는 그 현지인은 EVA 라는 신실한 침례교 신자였다. 점차 그 남편과 아이들과 사귀어 가면서 그와 함께 그곳에서 교회를 세우기로 하였다. 물론 그에게 나의 신분이 장로교 목사인 것을 사전에 알렸고 교제를 나누었다. 교회 창립예배를 드리고 정한 날 한 주 전에 갑자기 그 에바 자매의 남편과 자신의 집에서 성경공부를 인도하는 한 현지인 Julio 라는 사람이 만나자고 하면서 교회 개척을 할 수 없다고 하는 것이 아닌가? 그 이유는 성경공부 인도하는 Julio가 최 목사는 장로교회의 목사이기에 할 수 없다는 것이다. 장로교회는 침례도 하지않고 유아세례도 주는 등 비성서적이어서 할 수 없다는 것이다.

참 어이가 없기도 해서 종교개혁부터 시작해서 장로교회의 역사와 장로교회 정치, 세례와 유아 세례에 대해서 차분하게 설명을 하였지만 이미 에바 자매와 남편은 홀리오 라는 사람에게 얼마나 크게 세뇌를 당했는지 장로교회를 세울 수 없다고 했다.

이곳의 사람들은 장로교회를 잘 모른다. 인구 3백만명(뿌에블라 주변도시 다 포함해서)이 되는 도시에 장로교회가 다운타운에 단 한 군데의 교회(70명 정도 출석하는)만 있고 그 외 시 주변 변두리에 3-4개의 개척교회 수준의 교회가 전부이기에 거의 장로교회를 모르고 대다수가 순복음 계통과 침례교 계통의 교회들 뿐이다.

이 에바 자매와 남편이 나에게 물었다. 유아세례를 거부하고 침례를 하고 장로교의 교리를 거부하면 교회를 세워도 된다는 어처구니 없는 말을 하며 자신이 알고 있는 것에 대해서 계속 주장하고 아무리 성경을 펼쳐서 이야기를 해도 받아 들이지 않으려 한다. 결국 개척을 포기할 수 밖에 없었다. 4-5개월 동안 공들여 놓은 것이 허사가 되는 것이어서 참 허무했다.

카톨릭 국가인 멕시코에서의 개신교회는 장로교회를 제외한 모든 교회가 침례를 하기에 세례와 유아세례를 하는 장로교회와 또 특히 멕시코 장로교는 상당히 보수적이어서 멕시코 사람들이 흥이 있어서 춤을 추며 박수를 치면서 노래하며 찬양하기를 즐겨하는데 이것을 인정하지 않고 미국의 보수적인(PCA) 장로교단의 영향을 받아서 그대로 하기에 전혀 멕시코 사람들의 문화에 동화되지 못하여 멕시코 사람들로부터 외면을 당하는 교회가 되었기에 멕시코에서 장로교회는 전혀 개신교적이지 않는 개신교로 인정하고 있는 분위기가 되었다.

결국 그 곳에서의 개척을 할 수 없게 되었지만 하나님께서 허락하지 않는 이유가 있으리라 생각하고 그곳에서 철수를 하게 되었다.

한국에서는 장로교회가 한국의 개신교회에 모범적인 장자교단으로서 장로교회의 제도와 정치, 교리인 장로, 집사, 당회, 세례, 유아세례 등이 당연시 되지만 이곳에서는 모든 것이 생소하고 이상하게 생각되어지는 곳이기에 선교사로서 단순히 복음 전파 만 신경 쓰는 것이 아니라 교회제도와 조직과 정치에서도 조심스럽게 접근하며 신경쓰고 해결해야 하는 일들임을 다시 한 번 깨닫게 된다.

*

그렇게 수개월 정성 드린 것에 열매를 맺지 못한 것에 대해서 아쉬움을 갖는다.

Chapter 8 해도 해도 너무하고 끝없는 범죄에 빠진 멕시코

2012년 10월 경에 한국 사람이 멕시코 시티에서 피살 당했다고 한국 신문에도 보도된 사건이 있었다. 어느 날 한인 교회를 하는 한국 목사님을 만났더니 자신이 피살된 한국 사람을 잘 아는 분이라고 하면서 그분이 장사를 하는데 자신의 가게에 마피아와 관계된 사람이 물건을 훔치는 것을 발견하고 잡아서 경찰서에 넘긴 일이 있었다는 것이다. 문제는 그 사람이 출옥하여 자신을 교도소로 보낸 그 한국 사람을 앙갚음 하기 위해서 총으로 쏴 죽였다는 것이다.

멕시코에서 마피아와 관련된 사건은 참으로 많이 듣게 된다.

현지인 여자 목사가 있었는데 그 교회에 마피아가 십일조를 늘 상납하라고 하면서 위협을 해왔는데 너무나도 그 괴롭힘에 힘들어 했는데 하루는 그 여자 목회자의 아들이 마피아가 찾아와서 또 다시 자신의 어머니를 괴롭히는 것을 보고 말다툼 끝에 그 사람을 죽였다는 것이다. 그렇게 되자 마피아들이 총을 들고 와서 여 목사에게 아들을 내놓지 않으면 교인들 하나씩 죽이겠다고 위협하였고 결국 아들이 그들에게 잡히게 되었는데 며칠 후 마피아들은 그 아들을 잔인하게 죽인 뒤 일곱 토막으로 시신을 잘라서 길에 버린 것을 나중에 그 어머니가 발견하게 되었다는 것이다.

이젠 상업지구에서 장사하는 사람들과 기업에게 정기적으로 상납을 요구하여 돈을 받던 마피아들이 현지의 교회에 까지 접근 하여 교회에 아예 십일조를 요구하는 상황까지 왔다는 것은 참으로 심각한 일이다.

그들의 요구를 안 들어주면 납치를 하거나 죽이고 들어주면 갈수록 요구하는 액수가 넘쳐서 나중에는 감당이 안 되는 지경에 이르게 되어 가고 있는 것이 현실이고 이제는 한인들조차도 점차 멕시코를 떠나는 추세라고 한다.

*

이제는 그 마피아 조직 간의 세 확장을 위해서 납치와 테러는 물론이고 정부의 경찰들도 합세를 하거나 합세하지 않는 경찰은 잔인하게 기관총으로 대낮에도 경찰서는 물론, 경찰차를 습격하여 죽이는 일들이

다반사이고 마을 단위로 들어가서 자신들의 요구를 듣지 않으면 잔인하게 죽이고 납치하는 일들이 벌어져서 정말 갈수록 태산인 상태가 멕시코의 상황인 것 같다. 언론에서도 마피아와 조직의 안 좋은 점을 이야기하면 곧바로 보복을 하여 납치, 살인을 하기에 언론인들도 그들에 대해서 언급하기를 꺼려하는 것이 현재의 상황이다.

엊그제(2013년 2월5일)에는 멕시코의 유명한 휴양지인 아카풀코에서 스페인 사람들이 놀러 왔다가 총을 든 멕시코인들이 침입하여 스페인 여성 6명이 성폭행 당한 일이 있었다. 그런데 그 곳에 같이 있었던 한 명의 멕시코인 여성은 같은 멕시코 사람이라고 성폭행 하지 않고 놓아 주었다는 멕시코 현지 뉴스를 접하고 참 아이러니 하고 이런 모순이 또 어디에 있을까 생각해 보며 씁쓸한 마음이 든다.

이 땅 멕시코에 하나님의 정의가 실현되기를 정말 간절히 기도한다.

Chapter 9 선교사를 자원한 멕시코인 전도사 떼오(Teo)

나는 현지인 신학교에서 강의를 하면서 현지인들이 스스로 전도하여 교회를 성장시키고, 그들이 선교사로 가든지 아니면 교인들을 훈련 시켜서, 특히 중남미로 보내고 파송 할 것을 가르치고 있다. 내 강의를 듣는 학생들에게는 직접 강의를 통해서 하고 수강하지 않는 학생들과 목회자들과는 만남의 교제, 식사 교제 등을 통하여 그들에게 도전의식을 갖도록 하고 있다.

내가 강의하고 있는 신학교에서 만난 TEO(떼오)라는 한 학생이 있다. 이 친구는 나의 강의를 직접 들은 친구가 아니지만 계속해서 교제를 해온 친구로서 그는 2년 전에 뿌에블라 성서 신학교를 졸업하고 이제는 전도사로 사역을 하고 있는 27세 된 젊은 청년이다. 나는 그와 자주 만남을 갖고 교제를 가지고 있는데 이 친구는 미국 텍사스로 어릴 때 부모와 함께 불법이주를 하여 고등학교까지 미국에서 학교를 다니다가 불법체류의 신분으로 대학을 갈 수가 없자 방황하면서 마약을 하는 등 타락한 인생을 살다가 주님을 만나고 다시 멕시코 뿌에블라에 와서 신학공부를 한 그런 친구이다. 나는 이 친구에게 복음의 의미와 목사와 선교사, 그리고 그리스도인으로서의 선교의 사명에 대해서 많은 이야기를 나누었는데 어느 날, 이 친구가 "나도 선교사로 가겠다."고 결심을 하게 되었다. 그래서 나는 기쁜 마음으로 중미나 남미로 갈 것을 권했지만 그 전도사는 중남미로는 도저히 외국 같은 느낌이 안 나고 선교사의 동기유발이 안되기에 중국으로 가겠다고 했다. 중국으로 갈 수 있는 것을 알아본 끝에 미국의 어느 선교단체에서 중국의 대학에서 영어를 가르치면서 대학생들 중심으로 선교하는 선교사를 모집하는 것을 알게 되어 거기에 지원한 끝에 청빙이 결정이 되었.

미국 선교단체에서 떼오(Teo) 전도사를 선교사로 중국으로 파송하기로 하여 올 7월경에 미국비자가 나오는 대로 가서 선교훈련을 받고 바로 중국으로 파송을 앞두고 있다. 중국의 대학에서도 교수로서 생활비를 충분히 지원한다고 하니 감사하고 비록 멕시코 교회가 자력으로 멕시코인 선교사를 파송하고 후원하는 것이 아닌 미국 선교단체를 통하여 선교사 파송하는 일이긴 하지만 결국 제자 가운데 첫 선교사가 나오게 된 것을 감사하게 생각하여 좋은 선교사가 되기를 기도한다.

Chapter 10 통역하며 난감했던 일들

선교지에 있으면서 많은 사람들이 방문하여 강의, 설교를 통역하였는데 때론 멕시코의 상황을 잘 모르고 강의, 설교하는 분들을 통역할 때 참 난감할 때가 있었다.

멕시코 빈민가에서 단기 선교를 할 때, 빈민들에게 설교하시는 목사님이 멕시코의 유명한 골프 선수인 오초아(OCHOA)를 인용하면서 신앙생활을 잘하면 "오초아처럼 복을 받는다"는 요지 였는데, 사실 빈민가의 사람들은 골프를 잘 모르고, 아무리 유명한 오초아 선수라도 멕시코의 빈민가에 살아가는 사람들, 특히 아이들은 거의 대다수가 오초아를 잘 모른다. 그들에게 골프는 정말 낯설은 구경도 못하고 보지도 못한 스포츠이기 때문이다.

온 멕시코 인이 다 아는 축구 선수이면 모를까 골프는 멕시코에는 아주 부자들 중의 부자들의 스포츠이기 때문이다. 그런데 오초아 이야기를 열심히 할 때 난감하였다.

*

또 한 번은 미국에서 오신 한 목사님이 강의를 하실 때 초대교회가 어려울 때 신앙생활 잘했고 미국도 가난하였을 때 신앙생활을 잘하였지만 부자가 된 지금 신앙생활을 잘 못한다는 요지의 말씀으로 강의하면서 멕시코 사람들은 가난하기에 신앙생활을 잘 할 것이라고 직접 대놓고 말을 하는데 현재 앞에 와 있는 멕시코 목사님들은 대체로 가난한 곳에서 목회하는 진짜 가난한 현지인들인데 그들에게 "당신들은 가난하니까 복 받은 것이다."라는 뜻의 강의는 참 통역하기가 민망하였다. 더군다나 자신의 나라에 대해서 대놓고 가난한 나라라고 말하

한인목사님의 강의를 통역하는 모습
(사진에 나오는 강의하는 목사님은 아래의 내용과 상관이 없음)

는데는 자존심이 강한 멕시코 사람들이 마음 상할 말이었기에 너무 놀랐다. 더 나아가서 자신은 복을 받아서 현재 잘 살고 있다는 말을 열심히 설명할 때는 참 난감하였다.

또 어떤 분들은 사마리아의 사람들이 혼혈민족이었기에 유대인들이 싫어하였다는 말과 하나님은 가나안 땅에 들어가서 가나안 원주민과의 혼인을 금하고 피를 섞는 것을 금했다는 말을 설명하면서 혼혈이 죄임을 말하기도 하는데 멕시코 사람들은 스페인사람들과 아메리카 원주민들의 혼혈로 구성된 대다수가 혼혈민족인데 이들 앞에서 "혼혈은 하나님의 뜻이 아니다."는 식의 강의는 통역할 수가 없는 것들이었다.

선교지에 와서 선교지의 상황과 그 나라 민족과 문화에 대한 이해 없이 무조건 와서 선교한다는 것은 선교의 참 뜻을 모르는 것이다. 무조건 도우러 왔으니 너희는 들어야 하고 나는 우월하고 잘사는 나라에서 왔기에 복 받았고 너희들도 그렇게 되어야 한다는 것은 선교를 잘 이해하지 못하는 것이다.

선교지에 온 많은 분들은 선교를 잘 이해하고 현지의 문화를 존중하는 가운데 선교에 동참하는 분들이 많은 것이 사실이지만 소수의 그렇지 않은 분들로 인해서 도우면서도 현지인들이 마음이 상하여 선교의 핵심인 복음이 잘 전달되지 못하고 오해를 낳을때는 참 마음이 아프다. 참 쉬우면서도 어려운 것이 선교인 것 같다.

Chapter **11** "선교사가 어떻게 하는 것이 멕시코 교회에 도움이 되겠습니까?"

뿌에블라에서 선교하면서 나 자신을 많이 돌아보았다. 선교를 한지 18년차가 되면서 과연 누구를 위하여 내가 선교하는지도 한번 돌아보았다. 그런 가운데 뿌에블라 목사회 회장인 다니엘 목사를 만나서 식사하면서 이런 저런 이야기를 하다가 이렇게 물어보았다. "선교사가 무엇을, 어떻게 하는 것이 멕시코 교회에 도움이 되겠습니까?" 이런 말을 하자 다니엘 목사는 정색을 하면서 내게 물었다. "왜 나에게 이런 질문을 하지?" 그것은 선교사가 자신에게 한 번도 물어보지 않았던 말이기 때문이라고 말을 한다. 선교사는 항상 자신이 가지고 있는 것(선교학을 배우고 선교훈련을 받은 대로 자신의 선교계획)을 일방적으로 하였고 자신의 계획을 알려서 멕시코 사람들이 따라 오게 하였지 멕시코 사람들에게 물어보고 상의한 선교사는 자신의 경우에 없었다고 하면서 왜 나에게 그런 질문을 하는지 나의 속내를 물어본 것이다.

그 말을 듣고 보니 하긴 그랬다. 선교사의 어떤 우월한 위치(물질적이거나 영적인 것 등등)에서 자신이 기도하고 계획한 대로 자신의 선교 방침대로 하였지 현지인들에게 정말 무엇이 필요한지, 어떤 사역을 하는 것이 좋은지 상의하고 현지인들과 함께 하지는 않았던 것이 어쩌면 나 자신부터도 지금까지의 선교가 아닐까 싶었다.

나 또한 반성을 하였고 그 다니엘 목사와 이야기를 하면서 현지인 교회 개척하는 것도 좋은데 사실 솔직히 자신들에게 부족한 것은 목회자 양성과 지금 현재 목사지만 신학교육을 전혀 받지 않은 목사들이 많기에 그들에게 목회교육이(한국에서처럼 높은 학문을 위한 신학교육이 아닌 목회에 도움이 되는 목회교육) 필요하다고 말을 하며 서로 공감하면서 많은 이야기를 하였다.

나는 과천교회가 처음에 파송한 콜롬비아(5년 선교)를 제외하곤, 선교지를 선택할 때마다 한인 선교사가 아무도 없는 지역을 골라서 갔다. 몬떼레이도, 레이노사 국경도시도 그랬다. 그러나 국경사역 그 이후 이곳 뿌에블라를 선택하였을 때는, 타교단 한인 선교사가 3-4명 이 더 있었다. 그럼에도 뿌에블라 도시를 선택한 것은, 둘째 아이 교육 때문에, 뿌에블라 도시가 선교사 자녀 학교가 있었기 때문이었다. 그것은 못난 아버지를 따라다니며 아이가 겪는 고통을 알기에 아이에게 최소한의 교육을 생각하지 않을 수 없었고 또, 아이를 선교사 자녀 학교에 보내는 것이 학비가 저렴하기에 경제적으로 큰 도움이 되기 때문이었다.

그래도 이 도시를 선택했을 때는 같은 통합측 선교사가 없는 것을 큰 위안으로 삼고 뿌에블라 도시를 선택했는데, 그 이후에 다시 타교단 선교사들이 늘어나고, 또한 내가 오기 전에 이 도시에서 사역을 하다가 다른 도시로 간 통합측 목사가 다시 오게 되어서 결국은 한인 선교사가 모두 8-9명이 현재 사역을 하고 있다. 한인 선교사가 같은 도시에 여러 사람이 사역을 하다보니 점차 멕시코 목회자들도 한인선교사를 주목하기 시작했고, 나는 기왕이면 여럿이 있는 이 한인 선교사들이 각자의 사역을 하면서도 연합으로 한 가지 중요한 사역을 함께 하게 되면 얼마나 선교를 더 효과적으로 할 수 있지 않을까 생각하여 몇몇 선교사들이 있는 자리에서 멕시코 연합 신학교를 세우는 것을 제안하였다.

한인 선교사들이 사례비를 받지 않고 강의를 하고 선교사 몇 분이 가지고 있는 선교센터 또는 한인교회 장소를 무상으로 빌려서 시작하고, 장소를 제공해 주는 선교사가 초대 학장을 하면서 1년이나 2년마다 선교사가 돌아가면서 학장을 하고, 선교사들이 모두 이사회 회원이 되어서 함께 운영하는 것으로 제안하였다.

그리고 매주 토요일 하루 과정으로 목회를 위한 현지인들이 목회에 도움을 주는 학과목을 중심으로 하여 교육하고 4년이 되면 한인선교사들이 가지고 있는 사회복지 법인이름으로 학위를 주도록 하면 경비가 들지 않아도 신학교를 운영할 수 있고 만일 필요하다면 선교사 각자가 미화 100불 정도 내서 현지인 비서 한 사람만 써서 학사 관리를 하도록 제안하였다.

이런 제안에 몇몇 분들은 좋아했지만 또 다른 사람들은 반대를 하거나 신학교를 하여도 자신은 참여하지 않겠다고 하는 사람들이 나왔다. 연합사역 한다는 것이 쉽지 않고, 또 한 분은 이미 신학교를 하고 있고 또 다른 사람도 신학교를 운영하려고 하는데 또 다른 신학교를 한다는 것에 반대를 한다는 것이다. 물론 이미 다른 선교사가 신학교 비슷한 교육 기관을 운영해도 학생이 20-30명 정도로 소수인 상황에서 뿌에블라 전체 도시에 한인 선교사들이 연합하여 신학교를 세우면 더 많은 학생들을 모을 수 있고, 또 자신이 현재 운영하는 신학교를 각자가 그대로 운영하면서도 연합사역으로 연합 신학교를 통해서 하고 자신이 강의를 하든 안 하든 최소한 이사회 회원이 되어 선교사들이 협력하는 모습만이라도 보이자고 독려 했지만 결국 의견을 모을 수 없었다.

*

몇몇 분들은 원하지 않는 사람을 제외시키고 원하는 사람들끼리만 하자고 했지만 전체 선교사가 동조 하지 않는 가운데 하게 되면 또 다른 선교사들 간의 갈등을 낳을 수 있고 현지의 한인들과 멕시코 사람들에게도 좋은 모습을 보일 수가 없기에 결국 이 연합신학교 건은 없었던 것으로 하였다.

"선교사가 무엇을 하는 것이, 어떻게 하는 것이 멕시코 교회에 도움이 되겠습니까?" 나는 이 말을 통해서 진정 선교사가 현지에서 어떻게 선교하는 것이 옳은 것인지 다시 한 번 깨닫게 되었다. 나의 "선교 업적"을 위한 선교가 아니라 나의 "선교 목표"를 위한 선교가 아니라 진정 "현지인을 위한 선교"가 "하나님을 위한 선교"라는 것을 깨닫게 되어 큰 것을 바라면서 욕심내기보다 단 한 사람에게 단 한 가지라도 성실하게 할 수 있도록 오늘 하루도 기도하며 시작해 본다.

Chapter 12 화산 폭팔로 인한 화산재의 도시 덮임

2013년 5월 8일 수요일 아침에 일어나서 밖을 나가보니 시멘트 가루 같은 것이 마당과 도시를 덮고 있었다. 멀리서 보면 마치 눈이 내린 것 같았고 가까이서 보면 시멘트 가루 같은 것이었다. 나는 처음에 저녁에 비가 와서 그런가? 아니면 시멘트 수송 버스가 전복이 돼서 시멘트가 날려서 그런가? 하고 생각했다. 그러나 신문을 보니 드디어 뽀뽀까떼뻬뜰 화산이 터진 것이다. 평상시에도 조금씩 터져서 화산재를 날리곤 했는데 이번에는 정말 크게 터진 것이다. 물론 이렇게 터져도 용암이 안 흘러내려서 다행이지만 도시 전체가 아예 화산재로 덮여서 마치 안개낀 도시 같았고 거리마다 온통 뿌연 먼지가 날려서 10m 앞도 안 보일 정도이다.

더군다나 유황 냄새 때문에 아내는 머리가 아프다고 하고, 나는 눈이 아파서 눈을 잘 뜰 수 없을 정도로 힘든 상황이었다.

그런데도 소수의 사람들만 마스크를 쓰고 다수는 그냥 입을 막고 다니던지 아니면 평상시처럼 다니는 모습에 나는 그들이 신기할 따름이었다.

활화산이 바로 옆인 도시에서 살아가는 사람들의 생존법은 화산을 잊어버리고 무시하고 사는 것처럼 보였다.

그럴 것이다. 만약 두려움과 공포에서 살아간다면 아무도 이 도시에서 살아갈 수가 없을 것이다. 아내는 며칠 만이라도 다른 도시로 갔다가 오자고 했지만 그럴 수 없어서 우리도 멕시코인들처럼 체념하고 포기하고 무시하고 살아가기로 했다.

Chapter 13 멕시코와 축구 국가대표 경기

오늘 2014년 브라질 월드컵을 앞두고 멕시코와 한국 국가대표팀이 텍사스 산안토니오 경기장에서 축구시합을 하였다.(2014년 1월 30일)

결과는 한국팀이 졸전 끝에 4:0 이라는 숫자로 지고 말았다. 멕시코와 한국과 경기가 있을 때마다 멕시코 친구들은 나에게 연락을 해온다. 이번에도 한국이 졌다고 하면서 어떻게 봤느냐고 나의 답을 듣고자 한다.

나는 항상 멕시코가 이길 때는 "축하한다, 너희팀이 잘했다!" 라고 축하를 한다. 둘째가 다니는 학교에서는 멕시코 아이들이 자기들끼리 SNS를 하면서 이런 글을 남겼다고 한다. "한국 사람이 눈이 작아서 공이 잘 안 보일텐데 그 정도 했으면 잘했다."

칭찬인지 조롱인지 잘 모르지만 우리 아이를 비롯한 한국 학생들은 "기분 나쁘지만 사실 재미있다."라고 답글을 썼단다.

사실 그들이 말한대로 한국 팀은 정말 공격, 수비, 투지, 기술 등 모든 면에서 창피할 정도로 경기를 못하였다.

또, 사실 한국 팀이 잘해서 한국이 이기기라도 한다면 그들은 또 시기로 비아냥 될 지도 모르겠다.

항상 한국과 멕시코와의 경기가 있어서 좋은 점은 멕시코 방송에서 직접 경기를 볼 수 있다는 것이고 단점은 경기 결과를 가지고 잘하면 잘하는 대로, 못하면 못하는 대로 말을 듣는 것이기 때문에 긴장감을 갖는다.

Chapter 14 멕시코 선거와 정치

이 곳 멕시코에서 16년을 살아오면서 수많은 선거 시즌이 지나갔다. 이곳에서의 선거는 아주 차분한 가운데 선거를 한다. 선거 운동도 주로 규격화된 조그만 현수막으로 자신의 얼굴과 정당을 알리고, 또는 대형 광고판을 이용한 선거 광고, 물론 담벼락에도 정당과 이름을 쓰는 것도 있지만 아주 지저분하다고 느껴지지 않고 오히려 깔끔하고 질서가 있다는 느낌이 들 정도이다.

또한 길거리에서 신호등에 걸려 차량이 멈출때는 5-6명, 많게는 20여명 정도가 자신의 지지자 홍보물과 현수막을 내세우며 선거운동을 하기도 하며 각종 차량에 자신의 지지자 스티커를 붙여놓고 다니기도 한다.

솔직히 한국에서 자라 수많은 선거운동을 보아온 나로서는 한국보다 멕시코 선거가 더 질서있게 느껴지기도 한다.

그러나 이런 선거에서의 질서보다 중요한 것은 선거에서 당선된 사람이 마음껏 자신의 역량을 발휘하며 정치하는 것이 더 중요할 텐데 멕시코에서 "내가 당선되면 부정부패를 척결하겠다."라고 선거 운동을 하고 당선되면 바로 당선된 다음 그 주에 죽임을 당하는 것이 멕시코의 현실이기도 하다. 그래서 누구도 깨끗한 사람이 깨끗한 정치를 할 수 없는 이곳 멕시코 현실이 안타깝다.

정치인뿐 아니라 언론인도 마약과 정치 현실에 대해서 마피아와 어떤 부정에 대해서 글을 쓰면 바로 죽임을 당하기에 마치 이곳 멕시코에서는 자신이 살아남으려면 금기시되는 것이 있고, 그것을 건드리면 안된다는 것이 암묵적으로 퍼져 있는 것 같아 안타깝다.

멕시코에서 깨끗하고 질서 있게 선거하는 것처럼 정치도 깨끗하여 부정부패가 없고 억울하게 죽어가는 사람이 없기를 바라고 멕시코의 정치, 경제, 사회, 교육, 문화 등 모든 분야에서 밝은 사회가 되기를 바라고 멕시코의 교회가 멕시코의 목사를 비롯한 그리스도인들이 그렇게 할 수 있도록 큰 역할을 하기를 기도한다.

Chapter 15 선교학 강의를 통해 현지인 학생들이 직접 보내는 선교에 참여하게 하다

뿌에블라 성서 신학교에서 3년 전부터 선교학 학기 중에 선교바자회를 갖고 거기에서 나온 금액 전부를 멕시코보다 못한 나라인 아이티를 비롯한 전세계에 나가 있는 멕시코인 선교사에게 선교비로 보내기로 하였다. 팔고 남은 기부물건은 멕시코의 가난한 교회에 기부하기로 하자며 이일을 진행했는데 생각밖에 학생들이 열심히 회의도 하면서 자신들이 회비를 모아서 포스터를 만들고, 또 자신들이 다니는 교회를 중심으로 각 교회로 다니면서 기부할 것을 요청 하여 제법 많은 물건들이 모아졌다.

기부 받은 물품을 한달 동안 매주 금요일에 신학교 앞에 물건을 놓고 수업이 없는 학생들이 돌아가면서 판매를 하였는데 첫해는 미화로 352불이라는 많은 금액이 모아졌고, 다음 해에는 150불 등이 모아져서 첫해에는 아이티에(아이티에 멕시코인 선교사가 없어서 고아들 사역을 하는 미국인 선교사에게 송금), 그리고 다음해는 스페인에서 사역하는 멕시코인 선교사에게 선교비를 보냈다. 수요일 채플 시간에 학생대표가 전체 학생들에게 이번 선교바자회 진행사항을 보고하고 학장에게 선교비를 드리고 학교 측에서 선교비를 보내도록 하였다. 목적은 교수들을 비롯한 전교 학생들에게 이렇게 선교를 구체적으로 해야함을 그리고 멕시코 사람들이 할 수 있음을 보여주기 위함이었다.

그리고 항상 학기 마지막 강의 시간에는 모두가 선교에 대해서 가든지 보내든지 하여야 한다는 가르침에 도전을 받고 실천하겠다는 다짐의 기도를 하는 시간을 가졌다.

자신들만, 멕시코인들만 생각하고, 우리들은 아직 부족해서 외국인에게 관심을 가질 수 없다며 마치 선교가 사치인 것처럼 생각하였던 멕시코 신학생들이 조금씩 외국인도 다른 나라도 하나님이 그들을 사랑하고 그들에게 복음을 전해야 한다는 것을 멕시코 사람들이 깨닫는 것이 강의를 하는 나에게는 큰 보람이기도 하다.

강의를 통해서 단지 지식만 습득하는 것을 원하지 않고 직접 배운 대로 행동하고 실천하도록 선교바자회를 개최하였고, 강의 시간에 부흥회처럼 깨닫고 결단하는 시간을 갖도록 하였다.

Chapter 16 한국인 선교사와 미국인 선교사의 신학교 운영 방법 차이점

나는 뿌에블라 도시에 와서 미국인 선교사와 캐나다 선교사의 신학교 운영에 함께 참여하여 강의 사역으로 협력하고 있다.

그들의 사역을 보면서 철저하게 학사관리를 하고 사명감을 가진 사람들 중심으로 뽑고, 또한 등록금을 철저하게 거두어 학비를 내지 않으면 진급이 안되고 학점을 주지 않는 것을 보았다. 학비를 내게 하니 멕시코 학생들이 학교에 대한 자부심도 공부에 대한 열정도 가지고 열심히 한다.

그런데 한국인 선교사가 운영하는 신학교는 물론 전부 다는 아니겠지만 본인이 보아온 여러 신학교 중의 대다수는 학생들에게 학비도 받지 않고 누구든지 아무나 신학교에 와서 공부를 하게 한다. 그래서 처음에 시작할 때는 제법 많은 학생들이 모이기도 하지만 시간이 지나면서 출석에 있어서 들쑥날쑥하다가 결국에는 졸업하는 학생들도 소수에 그치게 된다. 뿐만아니라 제대로 훈련받으려는 목사 후보생을 양육하지 못하는 약점이 있다.

한국인 선교사는 인원수에 집착을 하고 미국인 선교사는 내용에 집착을 하여 학생들에게 스스로 돈을 내어 공부하도록 학비를 받아 소수라도 제대로 된 학생들을 양육하려고 한다.

우리 한국인 선교사들도 인원수나 그런 외형적인 것에 치우치기 보다 미국인 선교사의 장점을 본받았으면 하는 아쉬움을 갖는다.

Chapter 17 Doctor of Divinity (명예신학박사 학위)를 받다

지난 2015년 4월 부활절 주일 저녁에 로고스 신학교에서 학위수여식이 있었다.

이번 졸업식에서는 30년 이상 선교를 하고, 또 신학교를 세워 올해 만 20년간 운영해온 캐나다 선교사 다비드(데이빗)목사가 자신이 졸업한 모교인 미국 플로리다에 있는 로고스 크리스챤 대학교(Logos Christian University/Universidad Cristiana Logos)에서 명예신학박사(Doctor of Divinity)학위를 받았다.

한인목사님의 강의를 통역하는 모습

이분이 명예신학박사 학위를 받게 되는 것이 결정될 때 나도 명예

신학박사 학위를 받을수 있도록 나도 모르는 사이에 추천을 하였다. 나는 시간이 좀 지나서 알게 되었는데 그 후 얼마 있다가 대학 측에서 나에게 필요한 서류를 제출하라고 연락이 왔다.

그래서 대학 측에서 요구하는 대로 자기소개서(이력과 지난 21년간의 간단한 전체 선교 사역 내용)와 최종학위증 사본, 추천서, 또 로고스 신학교에서 강의한 7과목 중 5과목의 전체 강의안(2과목은 성서히브리어와 헬라어이기에 제외하고)을 PDF 파일로 만들어서 제출하였다.

얼떨결에 대학 측에서 요구하는 서류를 제출하고 보니 결과를 기다리는 시간이 마치 지금까지 21년 동안의 저의 모든 선교사역에 대한 전체 평가를 받는 기분이었다.

결국 심사가 통과되어서 다비드 목사님과 같이 명예신학박사(D.D.)학위를 받았다.

나는 지금도 내가 한 사역은 너무나 부족하고 돌이켜보면 하나님 앞에 부끄럽고 별로 한 것이 없다고 생각하고 있지만 단지 하나님께서 이 일을 통해서 지난 21년간의 사역에 조금이나마 나를 위로하시려고 하시는 것이 아닌가 생각되어 은혜로우신 하나님을 찬양하고 감사하였다.

로고스 크리스챤 대학교는(Logos Christian University/Universidad Cristiana Logos) 미국의 플로리다에 위치하여 주로 중·남미에서 이주한 많은 히스패닉들과 또 중·남미 선교를 중점으로 하는 대학으로서, 그리 한국인들에게는 잘 알려진 대학은 아니고, 또 유명한 명문대학은 아니지만, 캐나다 선교사인 다비드(데이빗)목사가 졸업한 모교에서, 그리고 다비드(데이빗)선교사 같이 인격적으로나, 사역적으로 훌륭하여 많이 본받을 만한 좋은 선교사와 같이 또 그와 같은 학위(D.D.)를 받은 것이 진심으로 감사할 뿐이다.

이번 학위를 통하여 현지인 지도자 양육 사역을 잘 감당하여야겠다는 마음을 다시 갖게 된다.

Chapter 18 선교사 자녀 학교에서 한글을 가르치다

뿌에블라에서 우리 막내 아이가 다니는 선교사 자녀학교인 PCS(Puebla Christian School)학교가 있다. 이곳에서 스페인어는 물론 프랑스어까지 가르치는데 한글 수업이 없어서 교장에게 한글을 가르쳐야 한다고 이야기 했다. 학교에 한국아이도 있는데 한국어를 수업해야 미국학생들과 멕시코 학생들이 한국학생을 잘 이해할 수 있지 않겠나 하며 설득을 하였다. 그것은 그들에게 한국어 시간을 통해서 한국에 대해서 잘 이해할 수 있도록 가르치기 위함이었다.

처음에 학교에서 교사가 없어서 한국어 수업이 없다고 하길래 그러면 내가 직접 강의를 하겠다고 하였다. 2013년부터 이렇게 시작한 한글 수업을 통해서 한국 문화와 음식, 예절 등을 가르쳐서 이젠 학생들이 나를 보면 그리고 한국인 부모들을 보면 머리숙여 정중히 "안녕하세요?"라고 인사를 한다.

때론 한국과 일본의 역사이야기를 하고, 독도 위안부 할머니들에 대해서도 강의를 하면서 저들에게 일본 역사위주로 기울인 한국사를 바로 이해하도록 돕고 있다.

　작년에는 약간의 상금을 걸고 제 1회 오목대회를 가졌다. 전교생에게 광고를 했는데 9명의 학생들과 또 한 분의 미국인 선생님이 참여하여 전체 10명이 토너먼트로 진행했다. 의외로 한국아이들을 제치고, 처음 오목을 해보는 미국선교사 아버지와 멕시코 현지인의 자녀로 졸업반인 고 3학생이 1등을 했는데 약간의 상금 뿐 아니라 상장을 만들어서 주었더니 반응이 아주 좋았다.

　선교사지만 한국인으로서 한국에 대한 좋은 인식을 갖도록 하는 것 또한 나의 사명으로 알고 이 일을 하였다. 외국에 나오면 모두가 애국자라는 말이 실감이 나서 한국에 대한 좋은 점을 나를 통해 조금이라도 저들에게 각인 되도록 하려고 하였다.

Chapter 19 세계적인 보이스 피싱

　한국에서도 보이스 피싱 이야기를 많이 듣지만 이곳도 예외는 아닌 것 같다. 나도 처음으로 그런 경우를 이번에 멕시코에서 겪었는데 정확하게 나의 이름과 사는 주소를 알고 저에게 전화하여 시청의 국장이라면서 나와 아내에 대해서 문제가 생겨서 당장 자신을 만나야 한다면서 겁을 주는 전화였다.

　외국에서 살면서 시나 이민국 이라면서 전화가 오면 먼저 내가 무엇이 잘못된 것이 있나 하며 덜컥 겁부터 나는 것이 어쩔수 없는 외국인인데 이곳은 은행 이용이 불편해서 한국 은행과 달리 통장이 없고 계좌이체나 돈을 송금하는 것이 잘 안되니까(이곳 은행은 입금, 출금이

나 송금 등이 한국에서의 편리함이나 서비스에 익숙한 한국 사람이 이용하면 불편하다 할 정도이고 심지어 선글라스는 물론 단순한 모자조차도 착용을 못하게 하는 등 엄격할 정도다.) 사기범들이 먼저 납치를 하고 그다음에 돈을 요구한다. 정확하게 나에 대해서 너무 잘 알고 자연스럽게 겁도 주고 또한 자신의 지위를 강조하면서 안심을 주어가면서 이야기해서 의심 없이 대화를 나누었지만 다행히 그순간 '이것이 멕시코 식 보이스 피싱이구나'를 느껴 전화를 끊었고 계속 전화가 왔지만 사기 전화임을 깨닫고 대응을 하지 않았다.

이 이야기를 다른 한국인 선교사와 이야기 하였더니 자신과 자신이 아는 현지인이 당하여 납치를 당했다는 이야기를 해주면서, 자신은 아예 자신이 모르는 사람의 전화는 받지를 안는다고 이야기를 해준다.

당한 사람들을 때론 왜 당할까? 하면서 이해를 못하였는데 진짜 한번 사기범에게 당하면 당할 수밖에 없을 정도로 화려한 언변에 나도 어쩔 수 없이 당할 수밖에 없고 이래서 당하는구나 하고 깨닫게 된다.

Chapter 20 뿌에블라에서의 선교 사역 정리

이곳 뿌에블라에 온 지도 7년 6개월이 되고 두 번째 안식년을 가지면서 그동안의 사역을 한번 정리해 보았다.

*

첫째, 강의사역

캐나다 선교사가 운영하는 크리스챤 로고스 신학교(Instituto Cristiano Logos), 미국인 선교사가 운영하는 뿌에블라 성서 신학교

(Seminario Biblico de Puebla), 또 이 도시에 하나 밖에 없는 기독교 대학교인 마데로 대학교(Universida Madero), 한국인 선교사가 운영하였던 두란노 신학교(수도인 멕시코 씨티와 뿌에블라에 분교를 두었던)에서의 강의 사역.

그리고 현지인 초교파 목사회에서 신학교를 다니지 않고 목회를 하는 사람들을 위해서 운영하였던 목회신학교(Seminario Teologico de Ministerio)에서의 강의, 특히 이 신학교는 처음에 세워지기 전부터 조언과 협력을 하여 현지인 목사들이 스스로 신학교 운영을 통하여 스스로의 문제를 해결하도록 도왔던 사역.

*

둘째, 목회자 재교육 사역

신학교육을 받지 않고 목사가 되어 목회하는 현지인 목사들과 평신도 리더에게 기초적인 신학강의와 목사의 자세 등 목회기본적인 것을 가르친 사역.(그러나 이 사역은 현지인 목사들의 무관심 속에 효과를 보지 못하여 1년 이상 지속되지 못했다.)

*

셋째, 현지인 교회 협력 사역

2군데 미자립 현지인 교회를 강대상 및 의자 등 교회 비품과 목회자 가정에 필요한 경제적인 지원과 교인들과의 교제, 그리고 목회자를 도와 자립하도록 도왔던 사역.

*

넷째, 현지인 교회 설교 사역

목사가 없는 교회들을 방문하여 설교 사역으로 그들을 도왔던 일과 뿌에블라 도시와 다른 지방 교회들을 다니며 2-3일 동안의 전도집회, 선교 세미나 등으로 그들 스스로가 성장하고, 그들 스스로 헌금하여 교회를 자립하게 하고, 선교사를 파송하고 후원하는 일을 하게 하는 사역.

*

위와 같은 사역을 통해서 현지인들의 좋은 반응에 기쁨도 있었지만 반대로 외국인 선교사에 대한 무관심과 더 나아가 동양인 선교사에 대한 현지인들(특히 중상류층)의 무시 내지는 경계심이 지나쳐서 배척하려고 하는 분위기에 하려고 하였던 사역들을 하지 못한 것에 대한 아쉬움이 많이 남는다.

로고스 신학교 교수들과 함께

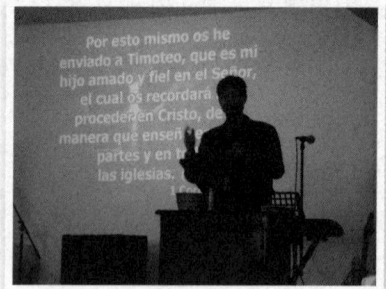

강의 및 설교하는 모습

신학교 학생들과 함께

| 글을 마치며 |

　선교사로 사역한 지 15년이 지나면서, 그리고 안식년을 보내면서, 그동안 선교 현장에서 겪은 일들, 선교지에서 살아왔던 이야기들, 그리고 그곳에서 베풀어 주신 하나님의 은혜와 사랑에 대한 이야기들, 또한 하나님께서 나를 통해서 하셨던 일들에 대해서 기록을 남기지 않는다면 참으로 허무할 것 같다는 생각이 들기 시작했다. 그리고 이 이야기를 다른 사람에게 나누지 않으면 아깝다는 생각까지 들었다. 그래서 글재주는 없지만 단 한 사람이라도 이 글을 읽고 선교와 선교사를 이해하는 사람이 나온다면 좋겠다는 생각으로 쓰기 시작했고 출판을 하게 되었다. 이 책이 선교를 준비하는 사람들에게 좋은 안내 책자의 역할을 하게 되기를 바란다. 또한 어떤 어려운 환경이라고 해도 실망하지 않고 오직 주님만을 바라보며 용기와 희망을 갖게 된다면 그것으로 족하다는 생각이 든다.

*

　멕시코 뿌에블라 선교지에서 옛날 일들을 하나하나 기억해 내면서 글을 쓰기 시작한 지 어느덧 6개월이 되었고, 계속 다듬어서 지금까지 선교 현장에서 느끼며 나름대로의 선교에 대해서 생각하였던 것들에 대해서 정리한 것들이 모아져서 책으로 나오게 되니 마음이 묘한 감정이다.

*

　참으로 감사한 것은 지난 선교 사역에서 있었던 일들을 하나하나 기록을 해 놓은 것도 아닌데 글을 쓰기 위해서 마음을 가다듬고 쓰는 순간부터 하나님께서 생각나게 하시는데 십수 년이 더 지난 사건들도 마치 어제 겪었던 일처럼 생생하게 되살아나게 하셨다. 정말 생각나게 하시는 성령님의 은혜를 맛보면서 이 글을 쓰게 하신 것도 하나님의 은혜임을 고백하지 않을 수 없다.

*

끝으로 나처럼 환경이 열악하고 모든 것이 부족하지만, 절대 낙심하지 말고 오직 주님만을 의지하고 진실하게 목회를 하고 선교한다면, 결국에는 하나님께서는 좋은 길로 인도하신다는 것을 말해 주고 싶다. 주 안에 살아가면 결실은 맺힐 것이고 언젠가는 좋은 날이 온다는 것이 진리라는 것을 말해 주고 싶다. 그것이 이 글을 쓰게 한 중요한 동기이기도 하다.

소심하고 내성적이고 나서기를 좋아하지 않는 나로서는 사실 이 책을 내놓는다는 자체가 하나의 큰 기적과 같아서 하나님께 깊은 감사의 고백을 드린다.

Missions in Mexico

맨땅에 헤딩하기 맥시코 선교사 이야기 개정판

초판1쇄 발행	2011. 9. 30
개정판1쇄 발행	2017. 11. 10
지은이	최창운
펴낸이	방주석
펴낸곳	베드로서원
주소	(10252) 경기도 고양시 일산동 고봉로 776-92(설문동)
전화	031) 976-8970 l 팩스 031) 976-8971
이메일	peterhouse@daum.net
출판등록	1977년 5월 11일(제11-17호)
ISBN	978-89-7419- 03230
책값	뒤표지에 있습니다.

ⓒ이 출판물은 저작권법에 의해 보호를 받는 저작물이므로
무단 전재와 복제를 할 수 없습니다.

> 베드로서원은 말씀과 성령 안에서 기도로 시작하며
> 영혼이 풍요로워지는 책을 만드는 데 힘쓰고 있으며
> 문서선교사역의 현장에서 세계화의 비전을 넓혀가겠습니다.
> †
> 나의 힘이신 여호와여 내가 주를 사랑하나이다 (시 18:1)